La especie espiritual

MELVIN KONNER

La especie espiritual

Traducción de Óscar Mariscal

ALMUZARA

Editorial Almuzara • Colección Ensayo
Director editorial: Antonio Cuesta
Edición de Javier Ortega
Maquetación: Daniel Valdivieso
www.almuzaralibros.com
pedidos@almuzaralibros.com - info@almuzaralibros.com

Imprime: Black Print
ISBN: 978-84-18089-05-3
Depósito Legal: CO-306-2020
Hecho e impreso en España-*Made and printed in Spain*

*Dedicado al rabí Emanuel Feldman,
el reverendo Dr. James M. Gustafson
y la profesora Ann Cale Kruger.*

El sufrimiento religioso es, al mismo tiempo, la expresión del sufrimiento real y la protesta contra este. La religión es el suspiro de la criatura oprimida, el corazón de un mundo sin corazón y el alma de unas condiciones sociales sin alma. Es el opio del pueblo. La abolición de la religión como felicidad ilusoria del pueblo es una necesidad para su verdadera felicidad. Pedirle que renuncie a sus ilusiones sobre su condición es pedirle que renuncie a una condición que requiere de ilusiones. La crítica de la religión es, por tanto, en estado embrionario, la crítica de ese valle de lágrimas del que la religión es un halo.

Karl Marx, Contribución a la crítica
de la filosofía del derecho de Hegel,
1844

No tenía la intención de escribir como un ateo. Pero reconozco que no veo tan claras como otros —y como a mí mismo me gustaría ver— las pruebas de la providencia y la beneficencia divinas a nuestro alrededor. Veo demasiada miseria en el mundo. Por otro lado, no puede satisfacerme contemplar este maravilloso universo, y especialmente la naturaleza humana, y concluir que todo ello es resultado de fuerzas ciegas. Me inclino, más bien, a verlo como el resultado de leyes diseñadas, cuyos detalles, ya sean buenos o malos, han quedado al arbitrio de lo que podríamos llamar el azar. No es que esta noción me satisfaga plenamente. Siento en lo más profundo de mi ser que esta cuestión de la Creación es insondable para el intelecto humano; ¿se imagina un perro especulando sobre la mente de Newton? Que cada hombre tenga esperanza y crea en lo que pueda.

Charles Darwin, carta al reverendo Asa Gray,
22 de mayo de 1860

El impulso religioso humano parece muy difícil de eliminar, lo cual me provoca cierto pesar. La religión, claramente, posee una extraordinaria tenacidad.

Richard Dawkins, en el programa Horizon de la BBC Two,
17 de abril de 2005

Índice

Introducción

Las desgracias —a menudo de factura humana— dominan los noticiarios; en cantidad suficiente, si se fijan, para colmar nuestras vidas. Para una mayoría de personas, sin embargo, lo habitual es que la desgracia las encuentre a ellas. Incluso en el mundo desarrollado, la desgracia parece visitarnos ahora más asiduamente que antes. Y a menudo, quienes nos la sirven a domicilio afirman estar motivados por la fe.

Para algunos la fe no es más que una excusa pero, por el momento, nos fiaremos de su palabra: la fe es uno de sus motivos. En África, musulmanes y cristianos forman ejércitos irregulares que asesinan y violan a gran escala; en el Cercano Oriente, los judíos fanáticos profanan las tumbas de los musulmanes y queman sus casas con familias dentro; en los Estados Unidos, cristianos violentos asesinan a médicos que practican abortos; en Birmania, los budistas maltratan a los musulmanes; en India, los musulmanes son maltratados por los hindúes; y en muchos países, los musulmanes asesinan a los «infieles» en nombre de Dios.

Sin embargo, la mayoría de estos «infieles» son creyentes, y comparten con sus atacantes el mismo Dios; deben morir no solo porque son, digamos, cristianos o musulmanes, sino también por persignarse con diferente número de dedos o no celebrar la fiesta del mismo antiguo imán. Los teólogos pueden ver a la humanidad como un todo, pero los extremistas hilan muy fino y asesinan a los «infieles» pensando que hacen lo correcto; aquellos, además, rezan para que estalle una guerra global interconfesional, tan pronto como los ingenuos moderados vean la luz.

Nada de esto es nuevo. De hecho, matar en nombre de la fe es menos común hoy día, si consideramos números humanos. Tal fue la regla, no la excepción, durante gran parte de nuestro pasado. Así es como crecieron las religiones hoy mayoritarias: un largo rosario de choques entre «civilizaciones», guerra tras guerra entre ejércitos animados por la convicción de que su fe era la única verdadera. Sin embargo, de entre todas las creencias mutuamente excluyentes solo una —y nada más que una— puede ser cierta. La mayoría de los creyentes acepta el hecho de que hay miles de millones de personas que no comparten sus compromisos. Cada una de las grandes religiones es una fracción de la humanidad. La mayoría se adapta.

«Es una pena... No hallará la salvación en Cristo»; «Lo sentimos, no renacerá como un ser superior ni escapará del ciclo de renacimiento»; «Lástima... No será absuelto de sus pecados antes de morir y sufrirá el castigo eterno»; «No gozará de crédito por seguir los 613 Mandamientos de Dios»; «Nunca conocerá el precioso sonido de una sola mano aplaudiendo»; «Puedo ayudarlo a alcanzar la verdad y ella lo salvará. Si no lo entiende, peor para usted».

«No lo creo, no insistan» [responde el no creyente].

«Si no lo hace, lo mataré».

El dejar que la gente crea en lo que quiera no es solo una parte de la civilización: es su misma esencia. La libertad de pensamiento incluye la libertad de fe, la posibilidad de abrazar cualquiera de ellas... o ninguna: una aceptación cosmopolita. Como adjetivo, «cosmopolita» significa «abierto a los que son diferentes»; como sustantivo, «ciudadano del mundo». La civilización cosmopolita —el mayor logro de la humanidad— es superior porque es más amplia. «Choque de civilizaciones» es un oxímoron. A lo que nos enfrentamos es a un choque entre la civilización y algo más. Algo que odia y teme la civilización. Algo que —por primera vez en la historia— podemos asegurar que perderá su inútil batalla contra el futuro, contra la vasta mayoría humana que constituimos los demás.

Pero esta mayoría la integran, principalmente, creyentes: personas cuya fe las lleva a construir, no a destruir; a ayudar, no a lastimar; a agradecer, no a odiar. Personas que albergan dudas sobre el futuro, pero cuya fe las ayuda a avanzar: a criar a sus hijos, a acudir en ayuda de los demás, a despertar cada mañana a un nuevo día y a enfrentarse a él. No obstante, el número de personas que no profesan ninguna fe religiosa está creciendo, y eso está bien. En el norte de Europa, la religión convencional es ahora una cultura minoritaria, aunque no así la espiritualidad. Rusia y China, cuyos regímenes comunistas reprimieron la adhesión religiosa, aún conservan sus religiones, aunque los creyentes convencionales son probablemente una minoría. Incluso EE. UU., durante mucho tiempo el país avanzado más religioso, está empezando a alcanzar a Europa.

El surgimiento de los *ningunos* —aquellos que al ser encuestados sobre sus creencias religiosas marcan la casilla «ninguna de los anteriores»— es la tendencia más fuerte en la vida religiosa estadounidense. Hace una generación, millones de personas que abandonaron la fe convencional acabaron en nuevas *megaiglesias* evangélicas; los que la abandonan hoy acaban en estadios deportivos y cafeterías, gimnasios, tiendas de alimentos naturales y gabinetes de psicología, o haciendo surf o navegando en internet..., la religión es en lo último que piensan. ¿Espiritualidad? Muchos admiten que hay más cosas aparte de nuestra realidad material. Pero ¿mantener las creencias y prácticas de generaciones anteriores? «No, gracias».

¿Es una tendencia preocupante? En absoluto. Los países, a medida que se modernizan, se enriquecen y reducen su mortalidad infantil, sus habitantes viven más y mejor y su religiosidad decrece; aplacemos la explicación y limitémonos por ahora a reconocer este hecho. Los países más religiosos son los menos desarrollados. No es casualidad que el papa Francisco proceda de un país en desarrollo, algo inédito hasta ahora en el Vaticano. Tanto la Iglesia católica en Roma como la de Inglaterra en Canterbury cuentan ahora con centros de gravedad secundarios al sur del Ecuador. Pero cuando el sur del planeta alcance al norte desarrollado, seguirá la senda trazada por este hacia una espiritualidad no convencional y un aumento de los *ningunos*. Hay quien dice que la religión se desvanecerá.

De hecho, algunas personas muy inteligentes desean que se desvanezca y, a juzgar por los títulos de ciertos libros populares, están seguras de que así será: *El fin de la fe, El espejismo de Dios, Romper el hechizo, Dios no es bueno*. Comparto muchas de sus críticas a la religión, pero me disgustan —y yo no soy creyente— sus ataques contra la fe de otras personas. No creo que la fe vaya a desvanecerse, ni creo tampoco que deba hacerlo. Quiero entender la fe: su fundamento en los genes y en la actividad fisiológica del cerebro, su desarrollo durante la infancia, su profundo trasfondo evolutivo, sus innumerables variedades culturales e históricas, sus relaciones con la moral y sus muchos roles en la vida humana. Creo que es posible explicar la fe, pero no diluirla con nuestras explicaciones.

Por fortuna, estamos dejando atrás rápidamente un mundo en el que la religión no sólo coaccionaba a los herejes —aquellos con una nueva fe o visión de la ya establecida—, sino también a aquellos que no profesaban ninguna fe. En muchos lugares, las religiones aún tienen ese poder. Pero adoptemos una perspectiva largoplacista. Nuestros bisnietos vivirán en un mundo donde la religión estará a la defensiva, aunque muchos de nosotros ya vivimos en él. Es difícil creer esto después ver un noticiario, pero aquí no nos fijaremos en los titulares; lo haremos en la evolución e historia de la fe en todas sus variedades, en la propagación del bien y el mal, en las manifestaciones aspiracionales y trágicas de una inclinación humana basada en la biología.

Creo que la fe persistirá, indefinidamente, entre una gran minoría, y tal vez bajo otro aspecto entre una gran mayoría. La fe siempre se ha manifestado de diferentes maneras: algunas reveladoras y confortadoras, buenas y amables, ecuménicas y cosmopolitas; otras intolerantes, coercitivas y violentas. Pero el futuro nos deparará más *ningunos* e inclinará a las personas religiosas a rechazar la intolerancia, la coerción y la violencia.

En cuanto al fanatismo asesino, este no solo tiene un origen religioso. Millones de personas fueron asesinadas en las cámaras de gas en Europa, pero no en nombre de Dios; los nazis —a pesar del lema «Gott mit uns»* en sus hebillas— constituían un movimiento político, no religioso. El estalinismo y el maoísmo, responsables de decenas de millones de muertes, eran tiranías antirreligiosas. Las posteriores masacres en Indonesia, Camboya y Ruanda no tuvieron nada que ver con la religión. Las frecuentes acciones terroristas a principios y mediados del siglo XX estaban inspiradas por ideologías izquierdistas. Los autores de los atentados de 1995 en Oklahoma City y la matanza de 2011 en un campamento juvenil noruego eran de ideología derechista, y la mayoría de los terroristas estadounidenses son fanáticos derechistas sin inclinaciones religiosas. La idea de la religión como raíz de todo mal no se ajusta a los hechos.

Los ateos beligerantes —no siendo verdaderos cosmopolitas— atacan la fe porque rechazan la idea de que nuestras acciones, a veces, pueden estar legítimamente motivadas por algo que no sea la pura razón. Muy pronto la gente no preguntará: «¿Tengo derecho a no creer?», sino: «¿Tengo derecho a la fe?» El ateísmo, a pesar de su racionalidad, ha tomado un giro fundamentalista, buscando excluir todas las demás formas de creencia. Es la imagen especular de los fanatismos religiosos excluyentes. Este libro, por tanto, no es sólo un intento científico de entender la religión —incluso aquella contaminada de violencia—, sino también una defensa atea de ella como parte, para muchas personas, de la naturaleza humana. Los creyentes tienen la inclinación, y deberían tener el derecho, a creer en cosas para las cuales carecemos de evidencias. Me crié como un judío ortodoxo y lo fui hasta los 17 años. Hace ya más de medio siglo que no soy creyente. Entiendo muy bien esas dos tradiciones, la del

---

* «Con nosotros, Dios». N del T.

judaísmo y la de los no creyentes. Durante dos años viví en una comunidad bosquimana —un pueblo de cazadores-recolectores en Botsuana— y durante un tiempo fui aprendiz de su religión, basada en la práctica de danzas extáticas; de modo que (con la ayuda de otros que la han estudiado) también conozco esa fe. Vivo en un país cristiano, conozco el papel del cristianismo en la historia occidental y tengo importantes amistades entre el clero y los fieles cristianos —una de ellas es mi esposa, a quien describiría como una presbiteriana moderadamente creyente—. Podría decirse que los contrastes entre el judaísmo y el cristianismo —a menudo siniestros para los judíos en el pasado— me han curtido, de modo que la variedad de formas adoptada por la fe ha sido una constante en mi pensamiento.

He tenido relación —como antropólogo, viajero, maestro y amigo— con el budismo tibetano, el hinduismo, el islam y otras religiones, pero siempre con respeto y apertura de mente para saber más sobre sus coincidencias y diferencias. He pasado muchos años estudiando y enseñando las costumbres de diversas culturas, la actividad fisiológica del cerebro, la evolución, el desarrollo infantil y otras formas de conocer cómo se relaciona la religión con nuestros cerebros y cuerpos.

Este libro trata de la naturaleza de la fe: un conjunto de inclinaciones e ideas evolucionadas, biológicamente fundadas, psicológicamente íntimas y socialmente fuertes que, aun no siendo universales, están tan extendidas y profundamente arraigadas que, en mi opinión, la fe nunca desaparecerá. También creo que nunca debería desaparecer; un juicio de valor que intentaré justificar. Pero oigamos a quienes piensan que debería hacerlo y lo hará. Su movimiento, del siglo XXI, defiende una vieja filosofía de forma vehemente pero persuasiva: *la religión es irracional, hace mucho daño y, por tanto, debería desaparecer de la experiencia humana y lo hará*. Obsérvese que en estas pocas palabras en cursiva hay cuatro proposiciones diferentes. Las dos primeras, como argumentaré, son parcialmente ciertas, pero las dos últimas no están basadas en evidencia alguna. Así pues, el movimiento contra la religión es también una fe.

Este movimiento ha contado con líderes brillantes, entre ellos el biólogo evolutivo Richard Dawkins, el filósofo Daniel Dennett, el neurocientífico Sam Harris y el ensayista Christopher Hitchens. Se les ha bautizado —con no poca sorna— como «Los cuatro jinetes del Apocalipsis» y «Los Ditchkins», pero yo me referiré a ellos como «el cuarteto». Vale la pena leer sus libros. Dawkins es —como lo fuera Hitchens— tan elocuente en sus discursos como en sus escritos. Durante sus últimos meses de vida, Hitchens, que padecía un cáncer terminal, no redujo su ritmo de trabajo; fue un ejemplo de equilibrio y coraje. El rabino David Wolpe, que debatió públicamente con él en seis ocasiones, era un admirador suyo. Parafraseando al comediante W. C. Fields —asimismo un ateo orgulloso—, Hitchens murió sin quejarse.

No soy el primero en criticar sus puntos de vista o en tratar de defender la religión de sus embates, ni siquiera el primer no creyente en hacerlo. Con todo, mis «méritos» no son menores: aparezco en una lista *online* de ateos famosos, junto a la actriz Keira Knightley y el artista gráfico Frank Kozik, y en ocasiones he figurado en un cuadro de honor llamado «Quién es quién en el infierno». No planeo refutar en detalle sus argumentos, más de lo que planeo describir en detalle el budismo o el judaísmo. Lo que me importa de las religiones es que han descubierto algo sobre la naturaleza humana y —de diferentes maneras— han intentado darle forma, expresión y significado. Lo que me importa de los críticos de la religión es que, en general, ese algo les ha pasado desapercibido.

No tengo nada en contra de los no creyentes; llevo más de medio siglo siendo uno de ellos. Sé que los artículos, discursos, debates y sitios web ateos confortan a quienes luchan por sentir que su postura es correcta; estando algunas de estas personas rodeadas de creyentes que las encuentran extrañas y malas. No trato de bromear cuando digo que Dawkins, Dennett, Harris y Hitchens son pastores de tales personas, necesitadas —y merecedoras— de atención y apoyo moral. Pero los ataques gratuitos e infundados a la religión no solo buscan confortar a los ateos hostigados; intentan, con toda su metralla verbal, causar dolor a los creyentes. Daré mi opinión sobre si la religión es irracional, dañina y merecedora de ser eliminada de la vida humana y en qué medida. Sin embargo, es la última de las cuatro afirmaciones de los críticos recientes de la religión —la de que esta desaparecerá— la que inspira mi principal argumento.

Hay otra forma de decir esto. Mi amigo Robert Hamerton-Kelly —durante muchos años capellán de la Universidad de Stanford— fue un elocuente y carismático filósofo y ministro metodista. Un día le pregunté si le preocupaba el nuevo ateísmo. Levantó una nívea ceja bajo un espeso mechón de pelo y, después de una medida pausa profesional, con un brillo especial en los ojos, dijo en su tono *basso profundo*: «Dios puede manejarlo».

Sir Francis Crick, codescubridor de la estructura del ADN, se definió a sí mismo como un agnóstico inclinado hacia el ateísmo, pero su desprecio por la religión era proverbial. En 1963, un año después de ganar el Premio Nobel, contribuyó con £100 a la creación de un premio de ensayo sobre el tema: «¿Qué hacer con las capillas de la universidad?» El ensayo ganador proponía su conversión en piscinas. En un artículo titulado «Por qué soy humanista», Crick escribió: «Las simplonas fábulas de las religiones parecen historias para dormir a los niños». A la réplica de otro biólogo a su artículo, Crick respondió: «Tal vez debiera subrayar este punto, ya que es de buen tono fingir lo contrario. No respeto las creencias cristianas. Creo que son ridículas».

La opinión de Crick ha inspirado a muchos científicos y filósofos, aunque no todos están tan comprometidos con ella. El astrofísico Neil deGrasse Tyson, verbigracia, se ha desmarcado de algunos de estos sabios:

De los ateos que conozco, los que hacen gala de su ateísmo son ateos militantes y buscan la provocación, ¡quieren cambiar las políticas y están promoviendo debates! Yo no tengo ni el tiempo, ni el interés, ni la energía para ello (...) Soy científico, soy pedagogo, mi objetivo es hacer que la gente piense con claridad, para que sienta curiosidad por el mundo que la rodea, que es de lo que se trata (...) Es extraño que exista la palabra «ateo». Yo no juego al golf. ¿Hay alguna palabra que designe a quienes no jugamos al golf? ¿Los «no golfistas» nos reunimos y debatimos estrategias? ¿Sabe alguien cómo se denomina a los «no esquiadores», y si estos se conjuran para propagar su rechazo al esquí?

Otro azote de la religión, el premio Nobel de física Steven Weinberg, se desmarca de ciertos científicos —Stephen Jay Gould, E. O. Wilson y otros— que ven posible un entendimiento, e incluso una alianza (verbigracia para la protección del medio ambiente), entre la ciencia y la religión: «El mundo necesita despertar de su larga pesadilla de creencias religiosas. Cualquier cosa que podamos hacer los científicos para socavar el dominio de la religión debemos hacerla, y de hecho esta puede ser nuestra mayor contribución a la civilización».

Pero Weinberg también plantea una cuestión inquietante: «¿Y en vez de religión, qué?»

Ciertamente, no soy de los que dirían rapsódicamente: «¡Oh, la ciencia! Es cuanto necesitamos para comprender el mundo; contemplar imágenes de la nebulosa del Águila nos llenará de tanta alegría que no extrañaremos la religión». Creo que sí la extrañaremos. Veo la religión como una vieja tía loca. Ya saben, ella nos miente de continuo y hace toda clase de travesuras; es posible que no le quede mucho tiempo de vida, pero una vez fue hermosa, y cuando se haya ido la echaremos de menos.

Dawkins no se movió ni un milímetro al oír esto: «Yo no la echaré de menos en absoluto. Ni una pizca. Estoy completamente harto del respeto que todos nosotros, con el cerebro lavado desde la infancia, otorgamos a la religión». Weinberg posee unas credenciales antirreligiosas impecables, pero se expresa con una sutileza que echo en falta en el discurso del *cuarteto*. Si fueran un cuarteto de música, Weinberg estaría en un rincón interpretando un lastimero solo de violín. Todos son humanistas, verdaderos y fieles, pero Weinberg es un humanista trágico, e incluso cuando está en la barricada, luchando hombro con hombro con sus correligionarios, se aprecia en él una diferencia.

Soy una de esas personas seculares a las que se les «lavó el cerebro» para que mostrasen respeto por la religión. Recibí este *lavado* honestamente, habiendo sido criado como un moderno judío ortodoxo. Creo, sin embargo, que la religión es parte de la naturaleza humana. Eso no significa que forme parte de la constitución de cada persona; solo significa que es algo muy arraigado y que nunca desaparecerá.

En Europa occidental se ha registrado un gran declive de la religión en los tiempos modernos, y Estados Unidos no le va en zaga. Esto es cierto para cualquier manifestación de la religiosidad, desde la asistencia a la iglesia hasta las declaraciones de fe. En ambos casos se trata de un declive natural, no propiciado desde el gobierno como en China o la Unión Soviética. ¿Será este el aspecto del mundo cuando todo él sea tan próspero, culto y saludable como lo es ahora Europa? Tal vez, pero en la actualidad, en los países menos desarrollados, el aumento de la natalidad entre los creyentes contribuye a una poderosa tendencia compensatoria. Podríamos acabar, como quien dice, en tablas. Algunos apuntan a una transición que culminará con el fin de la fe. No estoy de acuerdo. Sostengo que el futuro de la religión depende de tendencias competitivas en el proceso de evolución biológico-cultural, y creo que estas quedarán equilibradas. Como dijo el médico y antropólogo Wulf Schiefenhövel: «Somos, por nuestra propia naturaleza, Homo religiosus».

Entonces, ¿qué hay de nosotros los ateos? Dennett, en *Romper el hechizo*, dice que se nos debería llamar «iluminados», pero por alguna razón este término no ha calado. Prefiero el término que emplean los sociólogos de la religión: *ningunos*. No es perfecto, pero se ha popularizado. El surgimiento de los *ningunos* es un tema común entre los estudiosos de la religión, el clero y los teólogos, y hace que muchas personas contemplen con inquietud el futuro de la humanidad. No hay para tanto.

Los *ningunos* sienten compasión, agradecimiento, amor, a veces incluso experimentan un sentimiento de unidad con otros seres. Tenemos inquietudes, esperanzas, sueños, responsabilidades, ética, reglas y derechos. Hemos existido y sufrido persecución desde el comienzo del tiempo humano. Solo recientemente, y de momento solo en algunas partes del globo, hemos comenzado a ir con la cabeza alta, a sincerarnos sobre nuestras creencias (o falta de ellas), a conducir nuestras vidas y a criar a nuestros hijos como deseamos. No queremos que se nos menosprecie por mantenernos alejados de la iglesia, la mezquita, el santuario, la sinagoga o el templo. No merecemos ser marginados por no querer inclinarnos ante una cruz, o quemar incienso ante una estatua o usar un chal con flecos durante la oración. A algunos nos disgusta que nuestros hijos juren lealtad a su país «ante Dios», o ver a nuestros padres enterrados —en aras de la idea que otros tienen del decoro— con ritos y sacramentos que a ellos les traían sin cuidado. A menudo nos hemos visto sujetos a tales presiones.

También nos hemos sentido aislados. Los *ningunos*, como los homosexuales, a menudo aparecen en familias y comunidades donde es posible que no haya nadie más como ellos. Tengo una amiga en esta situación. Durante muchos años, ella y su padre, un cristiano profundamente creyente, discutieron frecuente y amistosamente acerca de la fe de uno y la incredulidad de otra. Ambos renunciaron a acercar al otro a su postura, pero nunca dejaron de hablar. Entonces, después de quedar discapacitado a los setenta años, el padre de mi amiga se suicidó. Ella, desconsolada como estaba, se mantenía firme en su postura, y los escritos de Richard Dawkins contra la religión la ayudaron a sobrellevarlo. De hecho, a veces se molestaba conmigo por pensar y escribir de otra manera, y por lo que ella veía como una postura ambigua e inconstante. Los *ningunos*, como los gays, necesitan encontrarse y apoyarse mutuamente.

Me disculpé y traté de evitar causarle más dolor, pero el hecho de que Dawkins y otros conforten a los no creyentes no los autoriza a afligir a quienes se sienten confortados de otro modo. No todo el mundo puede vivir solo de pan, ni siquiera de pan y circo y música y ciencia. Muchos quieren o necesitan algo más. Un genetista que era sacerdote dominicano antes de perder la fe y convertirse en científico dijo: «En el mundo viven seis mil millones de personas, y si sentimos que podemos persuadirlas de que lleven una vida racional, basada en el conocimiento científico, no solo estamos soñando (...) es una ilusión, sería como creer en el hada madrina (...) La gente necesita encontrarle un sentido y un propósito a la vida, y mucha encuentra ambas cosas a través de la religión». Aquí se enfrenta a los ateos beligerantes con su propio gran pecado: «Creer en el hada madrina». Dios puede ser una ilusión, pero la confianza de los ateos en el inminente fin de la fe también lo es.

Consideremos las afirmaciones de estos: Nadie es religioso a menos que haya sido adoctrinado en la infancia, y esa religiosidad es proporcional a la intensidad del adoctrinamiento recibido. La inteligencia es la clave para superar el adoctrinamiento, dados los argumentos correctos. Por último, la religión es un vicio dañino y, de hecho, maligno.

Muy bien, pero veo unos cuantos problemas aquí. Por un lado, los padres de todas las inclinaciones religiosas, incluidos los ateos, a menudo encuentran que sus hijos, al crecer, creen en cosas muy diferentes de las que les enseñaron, o incluso que son más devotos que ellos mismos. Por otro lado, aunque las dudas de filósofos, científicos y otros pensadores son tan antiguas como las primeras grandes religiones, algunos de los cerebros más brillantes del mundo, siendo conscientes de tales dudas, las han rechazado en favor de la creencia religiosa. Entre estos se encuentran Aristóteles, Isaac Newton, Michael Faraday, James Clerk Maxwell, Robert Boyle, William Harvey, Louis Pasteur, Gregor Mendel, Max Planck, Ronald Fisher, David Lack, Theodosius Dobzhansky, Freeman Dyson y Francis Collins. También están incluidos alrededor del 40% de los científicos y entre el 7 y el 8% de los miembros de la Academia Nacional de Ciencias de Estados Unidos. El número de científicos creyentes ha disminuido, pero estos aún niegan afirmaciones tales como que la inteligencia, incluso la inteligencia científica, es incompatible con la religión, o que la fe impide el logro científico.

En cuanto a que la religión es un vicio... Bueno, si uno actuase como un auténtico científico, empezaría creando un documento digital y dividiéndolo en dos columnas. En el encabezado de la columna izquierda escribiría: «Daños causados por la religión»; en el encabezado de la derecha: «Beneficios derivados de la religión». A continuación incluiría evidencias empíricas en ambas columnas, y por último compararía estas. No digo que esto sea fácil o preciso, pero podrían obtenerse algunas conclusiones útiles. Lo que desde luego no haría, si quisiera proceder científicamente, es tener una sola columna. Sin embargo, esto es lo que hacen muchos críticos. La cantinela de la tiranía, el terrorismo y las guerras religiosas, los errores lógicos de la religión y su oposición a la ciencia es el abecé de estos críticos, pero el aspecto más insidioso de aquella, según ellos, es que embauca a personas inocentes para que crean una sarta de mentiras.

No osaré desafiar la cantinela salvo en su último artículo, y aun eso solo en parte. Exploraremos la posibilidad de que la religión haga algo bueno, que este bien sea en cierta medida observable y mensurable, y que pueda superar en valor al mal que también, naturalmente, hace. Este sesgo hacia el beneficio será, probablemente, más evidente en el futuro, cuando las formas de fe más tiránicas, violentas y exclusivistas sean suplantadas por otras más tolerantes, y aquellos que se alejen de la fe puedan hacerlo sin perjuicio para ellos.

En cuanto a lo de ser embaucado para creer una sarta de mentiras, reformulemos eso un poco. Las personas son inducidas, a menudo desde la infancia, a seguir sus inclinaciones religiosas (si las tienen) y a expresarlas mediante prácticas rituales, ideas, símbolos y narraciones tradicionales de la cultura a la que pertenecen. La mayoría de estas convenciones, más allá de que a la persona comprometida con ellas le parecen correctas, no se basan en ninguna evidencia y nunca lo harán. En otras palabras, la «evidencia» aquí es subjetiva, no científica.

Joan Roughgarden es una destacada ecologista evolutiva de la Universidad de Stanford; además de ser una creyente cristiana es autora de *Evolution and Christian Faith*, de la que ha dicho que no es una obra científica, sino religiosa. Ella critica la ciencia por su arrogancia y sus frecuentes equivocaciones. Niega la afirmación de que los científicos no siguen a profetas, argumentando que Darwin es tratado como tal, y poniendo como ejemplo su teoría de la selección sexual. Rechaza el argumento del «diseño inteligente»* pero cree que, en vista de los frecuentes y persistentes errores de la ciencia, «la credibilidad de la Biblia aumenta».

Discrepo con ella en lo relativo a la selección sexual, que ha recibido un respaldo empírico abrumador; esta fue prevista por Darwin no porque fuese un profeta, sino porque era un observador inteligente. Coincido con ella en que el discurso que la rodea despide, a veces, un tufillo a vestuario. En cuanto a los errores en la ciencia, estos, ciertamente, trascienden su propia época, pero generalmente no por mucho tiempo; el objetivo de la ciencia es reemplazar las malas ideas por otras mejores. Este proceso también se da en la religión, pero esta adquiere en él mucha más autoridad. Sin embargo, convengo con Roughgarden en que «no es una actitud irracional resaltar, en cierto modo, el estatus de la Biblia», aunque en esencia esta contradiga la razón. Y aún estoy más de acuerdo con ella cuando pregunta: «¿Es el pensamiento racional lo único correcto? ¿Qué hay de nuestras emociones? ¿Realmente se requiere un argumento racional para creer en Dios? Mi respuesta a eso es no, el argumento es irrelevante. Asimismo, aprecio la observación de Roughgarden de que la comunión** es un símbolo de comunidad, siendo esta, a mi modo de ver, uno de los activos más valio-

---

* *Intelligent design* en el original; un argumento seudocientífico a favor de la existencia de Dios. N del T.
** Entiéndase esta como «participación en lo común» (RAE). N del T.

sos de la religión. En cuanto a nuestros pensamientos, sentimientos y experiencias, muchos argumentan que su única base es la actividad cerebral. Acepto esta afirmación; la he escrito y enseñado durante toda mi vida docente. Cada día encontramos más apoyo para ella. Pero por fuerte que este sea, nunca será la última palabra sobre si la fe debería o no tener sentido para los creyentes.

Lea comentarios críticos sobre la religión; agudizarán su criterio y hasta podrían persuadirlo. Pero seguramente no encuentre mucho que no haya escuchado antes. He aquí una lista parcial, incluyendo algunos firmados por ilustres críticos del pasado:

No hay razón para pensar que un ser sobrenatural interviene en la naturaleza, la historia o la vida cotidiana.
Aristóteles

El Dios del Antiguo Testamento es punitivo, misógino, brutal, implacable, obsesivo y, a veces, un limpiador étnico.
Muchos rabinos antiguos, incluido Jesús

Las religiones a menudo han causado o empeorado guerras devastadoras.
Heródoto

La Biblia contiene contradicciones e historias descabelladas.
Maimónides, Spinoza

El Corán parece condonar la violencia para difundir el islam.
Javed Ahmad Ghamidi

No es preciso nada sobrenatural para explicar la mente humana.
David Hume

Jesús no puede haber sido el hijo de Dios.
Thomas Jefferson

La historia de la vida, incluida la vida humana, es un proceso natural.

Charles Darwin

La religión desalienta a las personas a mejorar su vida real.

Karl Marx

Dios es un remanente mental de nuestra experiencia con nuestros padres.

Sigmund Freud

La religión es el resultado de las recompensas y castigos de la infancia.

B. F. Skinner

No existe evidencia científica alguna que confirme la creencia en la reencarnación.

Dalai Lama

Cierta clase de terrorismo resulta del fanatismo religioso.

Bill Clinton, George W. Bush

Es mejor no creer en cosas para las cuales no hay evidencia.

Bertrand Russell

Si la vida lo ha protegido hasta ahora de estos argumentos, entonces tiene mucho que aprender de los escritos ateos recientes; incluso si ya los conoce, verá que son hábilmente expuestos en estas obras. Pero si ignoraba que no pocas personas extremadamente religiosas, incluidos los líderes y pensadores de todas las religiones, han reconocido casi todas estas afirmaciones y han hallado formas de gestionarlas sin abandonar su fe —e incluso abrazándola con más fuerza—, no descubrirá este hecho en las críticas recientes, que sostienen que los creyentes son tan ignorantes de la duda como los mismos ateos lo son de la fe.

De hecho, estos autores desconocen lo principal de la fe; esto es, que la fe es la convicción de la existencia de agentes sobrenaturales. Ignoran o menosprecian la expresión clave que describe este reino de la experiencia humana: el salto de fe; una metáfora de lo que, en ausencia de evidencias, han de hacer diariamente los creyentes. Se supone que la fe es una lucha, un esfuerzo por creer; una ardua superación —no una negación— de la duda. La historia de la fe es la de unas personas que intentan encontrar a Dios, la espiritualidad o la unidad, de una manera que agregue sentido y misterio a un mundo puramente material. Hace tiempo que desistí de esta lucha en favor de otras misiones que he hallado útiles. Pero dejo que las personas que aún están empeñadas en ella encuentren su propio camino; no las menosprecio ni obstaculizo las vías que han elegido, y espero que ellas obren de igual modo conmigo.

Este libro es, en parte, una historia personal de encuentros religiosos e irreligiosos. Adoro la tensión y el drama de las electrizantes —y a veces amargas— discusiones entre personas con distintos modos de ver la vida. Pero hay nuevas investigaciones en campos como la neurociencia, la psicología, el desarrollo infantil, la evolución, la antropología y la sociología de la religión. Y en todo el mundo existe la realidad dinámica de la fe y la práctica religiosas. En lo que espero sea un colorido tejido de palabras, hechos y pensamientos, intentaré representar ambas realidades.

I

ENCUENTROS

Brooklyn es el distrito de las iglesias, y cuando era niño, pasar por delante de algunas de ellas me ponía muy nervioso; solo unas pocas veces fui maltratado por otros muchachos, pero a cambio hube de ver menoscabado mi orgullo y mi bolsillo. El período inmediatamente posterior a la Segunda Guerra Mundial fue muy delicado para los judíos.

Pero no todo se reducía a amenazas, pasadas o presentes; yo estaba inmerso en el judaísmo, en su carácter y sus tradiciones. Mis más tempranos recuerdos son de mi abuelo balanceándose en el soleado salón de nuestro apartamento, envuelto en su chal de oración, con las correas de cuero y las cajitas que los judíos observantes se ponen entre semana en la frente y el brazo izquierdo para la oración matutina. A él le debo mi inspiración religiosa inicial. Sentándome en su regazo, me enseñaba las letras hebreas de los titulares del diario izquierdista yidis *Forvertz*. Mi abuelo era un ferretero jubilado, no un militante socialista; el *Forvertz* era solo el diario mayoritario en su lengua materna. Pero su fe era una constante, y eso me tenía asombrado. Recé mucho por él durante su última enfermedad, mas no perdí la fe cuando murió; como la mayoría de las personas cuyas oraciones no son respondidas (al menos no de forma evidente), mi reacción fue diferente.

Un año antes, mi abuelo me había inscrito en un curso extraescolar de hebreo en la sinagoga ortodoxa local. Asistí diariamente a él entre los 8 y los 17 años. Me volví más religioso que mis padres y la mayoría de mis amigos. A los 17, sin embargo, perdí la fe. Ese mismo otoño ingresé en la escuela secundaria, pero sucedieron otras cosas en mi vida y en el mundo. En agosto, aún con 16 por dos días y no siendo más que un estudiante de primaria, desafié a mis padres y abordé un autobús con destino a Washington, donde escuché al reverendo Dr. Martin Luther King Jr. pronunciar el discurso que conmovió a Estados Unidos y al mundo. Su impresionante oración acabó con un imaginado grito que, en el futuro, uniría la liberación y la fe: «¡Libres al fin, libres al fin, gracias a Dios todopoderoso, somos libres al fin!» Para él y para mí, Dios estaba allí. Aun siendo blanco, hice mío el sueño de King. Estando aún en la escuela secundaria participé activamente en esta lucha, así como en la de evitar la guerra nuclear, una amenaza constante. Seguía acudiendo a la sinagoga todos los sábados, y sabía que el discurso del Dr. King —y otros muchos discursos sobre integración— incluían frases y metáforas de la misma Biblia que yo estudiaba..., pero mi rabino no decía las cosas que yo esperaba oír.

En mi primera clase de filosofía en el Brooklyn College, ese mismo otoño, el profesor entró, se sentó en el escritorio con las piernas cruzadas, encendió su pipa y comenzó a «filosofar»; lo que, entre otras cosas, significaba socavar la fe. Yo, judío ortodoxo como era entonces, no estaba acostumbrado a ello, y a menudo debía preguntarle a la joven que tenía a mi lado. A mitad del semestre, el profesor nos prohibió sentarnos juntos. Aquello me disgustó, dejé de asistir a su clase y obtuve un insuficiente. Pero su mensaje caló en mi ánimo. Los viernes por la noche, al salir de la sinagoga, caminaba —guardando el *sabbat*— hasta la casa de aquella joven, casi una hora en cada sentido. Para cuando llegó el invierno ya no era creyente.

No fue solo por las clases de filosofía. Mi generación y yo atravesábamos una crisis de valores —políticos, sexuales, artísticos y musicales, y también religiosos—, y probablemente habría cambiado sin los desafíos del filósofo. Pero el lenguaje analítico que él me enseñó me sirvió de puente. Me dirigí hacia la antropología para obtener una nueva visión de la religión y un nuevo relato del remoto pasado humano. Como muchos jóvenes judíos, yo cursaba el grado de premedicina, pero fui a la escuela de posgrado en antropología física y estudié la biología del comportamiento: la encarnación de la mente.

Pasé dos años en África investigando las costumbres de los pueblos de cazadores-recolectores del Kalahari. Durante cinco años enseñé materias relacionadas con la naturaleza humana, pero al cabo, después de todo, ingresé en la escuela de medicina. El célebre proverbio, «nada humano me es ajeno», ya no solo significaba para mí la vida de los cazadores-recolectores, sino también las enfermedades físicas y mentales. Vi a mujeres dar a luz (traje al mundo treinta y seis bebés) y me enfrenté a la muerte (rara vez pacífica), con o sin religión. Esto no parecía crucial. Pero si un paciente era religioso, yo hacía venir un capellán. Acabada la carrera de medicina volví a la enseñanza. África, la medicina y la paternidad me rehicieron, pero ahí arrancó la segunda etapa de mi carrera docente: treinta y cinco años enseñando evolución, biología humana y ciencia del cerebro. Si los estudiantes son religiosos, los ayudo a conciliar la evolución con la fe; si dudan, también los ayudo con eso.

Mi infancia y adolescencia estuvieron impregnadas de una fe convencional. Pero ¿cuál es la lógica de mi medio siglo de incredulidad; lo que algunos llamarían mi sana resistencia al sinsentido, y otros mi trágica incapacidad para disfrutar de algunas de las experiencias más significativas de la vida? Casi fracasé en filosofía, pero esta me proporcionó el marco referencial que necesitaba para entender una experiencia personal dolorosa: la pérdida de la fe. La filosofía, por sí sola, no podría haberme hecho perder la fe; tampoco me habría ayudado a mantenerla toda la vida, pero en ese momento la fe me importaba, y aún lo hace. Mi profesor, Martin Lean, era un filósofo analítico; escogía cuidadosamente las palabras y cuidaba su engarce en el discurso a fin de clarificarlo. La siguiente simplificación puede sernos útil.

La tradición analítica moderna comienza con David Hume, continúa con John Stuart Mill e incluye a Bertrand

Russell, Ludwig Wittgenstein y muchos otros. Empecé a juntarme con algunos de los brillantes y divertidos estudiantes de posgrado de Lean. Habían cubierto una puerta de su apartamento con un árbol genealógico de filósofos, de cuyas ramas colgaban sus favoritos y sus *bêtes noires* como antepasados y descendientes. La frase «El *qua* ser» estaba descuidadamente escrita en una esquina: un tronco evolutivo lateral de malos filósofos. El *qua* ser culminaba a mediados del siglo XX con pensadores como Martin Heidegger, quien escribió: «La nada *nadea*», y «pensar el Ser en sí requiere, explícitamente, ignorarlo hasta el punto de que este solo se fundamente e interprete en términos de seres y para seres»; Jean-Paul Sartre, quien escribió: «Si el ser de los fenómenos no se resuelve en un fenómeno del ser, y sí, por otro lado, nada podemos afirmar sobre el ser más que considerando este fenómeno del ser, entonces ha de establecerse en primer lugar la relación exacta entre el fenómeno del ser y el ser del fenómeno»; y Edmund Husserl, quien escribió: «La fenomenología, como la ciencia de todos los fenómenos trascendentales concebibles, y especialmente de las estructuras sintéticas totales en las que estos son concretamente posibles (las de los sujetos individuales trascendentales) es, *eo ipso*, la ciencia *a priori* de todos los seres concebibles».

Ahora bien, si usted está pensando: «estas citas están sacadas de contexto, sus autores no podían escribir habitualmente de un modo tan incomprensible», considere esta otra cita de Heidegger: «Hacerse comprensible es el suicidio para la filosofía». Quizá estuviera en mejor posición si fuera un germanohablante nativo (Heidegger, al parecer, dijo que la lengua alemana *habla Ser*, en tanto que todas las demás solo hablan *de Ser*) o un pagano («Solo un dios puede salvarnos»), pero ¿quién no sentiría al leer a estos filósofos, que se muestran impenetrables a propósito? Algunos expertos dicen que si dedicásemos un par de décadas a estudiar estos textos, podríamos empezar a entenderlos. Aceptaré su juicio, aunque supongo que, en tal caso, ya no entendería la palabra «entender» como la entiendo ahora.

Los filósofos analíticos pueden ser difíciles de leer y requieren estudio. Pero su objetivo es aclarar el discurso, en tanto que algunos filósofos, a veces de forma deliberada, intentan enturbiarlo. Los filósofos analíticos dirían que hacerse inteligible es el faro de la filosofía, y que el suicidio de esta sería una ininteligibilidad creciente y perdurable. Aunque el tronco del *qua* ser acababa en 1964, estoy seguro de que gran parte de la filosofía posmoderna habría hallado un hueco en la genealogía de mis amigos, como digna descendiente del trío de la mistificación. Ciertamente lo encontrarían en la mía.

El enfoque analítico desarrolló sus propias ramas, pero siempre se ha mantenido en estrecha relación con la ciencia. Esta relación no solo se refiere a la filosofía de la ciencia, sino también a otras materias como la percepción, el conocimiento, el lenguaje, la ética y la metafísica. Este último término es, en las obras de Aristóteles, una etiqueta general para cuanto se halla más allá de la física, y una guerra milenaria ha enfrentado a los seguidores de este con los de su viejo colega Platón, quien enseñó que el mundo es un espectáculo de sombras chinescas, arrojadas por formas que no alcanzamos a ver. Podría decirse que Aristóteles, siendo tanto científico como filósofo, fue el principal escéptico de la metafísica de su época, aunque para los filósofos analíticos no era lo suficientemente escéptico. Desafortunadamente, Aristóteles, como Hipócrates y Galeno en medicina, fue canonizado, por lo que durante más de mil años los escritos de estos talentosos observadores de la naturaleza tuvieron la consideración de evangelio científico, en detrimento de sus métodos (observación, inducción, deducción, hipótesis, teoría, desafío, modificación), que eran mucho más importantes.

Fue Francis Bacon quien, a principios del siglo XVII, llamó la atención sobre la importancia de los métodos, constituyendo su obra filosófica un estandarte bajo el que marchó un ejército de científicos. Vesalio y Fabricius realizaron disecciones anatómicas con las que desafiaron a Galeno. William Harvey descubrió cómo funciona realmente el corazón (la sangre no se derrama y se consume, sino que circula). Las observaciones de Copérnico, Kepler y Galileo pusieron el sol en el corazón mismo de las esferas celestes: desplazando así la Tierra del centro, y con ella a la Iglesia y a la raza humana. E innumerables inventores se sirvieron del método científico para crear máquinas capaces de ahorrar mano de obra, así como instrumentos de navegación, medicinas y armas que demostraban, en el día a día, el valor del método.

Entretanto, los líderes religiosos europeos, aunque a menudo tolerantes con las invenciones prácticas, se opusieron frontalmente a cualquier cambio en la antigua visión de los cielos o el cuerpo humano, y reprimieron la incipiente ciencia moderna. Más tarde hicieron lo mismo con las vacunas, la evolución y otras muchas verdades. Los científicos fueron primeramente conocidos como «filósofos naturales», razón por la cual aún se los llama doctores en filosofía, incluso si obtienen el título sintetizando una nueva droga o descubriendo una nueva especie o galaxia. La metafísica continuó mediando entre la ciencia y la fe, lo que incluía intentos por demostrar la existencia de Dios, el alma, una vida futura y otras entidades intangibles. John Locke y René Descartes se dedicaron a tales esfuerzos, e incluso David Hume compuso un debate entre dos voces: una afirmando que era posible probar la existencia de Dios, y otra negándolo. La filosofía, empero, obligó a la teología a replegarse.

Para ser justos con lo que mis viejos amigos llamaban el *qua* ser, los filósofos existencialistas y posmodernos suelen ser tan antiteológicos como los analíticos. La teología y la metafísica prosperan en algunos círculos, pero han perdido sus milenarias guerras de conquista. Ejercen influencia, pero ya no gobiernan. Así fue como llegué a esa signatura de introducción a la filosofía con una fuerte fe religiosa y salí sin ninguna. La mayoría de la gente piensa, como yo mismo hacía en aquel momento, que hay tres respuestas básicas a la pregunta: «¿Existe Dios?»

1. «Creo que Dios existe».
2. «No creo que Dios exista».
3. «No puedo decir con certeza si Dios existe».

Posiciones aproximadamente paralelas podrían ser mantenidas por los cientos de millones de budistas educados para negar la existencia de Dios (u, oficialmente al menos, dioses) y creer en la reencarnación dentro del ciclo kármico. Para ellos, las respuestas equivalentes serían: «Creo en el ciclo kármico», «No creo en el ciclo kármico» y «No estoy seguro de si existe el ciclo kármico».

Pero en realidad hay una cuarta respuesta a estas preguntas, que es, básicamente: «¿Eh?» O, con más letras: «¿cómo dice?». Algunos de nosotros sentimos que, verdaderamente, no podemos adherirnos a ninguna de las tres primeras declaraciones sobre la existencia de Dios, porque no entendemos el significado de la palabra «Dios» (o «karma»). Naturalmente, podríamos definir a Dios como se hace en el libro bíblico de Ezequiel (1,26-28): «Y sobre la figura del trono había una semejanza que parecía de hombre sentado sobre él. Y vi apariencia como de ámbar, como apariencia de fuego dentro de ella en contorno, por el aspecto de sus lomos para arriba; y desde sus lomos para abajo, vi que parecía como fuego, y que tenía resplandor alrededor»*. Si usted me sale con algo así, yo le diré: «Ah, eso; no, no creo que eso exista».

Del mismo modo, no creo que Dios se le apareciese a Moisés en una zarza ardiente, o que, adoptando una forma humana, viviese una vida en la que era Dios y hombre al mismo tiempo, o que Shiva, el dios hindú de la destrucción, pueda aparecerse en una representación simbólica de su falo; tampoco creo haber tenido una encarnación previa como insecto, o que llevar agua y quemar incienso ante una estatua del Buda vaya a influir en mi próxima vida. A todas estas cosas tan concretas puedo responder claramente que no, que no creo en ellas.

Sin embargo, muchas personas religiosas dicen cosas más vagas. Baruch Spinoza sostenía que solo hay una sustancia llamada Dios o naturaleza, y muchos de los que creen esto (a veces llamados deístas, y entre ellos algunos fundadores

---

* Todas las citas bíblicas han sido extraídas de la versión de Casiodoro de Reina y Cipriano de Valera (1602). N del T.

de los Estados Unidos) también dicen creer en Dios. Si usted me pregunta si creo que ese Dios existe, es cuando respondo: «¿Eh? No lo entiendo». Si estoy de humor para entablar conversación, puedo continuar diciendo: «Eso es la naturaleza; ¿por qué lo llama Dios?» Y lo mismo vale para quienes dicen cosas como «Dios es la vida: la cualidad especial de los seres vivos», o «Dios es las leyes de la física», o «Dios es el amor que hay en nuestros corazones». No lo entiendo. «No lo entiendo» describe mi posición mejor que «agnóstico» o «ateo», aunque «ateo» se acerca bastante, pues lo que la mayoría de la gente quiere decir con ello es: no creo, y no tengo dudas. Por la época en que empecé mi curso de introducción a la filosofía me había convertido, probablemente, en algo así como un deísta (aunque aún observaba la ley judía), pero llegó un momento en que no podía oírme describir mi propia posición sin decirme: «¿eh?», así que dejé de intentarlo.

Entretanto, otras muchas cosas sucedían en mi vida: estaba decepcionado con el amor, estaba deprimido, estaba involucrándome más en los movimientos políticos, estaba dejando atrás mi adolescencia... Aquí estoy tratando de describir el marco intelectual que construí sobre las ruinas de mi fe, y que ha estado enriqueciéndose desde entonces. Sin embargo, las corrientes intelectuales eran mucho más complejas. A John Stuart Mill, su padre le enseñó «que la pregunta, "¿Quién me hizo?", no puede ser respondida (...) pues de inmediato surge otra: "¿Quién hizo a Dios?"» Bertrand Russell, en su ensayo «Por qué no soy cristiano» (1927), dice que leer esta declaración lo llevó a comprender la imposibilidad de cualquier «argumento de la primera causa», un elemento esencial de la teología. Russell continúa diciendo: «Si puede haber algo sin una causa, podría ser tanto el mundo como Dios. No hay razón para suponer que el mundo tuvo un comienzo».

Ahora bien, yo no tuve —probablemente por suerte, después de todo— un padre como el de Mill. El mío no acabó el bachillerato y jamás habló de nada parecido a la filosofía. Pero de mi profesor de física aprendí que la energía y la materia son interconvertibles —de lo contrario, no habría bomba atómica—, por lo que las leyes de conservación de la masa y de la energía no eran ciertas. El principio de conservación de la masa-energía, empero, probablemente era cierto; la masa-energía no podía ser destruida. Así que me pregunté: ¿por qué la cantidad de masa-energía en el universo habría sido alguna vez diferente a la actual? ¿Por qué habría de ser diferente en el futuro? Si hay algo eterno, ¿no podría ser tanto la masa-energía como Dios?

También asistí a un seminario sobre la historia intelectual moderna; no era algo tan riguroso como la filosofía analítica, pero era nuevo para mí, emocionante y no mucho más condescendiente con Dios. Leímos *Temor y temblor* y *La enfermedad mortal* de Søren Kierkegaard, que no sugieren que este teólogo-filósofo, el fundador del existencialismo, hubiera resuelto los problemas de su propia existencia; a Friedrich Nietzsche, cuya febril brillantez lo llevó a anunciar la muerte de Dios; a Karl Marx, quien llamó «opio del pueblo» a la religión; a Sigmund Freud, quien describió las engañosas fuentes psicológicas de la fe; así como obras de Herbert Marcuse y Norman O. Brown, quienes mezclaron a Marx y Freud y, como sus mentores, vieron la religión como una diversión irracional. La tendencia del pensamiento moderno discurría lejos de la fe. No podemos echarle toda la culpa a los pensadores, pero Marx engendró a Stalin, Nietzsche fascinó a Hitler y el imperio intelectual de Freud estaba a punto de desmoronarse bajo el poder y las fulminantes críticas de la psiquiatría científica. La impiedad no le resultaba apetecible a todo el mundo, ni se había expandido para engullir a la especie humana. La religión, de hecho, estaba a punto de experimentar un resurgimiento en todo el mundo.

Pero no en mi mundo. Los cambios que cuentan en la vida humana se operan en diferentes niveles, en una especie de procesamiento en paralelo. El cerebro, en sí mismo, funciona como un procesador paralelo masivo, tanto en su núcleo central como entre sus sistemas, razón por la cual las explicaciones puramente cognitivas de la religión no pueden ser correctas. En mi mente se operaba un proceso de cambio y mi vida también cambiaba. En esa época yo estudiaba la evolución, y el compromiso temporal al que había llegado, según el cual los primeros capítulos del Génesis eran un resumen de un proceso que duró miles de millones de años, parecía cada vez menos significativo. La variedad de las religiones del mundo, que unos años antes me llevara a considerar la mía como la mejor, se me presentaba entonces como la evidencia de que ninguna podía reclamar la verdad absoluta. Y lo que siempre había llamado «el alma» se me antojaba cada vez más como el efecto de la interacción de los circuitos cerebrales, los flujos y reflujos corporales y las vicisitudes de la vida. Decidí que la antropología podría ayudarme. En primer lugar, me proporcionaría un nuevo relato del origen, progresivamente más cercano a la realidad. En segundo lugar, me suministraría una base material para entender el alma en toda su variedad cultural, así como un conjunto de herramientas para pensar cómo surgió esa alma material. La naturaleza humana es fruto de la evolución, pero las culturas la moldearon a lo largo del desarrollo humano. En tercer lugar, la antropología ayudaría a esclarecer la historia, la cual yo veía como un encuentro material entre las necesidades humanas —físicas, sociales, éticas y estéticas— y un mundo no precisamente benigno. Por último, me ayudaría a entender la religión misma.

Los ateos discuten entre ellos. Steven Weinberg, a pesar de su condena de la fe, es criticado por otros que la condenan más enérgicamente que él. Estos críticos encuentran muy molesta su diáfana declaración: «Lo único que la ciencia no puede hacer (...) —más de lo que podría hacerlo la religión— es justificarse a sí misma (...) Es una elección moral (...) y una que, creo, no puede ser discutida racionalmente». En contraste, el *cuarteto* se muestra firme en lo que respecta a la inmoralidad de la religión y la moralidad de la ciencia, argumentando racionalmente a favor de la corrupción y la necedad de la primera y la superioridad de la segunda. Reconocen que la ciencia puede equivocarse, ser corrupta y, a veces, tiránica, pero argumentan que el norte de esta es superar y corregirse de tales desviaciones, y que este empeño es la esencia de la ciencia, mientras que la religión, inevitablemente, se halla en las garras de la autoridad y el dogma.

Convengo en ello. Sin embargo, los filósofos que sentaron las bases intelectuales para un mundo sin religión estaban más cerca de la visión de Weinberg.

Quizá la contribución más famosa de Russell al escepticismo sea una parábola conocida como la de la «tetera celeste» o «tetera cósmica». Russell escribió sobre ello en un artículo publicado póstumamente, titulado «¿Hay un Dios?», que forma parte ya del acervo popular ateo. Dice Russell:

> Si yo sugiriese que entre la Tierra y Marte hay una tetera de porcelana girando alrededor del Sol en una órbita elíptica, nadie podría refutar mi afirmación, siempre que tuviera la precaución de añadir que la tetera es demasiado pequeña para ser captada incluso por nuestros más potentes telescopios. Pero si apoyándome en la imposibilidad de refutar mi afirmación, calificara de intolerable presunción por parte de la razón humana cualquier intento de ponerla en duda, con razón se pensaría que disparato. Sin embargo, si la existencia de tal tetera se afirmara en antiguos libros, se enseñara como una verdad sagrada todos los domingos, y se inculcara en las mentes infantiles en la escuela, dudar de su existencia constituiría una actitud excéntrica, haciéndose merecedor el escéptico de las atenciones del psiquiatra (en una época ilustrada) o del inquisidor (en una época anterior).

La postura de Russell es que no debería corresponderle al escéptico de la tetera demostrar su inexistencia; al contrario, es responsabilidad de quienes insisten en la existencia de la misma demostrar su afirmación, y todos los demás deberían sentirse libres de ignorarlos. Carolyn Porco, la astrofísica a cargo de la misión de sobrevuelo de Saturno, ha señalado muy ingeniosamente que, de hecho, ella podría probar que no hay una, sino quizá hasta mil millones de teteras en órbita alrededor del Sol..., con la salvedad de que todas están en nuestro planeta. Asimismo, un astronauta irónico podría haber puesto en secreto una tetera en órbita durante un paseo espacial, haciendo que la negación de la parábola de Russell sea más cuestionable. De lo contrario, Russell está en lo cierto.

Lo equivocado era pensar que esto tiene algo que ver con la fe que mueve a miles de millones de personas en este planeta. No es el que duda de la tetera celeste quien sería derivado a un psiquiatra, sino el que predica sobre ella en una esquina de la calle*. Y es que lo mejor que el pobre psiquiatra puede hacer es recurrir a algo como la definición formal de ilusión, que, en definitiva, se basa en encuadrarnos en una minoría extremadamente pequeña cuando insistimos en nuestra idea. Esta regla, también, puede hacernos cometer errores garrafales, como cuando Galileo fue puesto bajo arresto domiciliario por promover un sistema planetario heliocéntrico. Considerándolo retrospectivamente, decimos que Galileo era un visionario, no un psicótico, porque el tiempo ha confirmado su cordura y no la de nuestro hipotético profeta esquinero de la tetera.

Pero Russell, en artículos populares y debates con líderes religiosos, presentó mejores analogías. Por ejemplo, le gustaba señalar que nadie que él conociera lo criticaría por negar la existencia de Zeus y Hera, la turbulenta pareja que encabeza el antiguo panteón griego. Durante siglos, empero, millones de personas creyeron en ellos, y otros (verbigracia los judíos) fueron perseguidos por rechazar a este amado y temido dúo celestial. Russell, respondiendo a la pregunta de si era ateo o agnóstico, dijo que, estrictamente hablando, era agnóstico, porque no podía probar la inexistencia del Dios cristiano. Pero él tampoco podía demostrar la inexistencia de Zeus y Hera, y sin embargo a nadie le chocaba su

---

* Aquí el autor se refiere a la primera parte de la parábola de Russell, en la que la tetera no forma parte de una fe convencional. N del T.

afirmación de que no existían. De modo que Russell, en el lenguaje común, era ateo.

Zeus y Hera son más interesantes que la tetera cósmica; en tiempos, la mayoría de la gente en Occidente creía en ellos, y ahora casi nadie lo hace. Por tanto, lejos de verlos como algo ridículo, deberían hacernos preguntar: ¿Es solo el cambio histórico lo que ha hecho que Zeus y Hera nos parezcan absurdos, o al menos inapropiados como objetos de fe? ¿Nos acercamos más a la verdad religiosa con el tiempo? ¿Revelaron ciertos eventos —una voz en una zarza ardiente, un nacimiento virginal, el dictado de un ángel...— nuevas verdades religiosas? ¿O es solo que el paso del tiempo ha excluido a los dioses griegos de alguna gran parada mundial de seres sobrenaturales?

La cuestión se vuelve más desafiante. En la India, cientos de millones de personas creen en Shiva, Brahma, Visnú, Laksmí y otros dioses y diosas ante cuyas representaciones físicas se hacen sacrificios y se ruega ayuda. Algunos hinduistas insisten en que su religión no es más politeísta que el cristianismo de la Trinidad o el judaísmo del Dios con trece atributos. Leyendo los *Vedas* uno tiene la sensación de estar ante un solo dios, por más que la *Bhagavad-g t* y otros textos hindúes ofrezcan un complejo panteón.

Con los budistas es aún más complicado, porque ni creen en muchos dioses, ni en un dios único, ni en tres en uno. Ellos creen, con Bertrand Russell, yo mismo y otras muchas personas, que el mundo siempre ha estado aquí; si Dios puede ser eterno, ¿por qué no podría serlo el mundo? La diferencia entre nosotros y los budistas es que ellos creen, con todo su corazón y su mente, que el mundo —el universo— posee un sentido profundo. Cada persona (o cualquier otro ser sintiente) acumula vidas sobre vidas a lo largo del tiempo, el cual no tiene principio y transcurrirá sin hallar un final.

Además, la vida que vivimos acumula «karma» positivo o negativo, una cantidad en un esquema de contabilidad cósmica que determina cómo renacemos después de morir. Si ahora es humano, es que ha sido bueno en sus vidas anteriores; si nace budista, es aún más afortunado, ya que podrá estudiar las enseñanzas del Buda y acumular más méritos que lo encaminarán a la salida del ciclo: la liberación que algunos llaman «nirvana». Cuando uno pregunta qué es lo que renace, qué es lo que pasa de esta vida a la siguiente, nunca recibe una respuesta clara. No puede ser el alma, porque los budistas no creen en ella. Con raras excepciones, olvidamos por completo nuestras vidas pasadas. Pero si no hay alma que pueda renacer en otra forma, ¿qué es lo que renace? Es difícil de imaginar. Cuanto puede decirse es que todos los seres sintientes merecen nuestra compasión.

Los monjes a los que mis colegas y yo conocimos, y a quienes dimos clase durante una estadía en Dharamsala, son personas buenas, gentiles y altamente inteligentes que admiran a quienes les enseñan —incluidos nosotros, los occidentales— como a gurús; a veces nos escriben angustiados porque han sabido de una masacre o guerra en algún lugar del mundo, y durante un tiempo pierden la esperanza de que nuestra especie tenga un futuro decente. Soy incapaz de separar su compasión por los seres sintientes de su creencia en el ciclo kármico de la vida. Pero Russell, también, era famoso por su compasión y no tenía tales creencias.

Los budistas tibetanos se esfuerzan por comprender la inexistencia. Dando una conferencia sobre «El cerebro y el yo», declaré que temía plantear esta cuestión ante los expertos mundiales en «el yo y nuestros esfuerzos por suprimirlo». Pero un monje avanzado, un *geshe* —una especie de doctor en budismo— se me acercó después para sacarme de mi error. Los budistas no tratan de suprimir el yo, porque el yo no existe; ellos tratan de comprender su inexistencia. La inexistencia del yo es parte de la inexistencia del Todo. Estos son conceptos difíciles, incluso para aquellos que han meditado y estudiado textos budistas durante décadas. Sin embargo, hemos de afrontarlos para avanzar hacia la liberación.

Debo decir que (aunque nunca expondría esta opinión ante un monje a menos que fuese invitado a ello) mi reacción básica a estas ideas y afirmaciones es como mi respuesta al deísmo o la idea de que Dios es amor: ¿eh? No estoy diciendo que «reencarnación» y «karma» sean palabras huecas, porque los monjes no puedan adelantarme una predicción sobre ellas que podría resultar falsa. Sé que tienen significado; simplemente soy incapaz de entenderlo.

Pero los monjes aseguran que sí lo entienden, o que al menos están acercándose a su comprensión. Y por razones que tienen que ver con mi casi instintiva postura antropológica de «nada humano es extraño», respeto su afirmación. De hecho, si usted me mostrara —en una remota isla griega, verbigracia, o en una comuna de Oregón formada por licenciados en estudios clásicos— una revivida y genuina fe en Zeus, Hera, Afrodita, Atenea, Apolo, Poseidón y Dionisio, con sus rituales y oraciones, yo también respetaría sus afirmaciones, siempre y cuando fueran sinceros y no intentaran colocar una estatua de Zeus en la plaza del pueblo o en la iglesia metodista. Pero nunca me veré en la tesitura de decidir sobre un culto a la tetera cósmica, porque tal religión no existirá jamás. Es simple: no posee ninguna de las características que han compartido todas las religiones.

II

VARIEDADES

Un temprano intento de crear una ciencia de la religión fue *Las variedades de la experiencia religiosa*, publicada en 1902 por el fundador de la psicología moderna, William James*. Esta obra es un prodigio de erudición y elocuencia, facultad esta que abundaba en la familia del autor: sus hermanos Henry y Alice fueron talentosos escritores. Sus páginas recogen las conferencias pronunciadas por James en el marco de las Gifford Lectures, un encuentro anual dedicado a la religión —aún en curso— de la Universidad de Edimburgo. El libro se convirtió rápidamente en parte del canon de la psicología y la filosofía, y ha estado reeditándose desde entonces.

La obra, sin embargo, no carece de críticos. Por un lado, James se negó a considerar las religiones organizadas, ofendiendo a muchos de los que practicaban alguna. En ella definió la religión como «los sentimientos, actos y experiencias de hombres individuales en su soledad, en la medida en que están convencidos de mantener una relación con lo que quiera que consideren divino»; descartando así formalidades tales como las iglesias. Como dijo el *New York Times* en el centenario de la publicación del libro: «teologías, filosofías, ortodoxias, rituales religiosos, reglas y obediencias..., James consideraba todo esto, en el mejor de los casos, como

---

* He cotejado mi traducción de las numerosas citas de esta obra de James con la de J. F. Yvars (Barcelona: Península, 1986). N del T.

religión de "segunda mano", y en el peor como hipocresía y tiranía. Su punto de vista recuerda el latiguillo actual de "espiritual, no religioso"».

Charles Taylor, un filósofo católico, señala los inconvenientes del enfoque individual de James. Escribe:

> Imaginémonos considerando la religión (también) como una forma de vivir (...) según unas normas que cierta entidad superior nos llama a observar. Imaginemos, además, que tales normas son en cierto sentido (...) inherentemente sociales: digamos que estamos llamados a vivir juntos en amor fraternal, irradiando al exterior este amor como una comunidad. Visto así, la comunidad es (también) el *locus* de nuestra relación con Dios.

Esta, precisamente, «es la forma en que se concibió la vida de la iglesia cristiana, y también la forma en que fueron concebidas Israel y la *umma* islámica». Como veremos con las danzas extáticas de los bosquimanos, una fe religiosa no necesita una iglesia para ser esencialmente social. Los sanadores más hábiles pueden entrar en trance ellos solos, pero su aprendizaje y su poder se basan en el ritual comunitario.

Siendo tan importante la comunidad para la mayoría de personas con sentimientos religiosos, no es raro que este enfoque *ultraindividual* le valiera a James la antipatía de las religiones mayoritarias, de sus congregaciones, órdenes sociales y profesionales. Sin embargo, James también cosechó fuertes críticas desde el otro extremo de la escala, pues aunque era un filósofo, un veterano experimentador psicológico y algo escéptico, era extrañamente religioso: espiritual, pero abierto de mente. No descartó la existencia de múltiples seres sobrenaturales o la posibilidad de comunicarse con los muertos.

James trataba de crear una ciencia de la religión sin dejar por ello de creer. Su enfoque de la fe era pragmático, lo que en su filosofía significaba que aquella tenía consecuencias reales: «El mundo de nuestra conciencia actual es solo uno de los muchos mundos de conciencia existentes», y aunque generalmente están separados, estos «se vuelven continuos en ciertos puntos, y las energías superiores se filtran. Siendo fiel en mi pobre medida a esta *supercreencia*, considero que me mantengo más cuerdo y genuino».

Mantenerse «cuerdo y genuino» es el resultado factible y verificable que, para un filósofo pragmático como él, probaba definitivamente una idea: «Puedo, naturalmente, adoptar la actitud del científico sectario e imaginar vívidamente que el mundo de las sensaciones, las leyes físicas y los objetos es el único existente. Pero cada vez que hago esto, oigo a ese monitor interno susurrarme: "¡tonterías!" Una patraña es una patraña, aunque lleve un nombre científico, y la expresión total de la experiencia humana, tal y como yo la veo objetivamente, me impulsa irremediablemente más allá de los estrechos límites científicos».

Yo no puedo responder «¡patrañas!» ni a la negación del científico sectario que James denuncia, ni a la posición de este, la cual lo lleva a describir lo que es subjetivo —aunque muchas personas aporten informes al respecto— como objetivo. Estos evidencian el estado interno de algunas personas, pero ningún informe de tales estados puede proporcionar una evidencia de «otros mundos» de conciencia fuera de su red de cerebros. Así pues, a las afirmaciones de James tampoco replico: «¡patrañas!»; yo respondo: «¿eh?»

Sin embargo, comparto el interés de James por una ciencia de la religión. Él cree que «una ciencia imparcial de las religiones podría filtrar estas de (...) sus discrepancias creando un cuerpo de doctrina común», que podríamos adoptar como «una hipótesis conciliadora y recomendar como creencia general». Cuando James añade que al usar la palabra «hipótesis» «renuncia a la ambición de ser coercitivo en sus argumentos», lo aplaudo. Pero él concluye que puede «ofrecer algo que se ajuste a los hechos tan fácilmente que una lógica científica no hallaría un pretexto plausible para vetar el impulso de acogerlo como verdadero». He de replicar que mi pretexto para vetarlo sería, simplemente, que nada de lo que sucede solo dentro de mi cabeza (o solo dentro de la suya y la mía, o dentro de un billón de cabezas asintiendo juntas en todo el mundo) puede dictar los hechos.

Respeto su derecho a pensar lo contrario, pero su lógica no es ciencia. Estamos de acuerdo en que los seres humanos no vivimos solo por la lógica, y que la inclinación religiosa tiene mucho en común con el amor, la alegría, el miedo, la ira, el dolor y otros estados de sentimiento. El amor puede ser ilógico, la alegría inexplicable, el miedo impreciso, la ira contra la injusticia contraproducente y el dolor excesivo para soportarlo, pero no nos disponemos a ignorarlos por no poder respaldarlos plenamente con evidencias materiales. El dolor de una persona por la pérdida de una mascota puede parecerle excesivo a otra, pero no por eso el dolor es menos real para quien lo siente. A veces, nuestros estados internos tienen consecuencias que afectan negativamente a otras personas, y necesitamos un baño de realidad.

Sin embargo, no vamos por ahí predicando la lógica a amantes perdidamente enamorados, aguándole la fiesta al jaranero, quitándole hierro a los miedos del medroso, reprendiendo a los reformadores entusiastas o menospreciando la pena del doliente..., a menos que estos se pasen de la raya y causen daños serios. Tiene usted derecho a postrarse mil veces circunvalando una montaña sagrada (y más rápidamente si quiere en ciertos días), a danzar hasta el delirio, a caer en trance, a cantar aleluyas, a llorar bajo una cruz, a usar un gorro para cubrirse la cabeza o un chal para esconder el cabello, a realizar penosas peregrinaciones, a pasear estatuas de dioses por las calles, a meditar durante años, a quemar incienso por las almas de sus antepasados, o a invertir enormes sumas de dinero para comprar rollos sagrados o vidrieras o alfombras de oración para su lugar de culto..., mientras lo haga dentro de los límites de la ley y el respeto a los demás, y sin coaccionar a nadie.

James, no obstante, vio algo que los filósofos olvidan a menudo: la religión implica tanto el sentimiento como el pensamiento, la pasión como la convicción, el cuerpo como la mente. Es por ello que él se centra en la experiencia privada, especialmente en la conversión emocional y trascendente o «renacimiento». James es franco respecto a los orígenes de estas: «El yo subconsciente es hoy día una entidad psicológica reconocida (...) Consideraciones religiosas aparte, hay más vida en nuestra alma, real y literalmente, de la que en cualquier momento podamos ser conscientes». Esto incluye «recuerdos imperfectos, resonancias absurdas, timideces inhibitorias... Sin embargo, también parecen tener en ella su origen muchas de las realizaciones del genio; y en nuestro estudio de la conversión, de las experiencias místicas y de la oración, hemos visto el importante papel que las invasiones de una parte de esta región [el inconsciente] desempeñan en la vida religiosa (...) El control se percibe como "superior" (...) el sentimiento de unión con el poder más allá de nosotros es un sentimiento de algo (...) literalmente verdadero».

Las ideas verbalizadas en esta cita nos recuerdan a lo que Freud pensaba sobre la religión, salvo que el mismo razonamiento llevó a este a calificarla de ilusión..., aunque de una con mucho porvenir. Para James, como para muchas personas religiosas, no existe contradicción; si el inconsciente es nuestra forma de acceder a poderes más allá de nosotros, que así sea; esos poderes siguen siendo reales. Recordemos la definición de religión de James: «los sentimientos, actos y experiencias de hombres individuales en su soledad, en la medida en que están convencidos de mantener una relación con lo que quiera que consideren divino». Pero él continúa diciendo: «puesto que la relación puede ser moral, física o ritual (...) de la religión [así definida] pueden surgir secundariamente teologías, filosofías y organizaciones eclesiásticas». Por tanto, no es justo decir que James ignora intencionalmente la religión más allá del individuo. Pero a «moral, física o ritual», él no agrega comunal, ni tampoco emocional, cognitiva o simbólica. Sin embargo, la fe es todo esto, involucrando así muchas tendencias humanas. Es por ello, también, que definiciones como «la religión *es* simplemente...», o «la religión *es* realmente...», o —la peor de todas— «la religión *no es* más que...» fracasan.

James admite que no es teólogo, ni historiador ni antropólogo; él es médico de formación y psicólogo científico de oficio. Pero es consciente de que el sentimiento religioso no es una entidad única. Ciertas personas...

> lo asocian al sentimiento de dependencia; otras lo hacen derivar del miedo; algunas lo relacionan con la vida sexual; otras lo identifican con el sentimiento de infinitud (...) Existen el temor religioso, el amor religioso, el asombro religioso, la alegría religiosa... Pero el amor religioso es solo la emoción natural del amor humano dirigida a un objeto religioso; el temor religioso es solo el estremecimiento común del pecho humano, en la medida en que la noción de retribución divina pueda conmoverlo; el asombro religioso es la misma emoción orgánica que experimentamos en un bosque al anochecer o ante un desfiladero de altas paredes, solo que al pensar en nuestras relaciones sobrenaturales.

James extiende ampliamente su red. Él sabe que los budistas no creen en un dios (aunque popularmente el Buda parezca uno). Cita a Ralph Waldo Emerson cuando propone otra religión sin dios: «El idealismo trascendental moderno (...) también parece permitir que Dios se disuelva en una idealidad abstracta. No una deidad (...) no una persona sobrehumana, sino la divinidad inmanente en las cosas, la estructura esencialmente espiritual del universo».

James vio la «expresión franca de este culto a las meras leyes abstractas», contenida en el célebre discurso de Emerson a la promoción de 1838 del Harvard Divinity College, como la causante del «escándalo producido durante su intervención». Él lo cita extensamente, pero yo citaré primero una parte diferente:

> A través de la transparente oscuridad, las estrellas vierten sus rayos casi espirituales. Debajo de ellas, el hombre parece un niño pequeño y su enorme globo un juguete. La fría noche baña el mundo como si fuera

un río, y prepara sus ojos de nuevo para el rojo amanecer (...) Uno está obligado a respetar la perfección
de este mundo (...) Por sus fructíferos suelos, por sus
aguas navegables, por sus montañas de piedra y metal,
por sus bosques de árboles de todas clases, por sus animales, por sus elementos químicos, por los poderes y
caminos de la luz, el calor, la atracción y la vida valen
la pena la médula y el corazón de los grandes hombres
para someterlo y disfrutarlo (...) Pero cuando la mente
se abre, y revela las leyes que ordenan el universo y nos
muestra las cosas tal como son, reduce al punto el gran
mundo a una mera ilustración y fábula de esta mente.

Cuando dice «fábula», Emerson se refiere a las leyes de
las ciencias naturales. Sin embargo, él también dice: «El
niño, en medio de sus bolas de Navidad, está aprendiendo
cosas sobre la acción de la luz, el movimiento, la gravedad y
la fuerza muscular; y en el juego de la vida humana, el amor,
el miedo, la justicia, el apetito, el hombre y Dios interactúan.
Estas leyes se niegan a ser adecuadamente expuestas. Nunca serán expresadas con palabras ni, por ende, escritas en
papel. Ellas eluden nuestro perseverante pensamiento; sin
embargo, las leemos de continuo en el rostro del otro, en
las acciones del otro, y en nuestro propio remordimiento».

Emerson se refiere a «las leyes del alma», y dice: «Estas
leyes se ejecutan por sí solas». Los sentimientos relevantes
son la virtud, la pureza y la piedad. Como ministro cristiano
que era, dirigiéndose a jóvenes en puertas de asumir ese papel, Emerson añadió: «Este pensamiento habitó siempre en
lo más profundo de la mente de los hombres en el devoto
y contemplativo Oriente; no solo en Palestina, también en
Egipto, en Persia, en India y en China. Europa siempre ha
debido al genio oriental sus impulsos divinos. Cuanto dijeron estos santos bardos, se les antojó agradable y verdadero
a todos los hombres juiciosos. Y la huella indeleble de Jesús sobre la humanidad, cuyo nombre no está escrito tanto
como arado en la historia de este mundo, es prueba de la
sutil virtud de esta infusión».

«Tal es la religión emersoniana», comenta James, que la incluye en su definición al igual que hace con el budismo. Volveremos a la pregunta que Emerson cree haber respondido diciendo que la naturaleza humana hace de la virtud su propia recompensa; la cual se reduce a si la ética es o no un producto de la evolución. Sabemos que hay personas que no sienten remordimientos; sin embargo, hay verdad en las palabras de Emerson.

¿Qué hay de la piedad? Mi amigo James Gustafson, ministro luterano y profesor de ética teológica, posee una excepcional comprensión de la ciencia amén de un gran interés en la naturaleza humana. Él afirma que la piedad fue lo primero en llegar a la naturaleza humana, conduciendo a esta a una búsqueda de Dios o a una percepción de lo sagrado. En *A Sense of the Divine* [*Un sentido de lo divino*] Gustafson la llama «piedad natural», y se la atribuye a todos aquellos, seglares o religiosos, que se han preocupado lo bastante como para dedicarse a la conservación de la naturaleza. «Lo que finalmente es indiscutible (...) es que las formas de vida humana y de otro tipo dependen de fuerzas que no creamos y que escapan a nuestro control, fuerzas que nos traen al mundo y nos sostienen, así como sostienen la vida a nuestro alrededor, pero que también nos limitan y destruyen (...) Esta dependencia (...) nos evoca un sentido de lo sublime, y a algunos de nosotros un sentido de lo divino». Esta visión comparte algo con el trascendentalismo de Emerson y con la «biofilia» de E. O. Wilson: el amor al mundo viviente. Pero un sentido de lo sublime puede conducir al agradecimiento (no necesariamente hacia nadie ni a nada) y a la piedad (en el sentido del respeto y la voluntad de hacer lo correcto), o inspirar un deseo de preservar y proteger.

Recientemente le pregunté a otro amigo, el rabino Emanuel Feldman, ahora retirado tras cuatro décadas como principal rabino ortodoxo en Atlanta, y una de las personas más apasionadamente religiosas que conozco —también le encanta el béisbol y posee un legendario sentido del humor—: «¿Cuál es la esencia de la religión?» Él respondió de inmediato: «El asombro: la sensación de que hay algo más grande y más importante que nosotros». Si usted tiene esa sensación respecto al mundo viviente, o respecto al mundo de los seres humanos, o incluso respecto al poder y regularidad del universo en su trayectoria a partir del *big bang*, y su asombro incluye, además, una agudizada conciencia teñida de miedo, es probable que usted, en algún sentido, sea religioso. Gustafson siempre insistió en que yo lo era, a pesar de mis negaciones.

Pero la primera conferencia de James, «Religión y neurología», dejó definiciones para la segunda. Aquí, él emplea el lenguaje médico para desechar la idea de que la religión puede diluirse a base de explicaciones fisiológicas. «Una vida religiosa (...) tiende a hacer a las personas excepcionales y excéntricas. No estoy hablando ahora del creyente religioso ordinario, que sigue las convenciones religiosas de su país (...) La religión que practica ha sido creada por otros y le ha sido comunicada por la tradición, ha adquirido una forma fija por imitación y es conservada por la costumbre. Nos beneficiaría poco estudiar esta vida religiosa de segunda mano». Discrepo; las mentes religiosas ordinarias son interesantes; estas deben diferir de las mentes de los no creyentes, y quiero entender las diferencias individuales. Pero estoy de acuerdo en que deberíamos buscar...

a los que se convierten en patrón (...) individuos para quienes la religión no se presenta como un hábito aburrido, sino como una fiebre aguda (...) «genios» en el ámbito de lo religioso; como muchos otros genios [los «religiosos»] mostraron a menudo síntomas de inestabilidad nerviosa (...) llevaron una vida interior discordante y sufrieron de melancolía durante buena parte de su carrera. Fueron asimismo propensos a obsesiones, oyeron voces y tuvieron visiones, y presentaron todo tipo de peculiaridades que solemos clasificar como patológicas.

En otras palabras, los líderes religiosos de la historia, no considerados retrospectivamente, serían calificados de patológicos en la época de James o en la nuestra. Sin embargo, este autorizado galeno rechaza el «materialismo médico» y dice: «Pocos de nosotros no estamos de alguna manera al borde de la enfermedad, o incluso enfermos; y nuestras propias enfermedades nos ayudan de forma inesperada». En tales temperamentos profundamente religiosos y perturbados «se da la emocionalidad, que es la condición *sine qua non* de la percepción moral». James se burla del «tipo filisteo de robusto sistema nervioso, que ofrece constantemente sus bíceps para que la gente los palpe, se golpea el pecho y le agradece al cielo no tener ni una fibra mórbida en su constitución».

Como sucede con la mayoría de los rasgos psicológicos, el estudiado por James es un medio continuo, y los seguidores de estos líderes religiosos pueden tener percepciones similares*. James cita a un hombre de 49 años que escribió:

Dios es más real para mí que cualquier pensamiento, cosa o persona. Siento positivamente su presencia, y cada día vivo más en armonía con sus leyes, tal y como están escritas en mi cuerpo y mi mente. Lo siento en el sol y en la lluvia; y una sensación de asombro mezclada con otra de agradable reposo describe bastante bien mis sentimientos (...)

Le hablo como a un compañero en la oración y la alabanza, y nuestra conexión espiritual es deliciosa. Él me responde una y otra vez, a menudo con palabras tan claramente pronunciadas que parece que mi oído las haya llevado a mi cerebro (...) Normalmente un texto de la Escritura, revelándome alguna nueva visión de Él y de su amor por mí (...) Podría dar cientos de ejemplos, en asuntos de la escuela, problemas sociales, dificultades financieras, etc. La idea de que Él es mío y yo soy suyo nunca me abandona, es una alegría permanente. Sin ella, la vida sería un vacío, un desierto, un erial sin límites ni sendas.

---

* Opino que las experiencias neurológicas de los seguidores de estos individuos únicos (santos, gurús, Moisés, Jesús, Mahoma, etc.), incluso siglos después, pueden ser muy interesantes. Nota del autor para la edición española.

James agrega: «miles de personas (...) podrían escribir un relato casi idéntico».

He aquí un par de elementos centrales de la vida religiosa, que tanto los adversarios como los vulgarizadores de esta suelen pasar por alto: compañerismo divino y conexión espiritual. Pero James también recoge alucinaciones, experiencias extracorporales y sensaciones místicas; algunas, contradiciendo su enfoque *ultraindividual*, suceden en la iglesia (una, durante el ritual de la oblea y el vino). James se coloca a sí mismo, claramente, entre los «nacidos una vez». Los «nacidos dos veces» hablan de su conversión como de un «renacimiento».

La nómina de los renacidos incluye a san Pablo, que tuvo una conversión dramática después de ver una luz cegadora —tal vez un ataque ocasionado por algún trastorno— en su camino a Damasco; y al emperador Constantino, que habiendo visto una cruz en el cielo —con la inscripción *In hoc signo vinces* (con este signo vencerás)— la noche anterior a una batalla, proclamó tras su victoria el cristianismo como religión oficial de Roma..., lo que de un día para otro cambió las vidas de numerosos hombres y mujeres sencillos.

James estaba fascinado por los santos, y vio «una panorámica compuesta por la santidad universal, la misma en todas las religiones», incluyendo las siguientes características:

- «La sensación de vivir una vida más amplia que la de los pequeños intereses egoístas mundanos».
- «Una sensación de continuidad amistosa del poder ideal con nuestra propia vida, y una entrega voluntaria a su control».
- «Una libertad y una euforia inmensas».
- «Un desplazamiento del centro emocional hacia sentimientos de amor y armonía, hacia el "sí, sí" y lejos de "no"».

Estos estados mentales pueden conducir al ascetismo (incluyendo aquí la automortificación, que no se parece en nada al «sí, sí»), al fortalecimiento del alma (el abandono de los miedos), y a la pureza y la caridad.

La humildad es clave: «Francisco de Asís besa a sus leprosos»; de otros santos «se dice que limpiaron las llagas de sus pacientes con la (...) lengua; y las vidas de santos como Isabel de Hungría y *madame* de Chantal rebosan de una especie de deleite en la purulencia del hospital (...) lo que nos estremece y, al mismo tiempo, nos llena de admiración». También la pobreza es clave: «faquires hindúes, monjes budistas y derviches musulmanes coinciden con jesuitas y franciscanos en idealizar la pobreza».

En cuanto a la «conciencia cósmica o mística (...) los hindúes, budistas, musulmanes y cristianos la han cultivado metódicamente». Un método hindú es el yoga, «la unión experimental (...) con lo divino (...) La dieta, la postura, la respiración, la concentración intelectual y la disciplina moral varían», pero su objetivo es ayudar al yogui a superar su naturaleza inferior y entrar en la condición llamada *samadhi*, un estado de conciencia más allá de la razón o el instinto. El sentido del yo ha desaparecido, pero la mente, libre de deseo e inquietud, incorpórea, nos conoce «por lo que realmente somos, libres, inmortales, omnipotentes, liberados de lo finito y sus contrastes entre el bien y el mal». Una vez en el *samadhi*, un hombre permanece «esclarecido, sabio, profeta, santo; todo su carácter ha cambiado (...) ha sido iluminado».

James describe estados similares en los budistas, y ahora sabemos por estudios cerebrales, que la alteración de la conciencia lograda a través de la meditación es real. Del mundo islámico cita a Al-Ghazali, un filósofo y teólogo persa del siglo XI: «La ciencia de los sufíes (...) tiene como objetivo alejar el corazón de todo lo que no es Dios, y darle como única ocupación la meditación del ser divino». Al-Ghazali relata la disciplina de soledad y abstinencia que conduce al «transporte» y a «la facultad profética». Los derviches danzantes giran sobre sí mismos vistiendo trajes ceremoniales. Los brazos del adepto están extendidos, la mano derecha apunta hacia el cielo, la izquierda hacia la tierra. El giro es controlado y dignificado para enfatizar la unión con Dios.

Para James, entonces, la religión implica estados personales alterados, emociones como el miedo, el amor, el asombro y la alegría, una percepción intensa y abrumadora de *algo* más profundo, el compromiso con la pureza y el servicio, la trascendencia, la seguridad de que la vida tiene un sentido y un propósito más allá de las leyes físicas, y un sentimiento de unión con Dios, con el espíritu de todos los seres, o con alguna expresión de lo divino. Su resultado práctico, según James, es una vida más esperanzadora, alegre y positiva, o al menos una que nos permite «mantenernos más cuerdos y genuinos».

Tal era la psicología de la religión alrededor de 1902. Pero otro médico-psicólogo, un contemporáneo más joven de James, tuvo al menos tanta influencia como él. Allí donde James fue sistemático, científico, académico y prudente, Sigmund Freud, hombre inconformista y seguro de sí mismo, se mostró audaz, creativo e iconoclasta. James persiguió la psicología científica a través de la experimentación. Freud tenía seguidores; su movimiento fue en cierto sentido un culto, orientado clínicamente y basado en las declaraciones de los pacientes, interpretadas principalmente por el propio Freud.

A pesar de todos sus errores, Freud causó un impacto formidable. Es difícil imaginar la cultura de la psicoterapia, la revolución sexual, el inconsciente, lo reprimido o nuestras ideas sobre la experiencia de la infancia sin él. Se consideraba un espíritu libre y original. Aníbal, el conquistador africano de Roma que atravesó los Alpes con elefantes, era su héroe; pero el impacto de Freud se sintió en el imperio del pensamiento.

James, un pensador de muy diferente pasta, consideraba al prodigio vienés con una mentalidad abierta —sexualidad y sueños incluidos—, y un año antes de su muerte dio la bienvenida a Freud en una gira estadounidense de conferencias. A Freud, también médico, le impresionó ver con qué entereza afrontó James una angina de pecho sufrida durante un paseo de ambos. Pero el anciano pensador mantuvo las distancias; le disgustaba la hostilidad de Freud hacia la religión. Rodeando con el brazo a uno de los discípulos del vienés, le dijo: «El futuro de la psicología está en vuestra obra», pero también sospechaba que Freud, «con su teoría de los sueños, era un *halluciné* habitual». Poco después, James le transmitió a un colega suizo sus dudas sobre las «ideas fijas» de Freud, aunque, por otro lado, afirmó esperanzado que «Freud y sus discípulos llevarán sus ideas hasta sus últimos límites, y estas no pueden menos de arrojar luz sobre la naturaleza humana».

James prefería al hijo intelectual de Freud, Carl Gustav Jung, más abierto a la religión y escéptico sobre el determinismo sexual. Estas y otras diferencias pondrían pronto fin a la relación entre maestro y discípulo. Pero por aquella época, ambos mantenían correspondencia, y en enero de 1910 Freud le confió a Jung su consideración de la «impotencia infantil» como la fuente de la fe. Esta sería su idea central sobre la religión: la sensación de ser uno con el mundo o con Dios era un vestigio del «sentimiento oceánico» del recién nacido disolviendo sus propios límites, fusionándose con la madre y el mundo. La dependencia y el temor daban paso a un deseo de amor parental y un miedo culpable al castigo. La religión ofrecía atención, consuelo y autoridad parentales a gran escala.

Jung tomó un camino diferente. Freud fue el neurólogo y científico del cerebro que inventó el psicoanálisis, convirtiéndose en psicoterapeuta y psicólogo teórico. Jung era psiquiatra y atendía a pacientes muy enfermos en un manicomio suizo. Él entendía la constitución y el temperamento humanos, y no hacía derivar de la infancia toda la psicología. Jung empleó el método freudiano pero adaptándolo a sus pacientes —algunos psicoanalizados previamente—, que por lo general eran adultos. Estos se centraban más en el sentido de sus vidas que en los traumas de su infancia.

El enfoque junguiano de los sueños involucraba arquetipos: símbolos o temas recurrentes en la vida humana. El fuego tenía un significado, pero este no era necesariamente sexual, y el hecho de que ciertos símbolos —verbigracia el mandala— se repitan en todas las religiones, Jung lo explicaba por su arraigo en la historia profunda. Él veía la religión como parte de una búsqueda de sentido para la vida;

no tenía interés alguno en diluirla con sus explicaciones. Al igual que James, era demasiado blando con la religión para el gusto de la ciencia conductual posterior, que de la emoción, los estados alterados y los símbolos arquetípicos pasó al pensamiento, no al sentimiento. Sin embargo Freud —en *El porvenir de una ilusión*— prefiguró el enfoque cognitivo, refiriéndose a...

> la tierra, que tiembla, se desgarra y engulle la vida humana y sus obras; el agua, que lo inunda y ahoga todo en su vorágine; las tormentas, que barren cuanto hallan a su paso; (...) las enfermedades, que recientemente hemos reconocido como ataques de otros organismos; y (...) el doloroso enigma de la muerte, contra el cual aún no se ha encontrado remedio alguno (...) Con estas fuerzas la naturaleza se levanta contra nosotros, majestuosa, cruel e inexorable; ella nos recuerda (...) nuestra debilidad e indefensión, las cuales pretendemos superar mediante las obras de la civilización.

Nuestra respuesta a esta crisis de indefensión, a este continuo retorno al desconcierto de la infancia, es «la humanización de la naturaleza».

> Las fuerzas y destinos impersonales (...) permanecen eternamente ajenos. Pero si en los elementos hierven pasiones (...) como ocurre en nuestras propias almas, si ni la muerte misma es algo espontáneo sino el acto violento de una Voluntad Maligna, si en la naturaleza nos rodean Seres como los que conocemos en nuestra sociedad, entonces podemos respirar a gusto, podemos sentirnos como en casa en medio de lo extraño y manejar (...) nuestra angustia sin sentido. Nosotros (...) ya no estamos inútilmente paralizados; al menos podemos reaccionar. Quizá (...) ni siquiera estemos indefensos. Contra estos violentos superhombres externos podemos emplear los mismos medios que em-

pleamos en nuestra propia sociedad; podemos tratar de conjurarlos, apaciguarlos, sobornarlos y (...) arrebatarles una parte de su poder.

Comoquiera que los dioses pueden no responder, surgen otras ideas: destinos que los dioses no controlan, rivalidades que los enfrentan entre sí en un teatro de sufrimiento humano, castigos que ninguna suerte de humillaciones o súplicas puede anular. Sin embargo, según la idea freudiana de la fe, «la vida en este mundo tiene un propósito superior; sin duda no es fácil adivinar cuál es ese propósito», pero todo resulta de «una inteligencia superior a nosotros, la cual (...) lo ordena todo para el Bien (...) La muerte en sí misma no es una aniquilación (...) sino el comienzo de un nuevo tipo de existencia».

Estas ideas generales se hallan en el hinduismo, el sintoísmo y en innumerables religiones animistas, además de en las tradiciones abrahámicas. Los budistas no le pondrían pegas a las generalizaciones hechas por Freud acerca de la búsqueda de la perfección y un propósito en la vida, así como de una existencia diferente después de la muerte. A pesar de su énfasis en la filosofía y la ética, el confucianismo y el taoísmo surgieron —junto con las religiones indígenas de Asia— de creencias y rituales que involucran dioses y espíritus, apreciados aún por la gente común aun cuando son rechazados por las autoridades religiosas. Freud se percató de que la piadosa Norteamérica reclamaba ser «la patria de Dios», una versión moderna del pueblo elegido; hoy día, el país que ayudó a promover la democracia y cultivó el individualismo sigue siendo la nación avanzada más religiosa.

Freud llama la atención sobre el diferente rasero aplicado a la fe religiosa. Nos convencemos de la esfericidad del planeta circunnavegándolo. Pero cuando preguntamos en qué se basa la creencia religiosa, «nos encontramos con tres respuestas (...) En primer lugar, estas enseñanzas merecen ser creídas porque nuestros ancestros primarios creían en ellas; en segundo lugar, poseemos pruebas que nos han sido transmitidas desde esos mismos tiempos primitivos; y en tercer lugar, está absolutamente prohibido plantear la cuestión de su autenticación (...) Este último punto despierta nuestras sospechas. Después de todo, una prohibición como esta solo puede deberse a una razón: que la sociedad es (...) consciente de la endeblez de tales afirmaciones». En cuanto a las creencias de la antigüedad, «están llenas de contradicciones, revisiones y falsificaciones», y la afirmación de la revelación divina no sirve, porque «ninguna proposición puede ser una prueba de sí misma».

Freud se refiere a la larga historia de la duda, que se remonta a los tiempos de aquellos que nos legaron las enseñanzas religiosas. Ya había equivalentes del incrédulo Tomás del Evangelio mucho antes de que este recelase de la revelación cristiana; las dudas son tan antiguas como las afirmaciones religiosas. Nunca existió una creencia uniforme, a pesar de que la sociedad combatió las vacilaciones. Las mismas transformaciones que marcan el nacimiento de nuevas fes ocasionan dudas sobre las afirmaciones de las precedentes. Freud cita dos «esfuerzos desesperados» para «evitar el problema». El primero es el *Credo quia absurdum* —«Creo porque es absurdo»—, paráfrasis de una sentencia de Tertuliano, apologeta cristiano del siglo II, quien dijo acerca de las doctrinas religiosas: «Su verdad debe sentirse internamente y no necesita ser comprendida». Pero Freud pregunta: «¿Debo creer en cada absurdidad? Y si la respuesta es no, ¿por qué he de creer en esta en particular?» Nos viene a la mente la tetera cósmica de Bertrand Russell.

En el segundo esfuerzo, percibimos un eco del pragmatismo de James, aunque Freud lo llama «la filosofía del "como si". Esta sostiene que nuestra actividad de pensamiento incluye una gran cantidad de "ficciones", pero que por una serie de razones prácticas hemos de comportarnos "como si" creyéramos en ellas (...) debido a su incomparable importancia para (...) la sociedad humana». Freud, empero, afirma de manera poco convincente que solo alguien influido por tal «filosofía» compraría el argumento del «como si». Para otros, «todo queda dicho con el reconocimiento de que algo es absurdo o contrario a la razón».

Aquí, Freud ignora las creencias de cientos de millones de personas.

Freud cuenta que uno de sus hijos le preguntó una vez si cierto cuento de hadas era verdadero, y que el niño, después de oír que no lo era, se deshizo de él. Volveremos a la cuestión de las creencias y dudas de los niños y de cómo se desarrollan, pero ahora, consideremos la ambiciosa inferencia hecha por Freud del rechazo de su hijo: «Es de esperar que las personas reaccionen pronto del mismo modo ante los cuentos de hadas de la religión». No sucedió entonces, y un siglo después aún no lo ha hecho.

Ya se refiera uno a la creencia religiosa como ilusión o delirio, el origen de la falsa creencia es la realización de un deseo*; esta debe ser cierta porque así queremos que sea. La religión es «la neurosis obsesiva universal de la humanidad; como la neurosis obsesiva de los niños, surgió del complejo de Edipo, de la relación con el padre». Los psicólogos, hoy día, no conciben semejante papel para el padre. Pero una afirmación de Freud sobre la religión como neurosis puede ser cierta: «Los creyentes devotos están protegidos (...) contra el riesgo de ciertos trastornos neuróticos; su aceptación de la neurosis universal les ahorra la tarea de construir una personal».

Freud se pone en los zapatos de sus críticos, dándoles buenos argumentos y refutándolos a continuación. Uno de aquellos dice: «El hombre tiene otro tipo de necesidades imperativas que la fría ciencia nunca podrá satisfacer; y es muy extraño —de hecho, es el colmo de la inconsecuencia— que un psicólogo que siempre ha insistido en el minúsculo papel que, en comparación con los instintos, desempeña la inteligencia en los asuntos humanos, trate ahora de robarle a la humanidad un precioso medio realizador de deseos y (...) proponga compensarlo (...) con alimento intelectual». Freud podría estar «citando» a James, que aun habiendo reconocido plenamente las fuentes instintivas e inconscientes de la fe —décadas antes de Freud— continuó creyendo.

---

* *Wish fulfillment* en el original, el término acuñado por Freud es: *Wunscherfüllung*. N del T.

¿La respuesta de Freud? «Los hombres no pueden seguir siendo niños eternamente; al final, han de salir a la "vida hostil". A este proceso podríamos llamarlo "educación para la realidad" (...) El único propósito de mi libro es señalar la necesidad de este paso adelante». Y sigue: «la voz del intelecto es suave, pero no descansa hasta que consigue ser escuchada (...) La primacía del intelecto está aún muy distante, mas no lo está infinitamente».

Otro de los críticos imaginarios de Freud pregunta: «¿Es que no ha aprendido nada de la historia? Ya se intentó una vez sustituir la religión por la razón, de forma oficial y a lo grande. Seguro que recuerda la Revolución Francesa y a Robespierre. Y, asimismo, debería recordar cuán efímera e infructuosa resultó la experiencia. El mismo experimento se repite ahora en Rusia, y no necesitamos ser adivinos para saber cómo acabará». El crítico compara el intento de eliminar la religión por decreto con la ley seca, la medida con que el gobierno estadounidense trataba, a la sazón, «de privar a las personas de todos los estimulantes, intoxicantes y otras sustancias productoras de placer (...) otro experimento para el que tampoco es preciso ser adivino para saber cómo acabará».

Freud planteó las mismas objeciones a la religión que hemos escuchado recientemente a otros. Pero viendo cuán unidos están los seres humanos a la fe, consideraba la cuestión de su *destete* de una forma más respetuosa. Por analogía con el tratamiento psicoanalítico de la neurosis —en sí un proceso largo y difícil—, dedujo que nuestra especie superaría algún día su inclinación religiosa, aunque reconoció que esta esperanza podría ser en sí misma una ilusión. Deseaba ver una generación de niños criados sin adoctrinamiento religioso. ¿Su hipótesis? Serían personas no creyentes y mentalmente sanas. Freud no pretendía que todo el mundo siguiera este camino, y lo veía como lo haría un científico: un experimento que valía la pena intentar, pero que podría demostrar que estaba equivocado.

Seis años después de *El porvenir de una ilusión*, Jung publicó *El hombre moderno en busca de su alma*. Esta obra incluye (a pesar del desdén de Freud por ella) una enérgica defensa del antiguo mentor de su autor:

> La psicología se ha beneficiado enormemente del trabajo pionero de Freud; esta ha aprendido que la naturaleza humana también posee un lado oscuro, y que no solo el hombre lo posee, sino también sus obras, sus instituciones y sus convicciones (...) Incluso nuestras creencias más puras y santas pueden ser rastreadas hasta dar con sus más groseros orígenes (...) Es doloroso (...) interpretar cosas radiantes desde el lado sombrío y, en cierta medida, reducirlas a su origen en una triste inmundicia. Pero se me antoja una imperfección en las cosas bellas y una debilidad en el hombre que una explicación desde el lado sombrío pueda tener un efecto destructivo. El horror (...) que nos inspiran las interpretaciones freudianas se debe enteramente a nuestra (...) ingenuidad infantil. Sería un gran error suponer que lo que es radiante ya no existe porque ha sido explicado desde el lado oscuro.

Aquí tenemos la aceptación de James del origen del sentimiento religioso: reconociendo la «triste inmundicia» del inconsciente mas sin negar la religión. «Este es un lamentable error en el que el propio Freud ha caído». La psicología analítica de Jung fue más inclusiva que la de Freud, y reconoció otros motivos inconscientes además del placer erótico (verbigracia la voluntad de poder). Pero Jung, como Freud, creía que podía ayudar a las personas a explorar el inconsciente a fin de abrir «el camino a una vida naturalmente despojada de ilusiones».

«Naturalmente despojada de ilusiones» es una expresión magnífica. Jung cita sus éxitos guiando a las personas a través de este cambio, pero confiesa que aprendió aún más de sus fracasos. Sus pacientes solían ser mayores de 40 años, y acabó descubriendo que estos eran muy diferentes, «que los elementos de la psique experimentan un cambio muy marcado en el curso de la vida (...) Podemos distinguir entre una psicología de la mañana de la vida y una psicología de su tarde». Como médico, encuentra el cambio «higiénico (...) Un objetivo que uno puede esforzarse por alcanzar», y considera que «alejarse de él es algo insalubre y anormal que deja sin propósito la segunda mitad de la vida». Un tercio de los pacientes de Jung, según él, «no sufren a causa de una neurosis clínicamente definible, sino de la vaciedad y falta de sentido de sus vidas. Me parece (...) que esto bien podría ser descrito como la neurosis general de nuestra época».

Esto se aleja bastante de la visión freudiana de la religión como «neurosis obsesiva universal». Los pacientes de mediana edad de Jung estaban «atascados», y él no sabía cómo ayudarlos. Recurrió a los sueños, pero no al «sistema» de Freud para interpretarlos. La antropología, la mitología y la religión comparada reconocen ciertos símbolos que la gente ha usado a lo largo de la historia, un bálsamo para quienes habiendo orientado sus vidas hacia lo personal y lo racional quedaron luego insatisfechos. Para ellos, los símbolos significaban que «la vida prosaica y ordinaria podía llegar a mostrar un semblante alterado, e incluso adquirir un nuevo encanto (...) La cosa más insignificante, si tiene un sentido, vale más en la vida que cualquier otra cosa carente de él».

Aunque él mismo sabía que algunos lo acusarían de indulgencia con la fantasía, Jung dijo: «A decir verdad, tengo un concepto muy alto de la fantasía (...) Todas las obras humanas tienen su origen en la fantasía creativa (...) la imaginación libera al hombre de su esclavitud al "nada más que" y despierta su espíritu de juego». Pero aquí es donde Jung y Freud realmente se separan: «La experiencia muestra que la causa de muchas neurosis es que las personas reprimen sus propios impulsos religiosos, debido a una pasión infantil por la iluminación racional».

Para Freud, la neurosis de la raza humana es la religión; para Jung, la neurosis puede empeorar al reprimir aquella. Para Freud, la religión es infantil, mientras que para Jung, lo que es infantil es demasiada pasión por la razón. Para Freud, la religión es represión, pensamiento ilusorio y sentimiento de culpa; para Jung, puede ser libertad para jugar. Al igual que James, Jung se mostró ambiguo acerca de si lo espiritual estaba dentro de la psique o fuera del cuerpo. «Para el psicólogo no hay nada más estúpido que el punto de vista de ciertos misioneros, según el cual los dioses de los "pobres paganos" son ilusiones (...) como si aquello que llamamos realidad no estuviera igualmente preñado de ilusión». Jung le atribuye «un valor positivo a todas las religiones (...) Ceremoniales, rituales, ritos de iniciación y prácticas ascéticas, en todas sus formas y variantes, me interesan profundamente (...) Asimismo, atribuyo un valor positivo a la biología (...) en la que veo un intento hercúleo por comprender la psique humana abordándola desde el mundo exterior».

Freud hacía hincapié en los instintos y creía que la razón debía controlarlos; Jung, por su parte, dijo: que la religión los canalice para algunos, como siempre lo ha hecho, mientras que la ciencia ilumina el camino para otros. Acusado de misticismo, Jung replicó que no era culpa suya «que el hombre, siempre y en todas partes, haya desarrollado espontáneamente formas religiosas de expresión (...) Quienquiera que sea incapaz de ver este aspecto de la psique humana está ciego, y quienquiera que pretenda minimizarlo, o "esclarecerlo", carece de sentido de la realidad (...) Resulta fácil expulsar el espíritu por la puerta, pero ¡qué sosa se vuelve la sal de la vida una vez lo hemos hecho!».

La gente «primitiva», careciendo de ciencia, atribuye muchos fenómenos a duendes, demonios, brujería, hechiceros y espíritus. Pero la gente moderna también quiere respuestas que la ciencia no puede darle; respuestas para cosas que son tan maravillosas o terribles que las leyes naturales parecen insuficientes. Algunos de nosotros nos obligamos a trazar una línea en la arena: «Aquí está lo que puedo explicar, y aquí lo que no puedo; así son las cosas». La mayoría de cuantos han vivido y viven, empero, anheló y anhela cruzar esa línea. Trataremos de entender qué ocurre en el cerebro, como producto de la evolución, para que esto sea así. También consideraremos algunos intentos, como el existencialismo, de encontrarle un sentido a la vida sin recurrir a religión. Incluso tomaremos en serio la idea de que, para muchas personas, la ciencia es suficiente: que nuestra propia insignificancia en la inmensidad del cosmos es, en sí misma, esclarecedora y reconfortante. Pero antes profundizaremos más en las variedades de la experiencia religiosa.

III

FORMAS ELEMENTALES

En su obra *Las formas elementales de la vida religiosa*, Émile Durkheim ve en los tótems de los aborígenes australianos la clave para explicar el origen de la religión. Su visión del totemismo era excesivamente simplista, pero tenía razón al querer fijarse en las sociedades de cazadores-recolectores: las sociedades humanas más simples y las primeras.

En la década de 1970, viví durante dos años entre los san en el noroeste de Botswana, a orillas del desierto del Kalahari. Conocidos comúnmente como bosquimanos, ellos se hacen llamar *Jun/twasi*, que significa aproximadamente «la gente real». No estaba allí para estudiar sus rituales, pero nadie puede convivir con ellos tanto tiempo e ignorar su rito más dramático, la danza extática: la forma en que este pueblo trata y se enfrenta a la enfermedad y, al mismo tiempo, su experiencia religiosa central. Después de contemplar el ritual y, a menudo, ser «sanado», me convertí en aprendiz. Consideremos la escena.

El crepúsculo está cerrándose. El horizonte del Kalahari dibuja un círculo perfecto y distante, solo roto por matorrales y unas pocas acacias. Los sonidos propios de la cena son audibles en toda la aldea, un tosco redondel de pequeños refugios de hierba con un fuego y una familia sentada ante cada uno. Por alguna razón, algo excitante vibra en el ambiente esta noche. Será que hay carne fresca, o simplemente que brilla una inmensa luna redonda. Puede que haya alguien enfermo, o quizá nadie lo esté. Lo que está a punto de suceder beneficiará tanto a los sanos como a los enfermos.

Las mujeres cuchichean entre sí y deciden intentarlo. Puede que los hombres las hayan inducido a ello; es posible, también, que ellas hayan sondeado previamente el interés de estos, o que lo hayan decidido por su cuenta. Baten palmas siguiendo ritmos complejos y cantan en un estilo que recuerda el canto a la tirolesa, con graciosos cambios de tono que producen sonidos fascinantes e hipnóticos. Poco a poco empiezan a dar vueltas alrededor de una hoguera. Las mujeres comparten, emocional y musicalmente, un mismo entusiasmo. Alguien aviva el fuego cuando la oscuridad se acentúa. Dos de los hombres, sentados frente a una choza con las piernas cruzadas, se dan codazos el uno al otro y empiezan a marcar el ritmo. «Esas mujeres se han puesto a cantar», comenta uno, «pero nosotros, los hombres, no tenemos valor». Se ríen entre dientes y vuelven a quedar en silencio, aunque las bromas serán más frecuentes a medida que avance la noche. Por fin se atan los cascabeles de baile alrededor de los tobillos, y se siente el tintineo cuando sus pies golpean el suelo. «Mira», dice una mujer sonriendo, «esas cosas podrían convertirse en hombres esta noche». Otros hombres se unen a los más atrevidos, formando un círculo alrededor de las mujeres cantoras. Los pies masculinos golpean rítmicamente el suelo. Este sonido se combina con las palmas y el canto de las mujeres, y las ondas de entusiasmo se expanden. Un bebé se despierta, llora, y es ajustado en el cabestrillo que lo inmoviliza contra el costado de su madre; un muchachito tropieza con la suya, se agarra a ella y mira a los bailarines con los ojos muy abiertos. Una joven muy hermosa le susurra algo al oído a la mujer que tiene a la vera; ambas miran a uno de los danzantes y se echan a reír. El fuego es avivado de nuevo; sus llamas se elevan y brillan con más intensidad.

Un bailarín cae de súbito al suelo. Viendo que ha rebasado la mediana edad, el ingenuo observador quiere apresurarse en su ayuda, pero sus compañeros se muestran indiferentes. El hombre yace en tierra, gimiendo y temblando. Otros hombres se acercan y se arrodillan junto a él. Le friccionan el cuerpo, suavemente al principio y con más vigor al cabo de un rato; uno de ellos incorpora al caído y lo apoya sobre su regazo. Al fin, el bailarín recupera el sentido y se pone de pie. Su estado ahora es completamente distinto, aún gime y tiembla, pero camina cargado de energía. Se inclina entonces sobre una de las mujeres del círculo y coloca sus manos sobre los hombros de esta. El temblor se intensifica, acelerando el ritmo de su respiración. Con cada inspiración, la amplitud de su voz y la agitación de sus brazos aumentan, culminando este *crescendo* con un penetrante grito: «¡Kow-hee-dee-dee!» El hombre se relaja momentáneamente, luego vuelve a moverse y repite el ritual.

El círculo de mujeres cantoras se amplía, más hombres se unen al baile y otros aldeanos —en su mayoría niños, adolescentes y ancianos— forman un segundo círculo de espectadores. Entre estos hay una mujer embarazada que tiene fiebre. El hombre en trance pone las manos sobre ella y se esfuerza intensamente. De pronto se detiene y mira hacia la oscuridad, gritando: «¡Todos! ¡Salid todos de aquí! ¡Vosotros, todos vosotros, salid de aquí!» Su voz se dirige a la noche desierta. Durante un momento, mantiene la vista fija en el vacío más allá de los espectadores; al cabo, reanuda la sanación.

¿Cómo se produce el estado de trance curativo? ¿Realmente tiene algún poder para sanar? Y si es así, ¿de qué manera? Si Lorna Marshall, Richard Lee y Richard Katz, tres expertos en este ritual, lo acompañaran mientras usted lo observa, le dirían algo así: El trance y su poder curativo se deben, en gran medida, a la energía del grupo. Si las mujeres baten palmas y cantan bien, los hombres bailan bien; si el sonido de los cascabeles de sus tobillos es bueno y alguien entra en trance, el batir de palmas y el canto se elevarán a un nuevo plano; si los hombres confían lo suficiente en las mujeres y entre sí, otros pueden caer en profundos trances, pudiendo durar su poder curativo hasta el amanecer.

Se dice que el poder en sí, llamado *n/um*, reside en los flancos del abdomen, la boca del estómago o la base de la columna vertebral, y que hierve dolorosamente durante el trance. El poder curativo no es exactamente lo mismo que la susceptibilidad al trance, pero se dice que ambos aumentan durante la edad adulta temprana y disminuyen en la vejez. Un joven puede poseer todo el coraje y la energía necesarios para entrar en trance pero, al carecer de experiencia y capacidad de control, resulta inútil como sanador; un anciano puede tener la experiencia, pero su energía ya no es lo que fue. Prácticamente la mitad de la población masculina es, potencialmente, capaz de sanar; algo que, en sí mismo, es un acto de valentía, pues durante el trance el alma puede abandonar el cuerpo para siempre. El trance supone la concentración en uno mismo para hacer el bien, desinteresadamente, al prójimo. El individuo, en esta cultura igualitaria, es exaltado de un modo que apenas tiene parangón; sin embargo, su identidad se disuelve en este ritual: la danza extática es de, por y para la comunidad. Si el bailarín tiene experiencia sanando, su alma puede viajar hasta la aldea de los espíritus y hablar con ellos sobre las enfermedades de sus convecinos. Solo la habilidad del sanador, asistido por otros sanadores, ayuda a este a mantener el precario equilibrio entre la vida y la muerte; los abrazos y las friegas que aquellos le dan con su propio sudor son gestos que salvan vidas. El poder puede transferirse de un sanador más viejo («grande») a un novicio; así, este pone su vida en manos del veterano, que debe proteger al aprendiz de los peligros espirituales y materiales.

La música creada por la combinación de las voces femeninas, el batir de palmas y el tintineo de los cascabeles se me antojó psicodélica. Su misteriosa belleza parecía perforar mi cráneo, aflojando los amarres de mi mente. La danza enviaba una onda de choque a la base de mi cerebro cada vez que mis talones golpeaban el suelo. Mis talones lo golpearon quizá ochenta veces por minuto durante horas. Los efectos en mi cerebro fueron físicos y directos. La hiperventilación desempeñó un papel; la inhalación de humo también. El prolongado esfuerzo acabó por aturdirme. Y mirar las llamas mientras ejecutaba, una y otra vez, aquellos monótonos pasos alrededor del círculo tuvo un efecto propio.

Pero más que cualquiera de estas cosas, lo que me permitió entrar en trance, en la medida en que lo hice, fue la confianza. Cierta noche —seguida de una mañana llena de felicitaciones, especialmente por parte de las mujeres— experimenté ese «sentimiento oceánico» de unidad con el mundo que, a decir de Freud, es un eco de nuestra dichosa dependencia infantil. ¿En quién confiaba? En todos: en las mujeres, en los otros bailarines y sanadores..., en la comunidad. Pero sobre todo confiaba en mi maestro. Él no era el sanador más poderoso, pero era lo suficientemente fuerte como para enseñar a un novato como yo. Dios, me explicó, había fortalecido su poder curativo dándole su propia canción de baile en un sueño, durante una larga enfermedad. Era muy respetado en la aldea, y además era mi amigo.

Durante los dos años que trabajamos juntos, mi respeto por él se convirtió en afecto. Era sensible, sabio, leal, ingenioso, brillante, vigoroso y generoso: el padre ideal. Esa noche me puse confiadamente en sus manos, como lo haría una persona sugestionable con un hipnotizador. Mientras me abismaba en un mundo mental que no se parecía a ninguno que hubiese experimentado antes, mi mente estaba centrada en él. Sabía positivamente que cuidaría de mí. Dejó que me las arreglara solo durante horas, y finalmente, cuando más necesitaba yo de contacto humano, me cogió de los brazos y me colocó sobre sus hombros. Debimos ofrecer un aspecto muy cómico —un hombre blanco de 1,80 m de alto desplomado sobre un cazador-recolector san de 1,50 m—, pero para mí fue uno de los momentos más importantes de mi larga y agitada estancia en África.

Todos los sistemas de curación popular —y también la medicina moderna— se basan en la relación entre el sanador y el paciente. Las características psicológicas de esta relación (autoridad, confianza, creencias compartidas, enseñanza, educación y amabilidad) influyen significativamente, y a veces dramáticamente, en la evolución de la enfermedad. La asistencia psicológica y la psicoterapia aceleran la recuperación tras una intervención quirúrgica o un ataque cardíaco, y mitigan el sufrimiento de los pacientes que reciben quimioterapia. Una habitación con vistas agradables reduce la cantidad de analgésicos solicitados por los convalecientes de una cirugía. Llámelo placebo, pero el toque humano tiene efectos mensurables. Este puede actuar directamente a través del cerebro y las hormonas —mensajeras de la mente al cuerpo—. La meditación reduce la frecuencia cardíaca y la presión arterial, pero el estrés psicológico disminuye el número de «células asesinas naturales», encargadas de buscar y destruir tumores. Es importante destacar que la confianza puede mejorar el cumplimiento de los consejos médicos por parte del paciente: un campo en el que los médicos modernos no han sobresalido.

Aquella confianza mía que abarcaba todo y a todos no duró toda la noche. Me dejé llevar por la idea delirante de que algo terrible le estaba sucediendo a mi esposa, que se hallaba descansando en nuestra cabaña de hierba, más o menos a una milla de allí. Esta idea surgió de un miedo, en gran medida irracional, al Kalahari y a todas sus criaturas, animales y humanas. Salí disparado del círculo, salté al asiento delantero de nuestro *jeep* y comencé a conducir. El trance fue roto, finalmente, por el ruido del vehículo al chocar contra un tocón y quedar sus ruedas traseras girando sobre la arena.

¿Qué estaba sucediendo en mi mente y en mi cerebro? En esa época solo podía suponerlo. Probablemente mi neocórtex, la región responsable del pensamiento lógico, se había ralentizado, mientras que algunas otras partes de mi cerebro funcionaban más aceleradamente. Dadas la similitud superficial entre el trance y una crisis convulsiva, y los fuertes cambios experimentados a nivel emocional, supuse que el sistema límbico —los circuitos entre el tronco encefálico y el neocórtex que generan emociones— debía de estar involucrado. Por último, pensé que el sistema de activación reticular del tronco encefálico, que regula la conciencia y nos lleva del sueño a la vigilia y de la concentración al ensueño, había desempeñado un papel en mi trance, independientemente del grado alcanzado en él.

El trance san es muy difícil de estudiar con los métodos de la ciencia del cerebro —los intensos movimientos hacen que la obtención de neuroimágenes sea casi imposible (aunque hay ciertas estrategias que podrían funcionar)—, pero algunos estudios nuevos de otras formas culturales de trance podrían arrojar luz sobre lo que hacen los san, y los veremos en el próximo capítulo. ¿Qué hay entonces de la afirmación de los san sobre la efectividad de su método de sanación? Argumentaré que la afirmación es probablemente válida, aunque es demasiado pronto para concluir que, de acuerdo con los estándares científicos, la sanación san «funciona» o para explicar adecuadamente el trance en sí. Mientras tanto, podemos dar crédito a los san por crear un agudo sistema de psicología médica, basado en conocimientos y métodos tan interesantes como nuestras propias intervenciones psicológicas…, y con mucho más poder simbólico.

Consideremos el caso de una joven madre que contrajo malaria poco después de morir su padre. El sanador entró en un trance profundo; su alma «abandonó» el cuerpo. En el camino hacia el mundo de los espíritus, el sanador se encontró con el padre de la joven, que retenía entre sus brazos el alma de su hija. El sanador convenció al padre de que las responsabilidades de su hija en la tierra eran más importantes que su propio dolor y su necesidad de ella, y el padre la dejó volver a la vida. Unos días después, los síntomas de la enfermedad habían desaparecido. ¿Podría el relato del sanador sobre su encuentro con el padre haber influido en la enfermedad parasitaria de la hija? Lo ignoro, pero es posible, y más adelante intentaré explicar por qué.

Retrocedamos y oigamos lo que los científicos sociales dijeron sobre el aspecto comunitario de la fe, antes de que James, Freud y Jung intentaran analizar la mente religiosa. Edward Tylor, un antropólogo pionero, publicó su *Cultura primitiva* en 1871, y uno de sus dos volúmenes se centra en la religión. Su tema principal es el animismo, la tendencia universal del ser humano a atribuir vida consciente a fenómenos y objetos inanimados. Esto, para Tylor, era la esencia de toda religión —«primitiva» y «civilizada», antigua y moderna—, juicio con el que se anticipó más de un siglo a la psicología cognitiva de la religión.

En su primer capítulo —«Doctrina de la existencia del alma después de la muerte»— se trata la cuestión del nacimiento de un bebé, o la aparición de un animal, poco después de la muerte de un ser querido: «Un misionero oyó a una mujer chiriguana de Buenos Aires decir de un zorro: "¿No podría ser ese el espíritu de mi hija muerta?" Entre los abipones, oímos hablar de ciertos ánades que vuelan en bandadas por la noche emitiendo un lúgubre silbido, que se asocian con las almas de los muertos; mientras que en Popayán (...) nadie mataba a las palomas, pues se suponían animadas por las almas de los difuntos». Tylor no menosprecia estas ideas, considerándolas como «parte de la extensa doctrina de la existencia futura del alma». Treinta años antes de James, Tylor mostró una comprensión profunda de las tradiciones budistas, y no encuentro excusa para las especulaciones de Freud sobre los ritos primitivos, habiendo sido precedido por tales eruditos. Tylor conocía el libro egipcio de los muertos, el misticismo cabalístico judío, las ideas maniqueas de la transmigración de las almas y muchas otras creencias de la humanidad que fueron, y son, ignoradas por muchos teóricos.

Tylor buscaba un patrón evolutivo: «Como parece que la primera concepción del alma pudo haber sido la del alma de los hombres —siendo posteriormente extendida por analogía a las almas de animales, plantas, etc.—, es lógico suponer que la idea original de la transmigración fue la de que las almas humanas renacían en nuevos cuerpos humanos, extendiéndose luego esta noción para que pudieran estas renacer, también, en cuerpos de animales». Los cazadores-recolectores san creían que los animales descendían de las personas, y contaban historias hilarantes sobre cómo los antiguos humanos se transformaron en aquellos. La Muerte misma surgió de una disputa entre la Liebre y la Luna; disputa que, lamentablemente, perdió la Luna (que renace mensualmente).

Tylor no escatima citas de autores «civilizados»; verbigracia esta del crítico Samuel Johnson sobre los espíritus de los muertos: «Todo argumento está en contra de ello; pero

78

toda creencia está a favor». Pero tanto como cualquier antropólogo ha hecho desde entonces, Tylor tomó muy en serio las costumbres de innumerables culturas con respecto a los muertos. En todo el mundo, a lo largo de la historia, los muertos fueron tratados con aprensión, respeto y miedo, y se esperaba que permaneciesen en un estado liminal —intermedio— durante algún tiempo después del fallecimiento. La muerte en todas las culturas es una transición, no un final. Peticiones a los recién fallecidos, pícnics y fiestas en cementerios, objetos de valor enterrados con los difuntos, calaveras como reliquias o juguetes para niños, detallados relatos del viaje del alma después de la muerte, visitas a los muertos o de estos a los vivos, un «Dante zulú» que recorrió el inframundo entre ellos, «el Purgatorio de san Patricio», el sol como «la brillante mansión de los jefes y valientes difuntos» para los natchez de Mississippi, y muchos otros ejemplos muestran que la muerte no se consideraba el final del camino. Observaciones recientes confirman la postura general de Tylor, así como la mayoría de los detalles.

Sin embargo, no todo es brillante en el otro mundo. Según los basuto, «las sombras deambulan en silenciosa calma, sin experimentar alegría ni tristeza», y los yoruba dicen que «cualquier rincón en este mundo es mejor que un rincón en el mundo de los espíritus». Esto nos recuerda lo que Aquiles le dice a Odiseo, un raro visitante vivo del Hades: «Prefiero seguir el arado como esclavo de otro hombre (...) a ser rey sobre todas las sombras de los muertos». La muerte es, en muchas religiones, un pasaje a un mundo peor, no mejor; y a menudo no es lo que uno merece, por lo que la idea de la religión como un consuelo frente a la ansiedad existencial por la muerte es, en el mejor de los casos, simplista. Si uno está aburrido o siente dolor, al menos no ha saboreado el olvido.

Estos mismos muertos decepcionados son una fuente de innumerables molestias para los vivos. «Los patagones vivían aterrorizados por las almas de sus magos, que se convertían en demonios después de la muerte; entre las tribus turanias del norte de Asia los hechiceros más temidos son los que han muerto, pues al morir se convierten en espíritus de una clase especial, considerada la más dañina de toda la naturaleza». En todos los continentes, la gente teme y adora a sus antepasados, y difumina la frontera entre los espíritus humanos y animales. La creencia en la encarnación de espíritus y la posesión por estos es común; también lo es (como ocurre entre los san) la de que las enfermedades son atribuibles a los muertos. «Los casos en que la posesión-enfermedad deviene en posesión-oracular están especialmente relacionados con afecciones histéricas, convulsivas y epilépticas». Sin embargo, en sus trances normales, los sanadores san no se ven a sí mismos como encarnaciones de los muertos sino como defensores de los vivos.

Tylor describe los espíritus de volcanes, arroyos, árboles, murciélagos y otros seres y fenómenos naturales —una forma de fe muy básica—, así como la adoración de ídolos —a menudo imitando serpientes, toros u otras criaturas—; suponiendo esta última, según él, una forma más elevada de creencia religiosa que el simple animismo, la posesión espiritual y la transmigración de las almas. En todos los rincones del mundo, los seres humanos trataron de persuadir o engatusar a los espíritus de los arroyos, los bosques y otras formaciones naturales. Tylor afirma que el politeísmo, con sus jerarquías de dioses y diosas, supuso un gran avance.

Tylor no siempre encuentra «modernas» a las personas racionales. En el sur de India y en Bulgaria, pero también en Suecia y las Hébridas, la gente iba a todos lados con hachas encendidas para proteger a los recién nacidos. Él se refiere al rosario como una «máquina de cálculo devocional (...) de origen asiático», y a la rueda de plegaria del budismo tibetano como un «desarrollo aún más extremo de la religión mecánica». Anticipando modelos cognitivos, dice: «Así como la oración es una solicitud hecha a una deidad como si esta fuera humana, el sacrificio es un regalo hecho a una deidad como si esta fuera humana». El concepto judío de oración combina esta con el antiguo sacrificio, usando para ambas la misma palabra, *avoda* («servicio»). Muchos rituales —ayunar, fumar tabaco y otras sustancias, danzar, girar y meditar— son técnicas para llegar al éxtasis.

Podemos dudar de las teorías de Tylor, pero apreciamos sus observaciones; él estuvo más cerca de tradiciones inalteradas de lo que nunca podremos estarlo nosotros: «En Tasmania, hemos oído a un nativo atribuir su salvación al esmero con que preserva el espíritu de su difunto padre»; como ya no quedan nativos en Tasmania, hemos de conformarnos con estos informes. La conclusión de Tylor es que es preciso consultar al historiador y al etnógrafo —y no solo al teólogo y al naturalista—, «pues no parece que exista una forma de pensamiento humano tan primitiva que haya perdido su relación con nuestro propio pensamiento, ni una tan antigua que haya roto su conexión con nuestra propia vida».

La antropología moderna rechazó la disposición jerárquica de las culturas, centrándose sabiamente en desdibujar la diversidad cultural. No se basó en informes de misioneros y colonos, sino en una ciencia social profesionalizada cuyos cultivadores convivieron con personas y, sin alterar su modo de vida, aprendieron cuanto pudieron sobre ellas mediante la observación participativa. Estos científicos, sin embargo, se detuvieron ocasionalmente a pensar de manera más general sobre lo que estaban viendo; no con grandes esquemas históricos como el de Tylor o vuelos de la imaginación como la antropología edípica de Freud, sino con visiones de conjunto más modestas.

Incluso un entregado etnógrafo como Bronislaw Malinowski, célebre por haber pasado décadas investigando en las islas Trobriand, frente a Nueva Guinea, se permitió teorizar un poco en un libro corto y sensato: *Magia, ciencia y religión*. Robert Redfield, otro destacado etnólogo de la época, respondió en su prólogo al libro de Malinowski a la objeción de que este, demasiado a menudo, generalizaba a partir del único caso que conocía a fondo: «Esta crítica (...) pierde gran parte de su fuerza si se admite la suposición de que existe una naturaleza humana común y un patrón cultural universal». La búsqueda de tales ideas universales es nuestro objetivo aquí.

IV

EL MAPA DE DIOS

En 2005, la BBC realizó un pequeño experimento en antena. El Dr. Michael Persinger ya había estudiado a cientos de personas mediante estimulación cerebral no invasiva, «haciéndole cosquillas» a una zona de sus lóbulos temporales llamada por algunos el «punto de Dios» —si se toca la sien con el dedo corazón y la parte superior de la oreja con el índice, el lóbulo correspondiente aún sobresaldrá un par de cm a cada lado— . El punto de Dios, según ellos, se hallaría en uno de estos lóbulos, concretamente en el derecho.

Ahora mismo, nadie versado en la ciencia del cerebro se tomaría en serio la idea de que la religiosidad pueda residir en un punto. Esta podría hallarse en un circuito que uniera muchos puntos: algo así como las carreteras que habríamos de seguir si quisiéramos visitar, verbigracia, todas las catedrales de Inglaterra; aunque la mayoría de las carreteras de la red quedaría fuera del circuito, este incluiría muchas carreteras y catedrales. Pero si usted escogiese un punto estratégico y plantara una buena estación de servicio, podría aumentar el turismo catedralicio atrayendo vehículos de la red. Esto no significaría que hubiese hallado el «punto de la catedrales», pero podría significar el hallazgo de un circuito y un buen lugar para activarlo. Ahora podría dibujar un diagrama y llamarlo el «mapa de las catedrales».

Persinger, que había estado estimulando lóbulos temporales derechos durante años, afirmaba que podía aumentar el tráfico de ideas religiosas o, al menos, espirituales. Sus *pacientes* aseguraban haber sentido algo así como una presencia o ser uno con el mundo, o haber visto y oído fantasmas o espíritus, o tenido experiencias oníricas, o sido conscientes del misterio más grande de la vida. También informaron sensaciones físicas. Persinger pensaba que era capaz de provocar reacciones semejantes en casi todo el mundo. Así pues, el programa *Horizon* de la BBC «sometió las teorías y la máquina del Dr. Persinger a la prueba definitiva: provocarle una experiencia religiosa a uno de los ateos más estridentes del mundo, el profesor Richard Dawkins». Este, aunque aseguró que su esposa lo abandonaría si se «convertía en un creyente devoto», siempre había deseado tener una experiencia mística. Convenientemente estimulado, afirmó sentir una especie de mareo, y más avanzada la sesión —que duro 40 minutos, con Persinger ajustando el objetivo y la intensidad— Dawkins informó de «una especie de espasmos al respirar. Ignoro de qué se trata. Mi pierna izquierda se mueve de un modo inexplicable, y la derecha tiembla como afectada por un tic nervioso».

Dawkins esperaba mucho más de la experiencia: «Lamentablemente no experimenté la sensación de una presencia». Sí tuvo sensaciones, «pero me costaría mucho jurar que no fue algo que podría haber sentido en otro lugar, durante una noche oscura. Estoy muy decepcionado. Habría sido muy interesante para mí haber sentido algo de lo que las personas religiosas viven durante una experiencia mística, una conexión espiritual con el universo. Me habría gustado experimentar eso». Pero Dawkins, después del experimento, habló durante años de su falta de respuesta, y diríase que hubiese aprendido algo sobre el sentimiento religioso. Otros discrepan. Persinger explicó que hay personas más receptivas que otras a la estimulación cerebral, y pensaba que Dawkins era el sujeto más refractario que había visto jamás. En el mismo programa, un obispo de la Universidad de Durham llamado Stephen Sykes tampoco sintió gran cosa; dijo, incluso, que de haber tenido una sensación espiritual durante la estimulación, no la habría relacionado en absoluto con la religión.

Y un famoso neurólogo clínico, V. S. «Rama» Ramachandran, también presente en aquel programa, dijo: «El hecho de que en nuestro cerebro existan circuitos que nos predispongan a las creencias religiosas no niega de ninguna manera el valor de tales creencias (...) Nada de lo que la ciencia dice (...) sobre los circuitos neuronales relacionados con las ideas religiosas niega, en modo alguno, la existencia de Dios; ni niega tampoco el valor de la experiencia religiosa para la persona que la vive». Dawkins expresó otra decepción: «El impulso religioso humano parece muy difícil de eliminar, lo cual me provoca cierto pesar. La religión, claramente, posee una extraordinaria tenacidad». Más tarde dijo: «He sido un fracaso: la estimulación no pudo absolutamente nada conmigo». Rama, por su parte, replicó al obispo de Oxford: «Bueno, ¿y qué? Ello simplemente muestra que cuando Dios nos creó, puso una antena en nuestro cerebro para que pudiéramos encontrarlo, y resulta que esta se halla en uno de los lóbulos temporales».

Poseemos muchas más investigaciones sobre cómo el cerebro genera, gestiona y responde a las experiencias religiosas y espirituales; los detalles son fascinantes, pero los principios y los argumentos son siempre los mismos. De hecho, han sido los mismos durante siglos, desde que el filósofo David Hume afirmó que todas las experiencias mentales humanas tienen sus correlatos en el cerebro; o realmente desde Hipócrates, quien vino a decir lo mismo. La tarea de los científicos del cerebro es rastrear cómo este realiza cada una de sus funciones, no despojarlas de su importancia.

Entonces, ¿cuán lejos hemos llegado con respecto a la religión? Hace tiempo que sabemos que ciertas enfermedades mentales, como el trastorno bipolar y la esquizofrenia, provocan delirios, y en algunos casos estos adoptan una forma religiosa: Soy Dios, Dios me habla, un ángel me visitó durante la noche, el diablo me amenazó... En general, las personas religiosas sanas (incluyendo el clero) no las reconocen como verdaderas experiencias religiosas, pero ha habido intentos de localizarlas en los circuitos cerebrales. Determinados estados neurológicos también causan alucinaciones visuales o auditivas, pero si quienes las sufren no padecen ningún trastorno mental, estas son generalmente descartadas como síntomas no significativos.

Durante mi estancia en la facultad de medicina, ayudé a cuidar a un monje hospitalizado por un episodio maníaco en una larga enfermedad bipolar. Entrevisté a este hombre, muy religioso y sincero, para saber si su enfermedad interactuaba con su fe y de qué manera. No lo hacía en absoluto. Él estaba trabajando en la lavandería del monasterio cuando, de súbito, se acuclilló, acurrucándose luego en un rincón porque el ruido de las máquinas se le antojaba ominoso. Algo en el tumultuoso estruendo lo amenazaba, pero no había nada demoníaco en las chirriantes rotaciones de los tambores, ni tampoco rastro alguno de presencias angelicales o divinas; ni siquiera se le ocurrió rezar. No le encontró ningún sentido a aquello —como le habría ocurrido a cualquier ateo bipolar—: era una manifestación de su enfermedad, no de Dios.

Pero hay formas de dar diagnósticos legítimos a personas que tienen ideas religiosas, visiones, trances, estados meditativos o la sensación de estar fuera de su cuerpo, o que oyen voces, o simplemente tienen fe. James abre «Religión y neurología»—primer capítulo de *Variedades de la experiencia religiosa*— diciendo: «Las teorías científicas están tan orgánicamente condicionadas como lo están las emociones religiosas (...) Y así ocurre con todos nuestros éxtasis y estados de apatía, nuestros deseos y estados de excitación, nuestras dudas y creencias. Estos están también orgánicamente fundados (...) Sostener, pues, la causalidad orgánica de un estado mental religioso, negando su derecho a poseer un valor espiritual superior, es bastante ilógico y arbitrario». A este proceder «ilógico y arbitrario» James lo denominó «materialismo médico» y lo tachó de reduccionista. Sin embargo, sigue siendo interesante preguntar cómo el cerebro genera estados religiosos o espirituales.

La psicosis no es el único trastorno que a veces aparece ligado a la religiosidad, también están la anorexia, la epilepsia y los trastornos disociativos, y estados como la intoxicación, la privación del sueño y el aislamiento social. James pensaba que las personas con experiencias religiosas profundas, e incluso los fundadores de nuevas religiones, poseían cerebros patológicos, pero él los admiraba por ser espiritualmente abiertos. Algunos médicos han diagnosticado retrospectivamente epilepsia con rasgos religiosos a Juana de Arco, Santa Teresa de Ávila, Joseph Smith, Søren Kierkegaard, Fyodor Dostoyevski y otros. Todos estos diagnósticos, naturalmente, pueden ser cuestionados. Pero Dostoyevski escribió: «El aire se llenó de un gran ruido que me envolvió (...) Realmente he tocado a Dios. Él mismo entró en mí; "sí, Dios existe", grité, y no recuerdo nada más». Un tipo de epilepsia a menudo vinculada con experiencias religiosas es la ELT (epilepsia del lóbulo temporal). Esta, por lo general, provoca cambios en el pensamiento y los sentimientos, no movimientos involuntarios. Las experiencias religiosas pueden formar parte del aura que precede a las crisis convulsivas, ocurrir durante estas o inmediatamente después de ellas; algunos epilépticos del lóbulo temporal se sienten más religiosos en el periodo que media entre crisis convulsivas.

En un estudio de once pacientes que habían sufrido crisis «extáticas», cinco tuvieron, al menos, una experiencia religiosa. Una mujer, artista y agnóstica, dijo: «Tenía una sensación intensa en el estómago, como si fuera una adolescente locamente enamorada. A veces oía voces, agradables y aterradoras al mismo tiempo». Pero su primer episodio perturbador tuvo lugar al final de una actuación musical en la iglesia; ella creyó que oía la voz de Dios. Otra paciente describió cómo su querido abuelo, fallecido ya, se aproximó a ella y le dio un mensaje que no pudo entender, a pesar de lo cual sintió una felicidad inmensa y deseó que la experiencia continuase. Una tercera oyó música sinfónica, sintiéndose flotar con una deliciosa embriaguez, mientras su mente abandonaba su cuerpo. Una cuarta oía, durante sus raptos, «un extraño tema musical» con un «sabor y olor ásperos y picantes»; en uno de ellos se encontró con una mujer sabia que, sin palabras, le reveló «la misión final de su vida (...) relacionada con salvar niños». Un hombre describió sensaciones eróticas, además de «una nítida sensación de "contacto telepático con un poder divino"». Algunos pacientes pueden sufrir crisis convulsivas voluntariamente, concentrándose o al percibir un cierto olor. Las personas que experimentan éxtasis pueden querer repetirlos e interpretarlos como algo espiritual.

También pueden darse experiencias de conversión religiosa con la ELT. Un conductor de autobús que llevaba una semana padeciendo depresión, la superó de golpe —mientras recogía los billetes— «con una sensación de inmensa felicidad». Se sintió, literalmente, transportado al cielo, y cuando acabó de recoger los billetes, compartió con sus pasajeros la felicidad que experimentaba. De vuelta en su casa no reconoció a su esposa, pero le hizo un «incoherente relato de su experiencia celestial». Una vez hospitalizado, se reía constantemente, afirmando haber visto a Dios, y «que su esposa y su familia se reunirían muy pronto con él en el cielo. Permaneció en este estado de exaltación durante dos días, oyendo voces divinas y angelicales». Recuperado y dado de alta, sus sentimientos religiosos se mantuvieron invariables durante dos años. Pero entonces, al cabo de tres días sufriendo ataques convulsivos, afirmó que su mente se había aclarado: «Yo creía en el cielo y el infierno, pero después de esta experiencia dejé de creer en un más allá» o en la divinidad de Jesús. Esta segunda conversión súbita también le proporcionó una sensación de bienestar y claridad mental. Fue una revelación, y continuó siendo agnóstico durante al menos dieciocho meses sin crisis.

El laboratorio de neuroimagen de David Silbersweig y Emily Stern ha explorado el sustrato de las alucinaciones, religiosas o no. En 2012, Tracy Butler utilizó escáneres TEP (tomografía por emisión de positrones) de este laboratorio para comparar las alucinaciones de pacientes con esquizofrenia con las de otros que, además, sufrían epilepsia. Las estructuras cerebrales profundas, incluidos los circuitos límbicos (cerebro emocional), eran hiperactivas durante las alucinaciones, pero los lóbulos frontales permanecían en silencio; esto es, un desequilibrio entre los restrictivos lóbulos frontales y el sistema límbico, incluyendo partes de los lóbulos temporales hiperactivas en las crisis convulsivas «religiosas».

Este tipo de evidencias llevó a Persinger a estimular el lóbulo temporal derecho con una muy débil estimulación magnética transcraneal (EMT); suena aterrador, pero es algo muy leve, ni siquiera hace cosquillas. Nos parecería magia si no supiéramos que el cerebro responde a ondas magnéticas inocuas. De hecho, la estimulación de Persinger es aproximadamente un millón de veces más débil que la aprobada habitualmente para otros estudios, lo cual puede ser un problema. Persinger encontró, en respuesta a estos débiles campos magnéticos —el zumbido del «casco de Dios»—, la «presencia sentida» de una deidad, una conciencia nueva, o «un sentimiento de universalidad». Pero un estudio «de doble ciego» —ni los sujetos ni los investigadores sabían si estaban siendo estimulados— no mostró efectos. ¿Quizá los sujetos de Persinger eran, simplemente, personas altamente sugestionables? La disputa continúa. Pero la religión no es solo una «presencia sentida».

Como sugiere el experto en imágenes cerebrales Uffe Schjoedt: «La neurociencia experimental debe entender la diversidad del pensamiento y el comportamiento religiosos analizada por la Religión comparada durante más de 150 años». Schjoedt estudia el ritual y la oración cotidianos, y ha descubierto que estos involucran los mismos circuitos empleados por la cognición social, las relaciones interpersonales y los hábitos gratificantes. Él comparó cuatro condiciones en un grupo de luteranos ortodoxos daneses: el padrenuestro (formal y religioso), la oración personal (improvisada y religiosa), una canción de cuna (formal y secular), y la lista de deseos para Papá Noel (improvisada y secular). La oración personal activó las regiones cerebrales involucradas en las relaciones personales. ¿Significa esto que la oración personal no es más que otro tipo de relación?

Schjoedt también descubrió que el núcleo caudado, parte del circuito de recompensa en el núcleo central del cerebro, está activo durante la oración personal y especialmente en el padrenuestro, lo que sugiere que las prácticas formales y religiosas son recompensadas con la liberación de dopamina. El caudado también se activa en estudios de confianza y amor romántico. En otro estudio, Schjoedt les puso una grabación con las mismas oraciones a tres grupos de creyentes cristianos, pero a cada grupo le dijo, al azar, una de estas tres cosas: que la persona que oraba era 1) no cristiana, 2) un cristiano ordinario o 3) un cristiano con poderes de sanación. En los sujetos a los que se les dijo esto último, los circuitos «ejecutivos» —centrados en el lóbulo frontal— se desactivaron, como ocurre durante la hipnosis. Schjoedt interpreta que esta desactivación es similar a lo que sucede en una relación estudiante-maestro o líder-seguidor.

Esto tiene sentido, pero en estados como la hipnosis, el amor romántico y la confianza profunda se aprecia mejor el inconfundible aroma de la experiencia religiosa; no tenemos que llamarlos «rezar» o «sentirnos curados sobrenaturalmente» para clasificarlos junto a otros misterios humanos. La hipnosis, el amor romántico y la confianza profunda no son estados mágicos, pero son estados mentales especiales. Del mismo modo que un enfermo ELT puede sentirse religioso, también podemos sentirnos así consumiendo ciertas drogas. El caudado se hipertrofia con el consumo de cocaína. Y aunque las imágenes cerebrales revelan los circuitos involucrados en el pensamiento y el sentimiento religiosos, las drogas pueden revelarnos mucho sobre la química del cerebro.

El neurofisiólogo John Smythies ha realizado este tipo de investigación durante su larga carrera, principalmente con alucinógenos como el LSD y la mescalina. Esta, dice él, produce «fantásticas alucinaciones visuales (...) descritas por quienes las experimentan como más hermosas que cualquier obra creada por el arte convencional». Algunos tienen experiencias místicas como la comunión con Dios. Y todos los alucinógenos se dirigen a los receptores de serotonina 2A del cerebro. Las células de serotonina se originan en el tronco encefálico, pero se proyectan hacia el córtex cerebral; estas células están involucradas en el pensamiento, ya sea normal o extraño. La activación de los receptores 2A estimula los pensamientos y visiones religiosos en individuos seglares corrientes.

La otra cara de la moneda es observar las mismas células cerebrales en personas religiosas no afectadas por las drogas. «Un estudio (...) comparo un grupo de personas que no estaban psicológicamente interesadas en la religión con otro de personas que sí lo estaban, midiendo la activación de los receptores 1A (...) Los sujetos con inclinaciones religiosas presentaban una disminución del enlace a los receptores 1A», los cuales inhiben de forma natural tales pensamientos. «Así pues, los receptores 2A son activados por drogas que producen experiencias religiosas, y las personas que las tienen normalmente» —sin drogas— «poseen un sistema hipoactivo que las inhibe». Menos inhibición, más pensamientos religiosos.

La mescalina, que estimula los receptores 2A, es el componente alucinógeno del peyote, y ha sido utilizada ritualmente por los nativos americanos durante milenios. Las culturas de todo el mundo han empleado plantas que alteran la mente para tener percepción espiritual, visiones sagradas y cercanía con los dioses, así como para acceder a estados meditativos. Ahora estudiamos la estructura molecular de esas plantas y cómo actúan en el cerebro, y esta investigación arroja luz sobre la química de la espiritualidad. Si las personas religiosas poseen receptores 1A menos activos, entonces sus células de serotonina están menos inhibidas, por lo que pueden sentirse naturalmente más inclinadas a la belleza visual, las experiencias místicas y la comunión con Dios. Curiosamente, las personas que tomaron mescalina no oyeron cosas, mientras que los epilépticos del lóbulo temporal a veces lo hicieron, incluyendo música hermosa.

Hablaremos pronto de las «plantas de los dioses», pero ahora consideraremos otro ángulo. Si la epilepsia nos permite atisbar lo que sucede cuando ciertos circuitos se excitan demasiado, ¿qué ocurre con las alteraciones que apagan parte del cerebro? En Italia, Cosimo Urgesi y sus colegas estudiaron a 48 pacientes con tumores cerebrales (gliomas) antes e inmediatamente después de la cirugía, junto con 20 que fueron estudiados meses y años después, y 20 más con tumores (meningiomas) que no requerían de la eliminación de tejido cerebral. Los 68 pacientes a los que se les extrajo algo de cerebro fueron subdivididos, a su vez, en dos subgrupos: uno con los que perdieron tejido en las áreas frontales, y otro con los que perdieron tejido en el lóbulo parietal, más atrás en el cerebro. Los investigadores midieron la «autotrascendencia»: olvido creativo de uno mismo, identificación transpersonal y aceptación espiritual. Los pacientes con pérdidas en el lóbulo parietal experimentaron un aumento en su autotrascendencia, desde antes hasta después de la cirugía; el resto no lo hizo. De meses a años más tarde su autotrascendencia era aún alta.

En dos estudios relacionados, realizados en Missouri, Brick Johnstone y sus colegas examinaron a pacientes con lesión cerebral traumática moderada. Los sujetos eran pacientes ambulatorios —no gravemente afectados—, pero casi todos habían sufrido pérdidas de conciencia prolongadas y la mayoría sufría amnesia. El estudio empleó medidas aceptadas de la función cerebral y la experiencia espiritual. La trascendencia (la identificación con declaraciones como «siento la presencia de un poder superior») fue relacionada con un proceso psicológico: la abnegación (desdibujamiento de los límites del yo), y tanto la trascendencia como la abnegación se relacionaron con un pobre funcionamiento del lóbulo parietal derecho. Este hallazgo es consistente con el estudio italiano de los tumores cerebrales, aunque en el estudio de Missouri la lesión en el lado derecho importara más.

Como en otros estudios, estos investigadores hallaron que el funcionamiento del lóbulo frontal está positivamente relacionado con la religiosidad, la cual se solapa con la espiritualidad pero no es lo mismo que esta. Ellos sugieren que la abnegación varía desde «la conexión con la belleza de la naturaleza/arte/música (verbigracia, perder el sentido de uno mismo mientras se escucha una apreciada pieza musical), pasando por el amor romántico (verbigracia, convertirse en uno con su alma gemela), hasta una trascendencia definitiva

(...) un estado de trance que implica el abandono del sentido del yo y una fusión completa con Dios/el universo». La experiencia religiosa y cultural ayuda a determinar cuándo, dónde y cómo se difumina el yo, pero la función de los lóbulos frontal y parietal cuenta.

El equipo de Paul Butler en Boston estudió a personas con la enfermedad de Parkinson, que daña los circuitos centrados en una franja oscura de células madre cerebrales: la *substantia nigra*. Estas proyectan la dopamina a los sistemas superiores de control corporal y recompensa, incluidos los lóbulos frontales. Un síntoma clave es la vacilación en los movimientos; los pacientes de Parkinson que conocí en la facultad de medicina se sentían atrapados en sus cuerpos. Fármacos como la levodopa retrasan la enfermedad pero no la detienen, por lo que se produce un daño gradual en el lóbulo frontal. El equipo de Butler, sabiendo que los pacientes a menudo desarrollan la enfermedad primeramente en un lado del cuerpo, comparó la religiosidad de estos. En muchos pacientes de Parkinson se observó —mediante autoinforme y midiendo su velocidad de procesamiento de palabras relacionadas con la religión— una disminución de la religiosidad; pero los pacientes cuya enfermedad se había iniciado en el lado izquierdo se vieron más afectados, lo que indica que el daño en el lóbulo frontal tuvo un mayor impacto.

En el siguiente estudio, los investigadores les contaron a los pacientes, de diversas religiones, historias breves diseñadas para provocar diferentes grados de pensamiento religioso. Una madre y su hijo salen de casa una mañana para visitar al padre, que trabaja en un hospital. Lo que sigue es «la muerte intempestiva del niño en un accidente, el niño admirando una imponente vista del océano desde lo alto del hospital, el niño observando un ritual de oración en la capilla del hospital, [o] el niño viendo cómo el personal hospitalario practica una reanimación». Durante un período de dos semanas, cada paciente escuchó todas las historias en orden aleatorio, en diferentes sesiones y después de escuchar una charla sobre religión. Entonces calificaban su grado de identificación con diecisiete declaraciones, incluidas cinco sobre la creencia en Dios. También se obtuvo una medida estándar de la función del lóbulo frontal de los pacientes.

La historia de la condición Estética del estudio, en la que la visión del océano inspira al niño, provocó un mayor número de respuestas positivas a la religión. Pero esto solo ocurrió con los pacientes cuya enfermedad se inició en el lado derecho, quienes tenían déficit de dopamina en el lóbulo frontal izquierdo. La historia de la condición Ritual empujó a los dos grupos en direcciones opuestas: el número de respuestas positivas a la religión aumentó entre los pacientes con mejor lóbulo frontal izquierdo, pero disminuyó entre aquellos con mejor lóbulo frontal derecho. Este hallazgo confirmó que el lóbulo frontal izquierdo está involucrado en los aspectos rituales de la religión; lo cual tiene sentido, dado el dominio del hemisferio izquierdo a la hora de manejar símbolos. Butler extrae una lección del impacto de la historia Estética en la religiosidad, y la falta de impacto en esta de la historia en la que el niño muere; los resultados sugieren que la religión no se funda sobre la basa del miedo a la muerte.

Hay otra evidencia relativa a los lóbulos frontales. Un estudio dirigido por Erik Asp se inspiró en el innovador trabajo de Antonio Damasio sobre un tipo de daño en el lóbulo frontal. Damasio demostró que la lesión de la corteza prefrontal ventromedial (o vmPFC: si se toca el punto medio entre las cejas estará cerca de ella) da como resultado un cambio de personalidad y grandes errores debido al mal juicio, aunque, en casi todas las pruebas, la capacidad de razonamiento parece intacta. Los pacientes están literalmente desconectados de sus sentimientos instintivos, los cuales, mire por dónde, son esenciales para el buen juicio. «Pensar con el corazón» no es ninguna metáfora.

Debido a que estos pacientes tienden a ser crédulos, fueron evaluados en dos dimensiones del «déficit de duda»: autoritarismo y fundamentalismo religioso. Los participantes fueron comparados con: pacientes con otros tipos de lesiones cerebrales, pacientes con enfermedades graves no cerebrales, y sujetos de control sanos. Todos eran habitantes de las zonas rurales de Iowa, y casi todos pertenecían a una iglesia cristiana moderada. De todos los sujetos del experimento, solo los pacientes con daño vmPFC mostraron un nivel alto de autoritarismo, así como casi el doble del nivel promedio de fundamentalismo religioso. Además, su religiosidad se había intensificado más tras la lesión que la del resto de pacientes con enfermedades graves. El marido de una paciente con daño vmPFC veía a su esposa como una persona «nueva»: una «firme creyente en Dios y el cielo», que se sentía «abrumada al ver la cantidad milagros realizados por Dios». Se encontró que la creencia en fantasmas, en la posesión de un papel clave en el plan divino, en la literalidad de la Biblia y en el cielo había aumentado en estos pacientes; y que su creencia en la idea de que todo tiene un propósito, en la vida después de la muerte y en Dios había aumentado fuertemente. Los pacientes de los otros grupos —a pesar de padecer daños cerebrales u otras enfermedades graves— no mostraron un aumento en casi ninguna de tales creencias.

Pero el daño cerebral no siempre nos despoja de algo. Tony, un cirujano y ex jugador de fútbol de 42 años descrito por Oliver Sacks, fue alcanzado por un rayo en una cabina telefónica, tuvo una experiencia extracorporal y estuvo a punto de morir. «Vi mi propio cuerpo tendido en el suelo (...) floté escaleras arriba (...) Luego me rodeó una luz blanca azulada (...) experimenté una enorme sensación de bienestar y paz. Los mejores y los peores momentos de mi vida desfilaron ante mí. Ninguna emoción (...) puro pensamiento, éxtasis en estado puro. Entonces, cuando me decía a mí mismo: "Este es el sentimiento más glorioso que he tenido nunca"..., ¡zas!, estaba de vuelta».

Aquí no se trataba de un tumor, ni de un accidente cerebrovascular o un traumatismo; fue, en palabras Sacks, «un rayo del azul» o, como estaba lloviendo, del gris. Pero cuando Tony se recuperó, sintió un intenso —e inédito— deseo de escuchar música de piano. A pesar de carecer de educación musical, comenzó a componer en su cabeza y pronto aprendió, por sí mismo, a escribir toscamente sus composiciones. Su cabeza estaba llena de música. Una década más tarde, su devoción hacia ella aún era fuerte. Recibió formación e interpretó una de sus propias composiciones, junto a un repertorio clásico, en un concierto para aficionados talentosos. Tony no era un pianista de primera línea, pero fue muy elogiado, y había comenzado desde cero a los cuarenta años... después de que le cayera un rayo.

Las personas religiosas, naturalmente, podrían interpretar esto llevándolo a su terreno. Desde hace más de un siglo, los médicos vienen describiendo casos de epilepsia desencadenados por la música o la intensificación de la experiencia musical. Hemos visto el caso de epilépticos del lóbulo temporal que oían música durante las experiencias espirituales relacionadas con sus crisis convulsivas. Hughlings Jackson, un neurólogo del siglo XIX, se refirió a este fenómeno como una duplicación de la conciencia. Sylvia, otra paciente de Sacks, comenzó a tener crisis convulsivas en su treintena, en su mayoría solo con cambios mentales asociados: se sentía como una adolescente en un estado de ensueño. Las canciones que habían impregnado su infancia italiana cobraron gran importancia y, a menudo, desencadenaban ataques. En uno de estos, «fue el futuro que lo vi (...) Estaba allá arriba, camino del cielo (...) Mi abuela me abrió las puertas. "No es tu hora", me dijo, y entonces regresé». Cuando la extirpación de parte del lóbulo temporal de Sylvia acabó con las crisis —algunas eran físicas—, ella se sintió agradecida, pero también añoraba las sensaciones mentales que le provocaban.

Sacks describe casos de alucinaciones musicales en pacientes que, sabiendo que no son reales, las encuentran molestas (la música sin los delirios). Estas difieren bastante de los cambios cerebrales en pacientes esquizofrénicos que oyen voces o música; se trata de «alucinaciones benignas*». Los afectados pueden llegar a temer que la música en su cabeza los vuelva locos, pero la mayoría se acostumbra a ello. Estudios con neuroimagen muestran que la música imaginada involucra circuitos cerebrales activados por la música real. La

---

* *Hallucinations in the sane* en el original. N del T.

variación normal podría incluir cambios cerebrales similares aunque más leves, que subyacerían en la experiencia religiosa normal, como en la investigación con los jóvenes fieles luteranos. Pero ¿qué ocurre si estudiamos a *profesionales?*

En Montreal, dos científicos sometieron a un grupo de monjas carmelitas a una prueba con escáner, pidiéndoles que entraran en un estado de comunión con Dios. Aunque ellas habían experimentado anteriormente este sentimiento, aquel era un ambiente muy poco espiritual. Los escáneres de resonancia magnética son grandes y hacen mucho ruido; uno se desliza de cabeza hacia un gran agujero de rosquilla, luego se queda muy quieto y sigue las instrucciones del personal médico. Algunos pacientes necesitan sedación, pero las carmelitas se portaron de maravilla.

Quince monjas sin problemas psiquiátricos o neurológicos fueron sometidas al escáner en tres condiciones: Línea de referencia (reposo, ojos cerrados), Mística, y de Control. Las monjas les explicaron a los científicos que Dios no puede ser convocado a voluntad, pero se mostraron voluntariosas. En la condición Mística, se les pidió que cerraran los ojos, recordasen y revivieran «la experiencia mística más intensa que jamás hubieran sentido como miembros de la Orden Carmelita». En la condición de Control, debían hacer lo mismo con el estado más intenso de unión con otro ser humano. Los científicos evaluaron la intensidad de sus experiencias. Aunque ellas confesaron que estos recuerdos, recreados para su estudio mediante MRI, diferían de los episodios espontáneos, muchas reportaron pensamientos y sentimientos subjetivos moderadamente intensos, tanto en la condición Mística como en la de Control. Varias dijeron que durante la experiencia mística revivida sintieron la presencia de Dios: su amor infinito e incondicional y una sensación de plenitud y paz.

¿Qué estaba ocurriendo en sus cerebros? En primer lugar, tanto la condición Mística como la de Control mostraron una actividad cerebral muy diferente a la de la Línea de referencia; las monjas realmente experimentaron algo mientras revivían estas experiencias. En segundo lugar, las redes cerebrales activadas en las dos condiciones fueron sorprendentemente distintas; sorprendentemente, porque mucho de cuanto se ha pensado sobre la psicología de la religión parte de la base de que ambas experiencias deberían ser similares. El caudado, involucrado en la felicidad, el amor romántico y el maternal, se activó en ambas condiciones, pero de manera diferente: solo el caudado izquierdo al recordar la unión con una persona, y el derecho y el izquierdo al recordar la comunión con Dios —algo consistente con el papel menos analítico del hemisferio derecho del cerebro—. La rememoración de Dios también activó el lóbulo temporal derecho (lo que recuerda a algunos pacientes con epilepsia), mientras que la rememoración de la persona no lo hizo. Por último, revivir la comunión con Dios, pero no la unión con una persona, involucró diferentes partes de la corteza prefrontal.

Dios, podríamos decir, está en los detalles. Por ahora, es reconfortante que aparezcan las mismas redes en diferentes estudios. Además, algunos circuitos que, en este y otros estudios, están activos durante la experiencia espiritual sirven principalmente a la emoción, su encarnación, y su interpretación consciente. Solo esto debería poner fin a la noción de que la religión es puramente cognitiva. Finalmente, las diferencias entre la comunión humana y la divina socavan otra teoría de «nada más que»: la de que la fe no es más que una experiencia social más amplia.

Hemos considerado las bases cerebrales de una presencia —o poder superior— sentida; de visiones inspiradoras, música y voces; de la aceptación de ideas religiosas; de la comunión con Dios; de la oración; y de la sensación subjetiva de ser sanado tras rezar pidiéndolo. No hay razón para que deban activarse los mismos circuitos en todas estas experiencias, sin embargo, estos son solo algunos de los muchos tipos de experiencia religiosa. Otra experiencia común a cientos de millones de creyentes en todo el mundo es la meditación, y los científicos del cerebro también la han estudiado.

Eugene d'Aquili y Andrew Newberg, los fundadores de la «neuroteología», señalan dos vías principales para alcanzar estados alterados singulares: la meditación y el ritual. Los estados fisiológicos correspondientes poseen nombres técnicos complejos, pero aquí los llamaremos «quiescencia» y «flujo». La quiescencia puede alcanzarse mediante la meditación, pero también mediante el descanso, la lectura y otros medios. El flujo es electrizante; mi experiencia con la danza extática de los san es un ejemplo; también lo es mi experiencia con la oración judía, en la que uno canta en voz alta mientras se balancea rítmicamente. El caso más extremo sería el de los derviches danzantes sufíes, pero las postraciones de los budistas tibetanos también podrían servir. Al igual que la quiescencia, el flujo no tiene por qué ser espiritual; correr una maratón, pasar la noche bailando, cortar leña o el trabajo de un maestro chef *hibachi* —cuyas manos nunca dejan de moverse— podrían ser ejemplos de ello. Pero cuando el objetivo es espiritual, el desenlace* es diferente.

No hay un límite rígido. Tanto la meditación como el ritual involucran circuitos cerebrales que regulan el sistema nervioso autónomo, el cual gobierna los estados internos del organismo: respiración, frecuencia cardíaca, presión arterial, funciones como la gastrointestinal y otras. Hasta dónde podemos llegar en esto es discutible, pero es posible, y es a través del sistema límbico o cerebro emocional como podemos cambiar nuestros estados corporales. Según Newberg y d'Aquili, los rituales rápidos y electrizantes ejercen un efecto ascendente, desde los sonidos y movimientos rítmicos hasta los circuitos religiosos en el cerebro, mientras que la meditación tiene un impacto descendente. El resultado final es similar: una mayor sensación de unidad con los mundos naturales y sobrenaturales.

¿Qué está haciendo el cerebro? Los meditadores budistas experimentados muestran un aumento de la actividad prefrontal, así como una disminución de la actividad en el lóbulo parietal superior-posterior, lo cual es consistente con una disminución del sentido del límite del yo. Los monjes me corrigieron cuando dije que trataban de suprimir el yo; para los budistas devotos el yo no existe, y uno de los objeti-

---

* El autor emplea un término típico de la investigación clínica: *endpoint*. N del T.

vos de la meditación es, precisamente, comprender eso. No es algo baladí.

David Silbersweig colaboró con David Vago en un análisis de estudios cerebrales de la meditación. Ellos distinguen entre el yo autobiográfico y la red de control integrativo, correspondiendo cada uno a diferentes redes cerebrales distribuidas. Durante la meditación, las áreas autobiográficas del yo («yo» y «mí») son silenciadas, mientras que la red de control integrativo, que suprime la codicia, el deseo y la ira, se vuelve más activa. Los monjes budistas tibetanos no meditan sobre el vacío o concentrándose en un punto en el espacio. Ellos meditan sobre una idea y un sentimiento centrales en su vida religiosa: la compasión por todos los seres sintientes.

En un elegante experimento de neuroimagen, Jenny Mascaro y sus colegas —incluido *Geshe* Lobsang Tenzin Negi, un meditador avanzado y filósofo budista tibetano— formaron en meditación en la compasión a sujetos estadounidenses sin experiencia. Aunque el temario de la formación derivaba del modelo religioso, no incluía referencias budistas concretas. El grupo de control recibió un curso de hábitos saludables durante ocho semanas. La meditación operó cambios en la percepción y el cerebro. En una prueba muy difícil para personas con autismo, llamada «leer la mente en los ojos» (en la que hay que adivinar la emoción que siente una persona mirando una foto de sus ojos), los sujetos formados en meditación mejoraron, pero el grupo de control no lo hizo. Se encontró correlación entre esta mejora y una mayor actividad en tres áreas del cerebro: partes de los lóbulos frontal y temporal.

Por último, tenemos los estudios de Sam Harris —autor de *El fin de la fe*— sobre cómo el cerebro produce creencias religiosas. Él y sus colegas compararon dos grupos de 15 personas con características similares; uno estaba integrado por cristianos comprometidos y el otro por ateos. Se pidió a los sujetos, en un escáner de resonancia magnética, que respondieran sí o no a una serie de declaraciones. Cuando alguien en cualquiera de los dos grupos contestaba sí a «Las águilas tienen existencia real», se detectaba actividad en la región de la corteza prefrontal ventromedial, y lo mismo ocurría cuando los cristianos respondían sí a «Los ángeles tienen existencia real». Las preguntas de contenido religioso provocaron más actividad en la ínsula (que controla los sentimientos internos), el estriado ventral (clave en el procesamiento de la recompensa o el placer) y una parte del lóbulo parietal involucrada en el yo. Los estímulos no religiosos provocaron más actividad en las redes de memoria del cerebro izquierdo. Pero en cuanto a la decisión en sí sobre si las águilas o los ángeles son o no reales, la creencia es la creencia y sí es sí.

¿Qué hay del estado de trance que tanto me esforcé por experimentar en África? En un estudio, se indujo el trance a un grupo de practicantes chamánicos experimentados, exponiéndolos al repetitivo ritmo de percusión propio de su tradición. Los investigadores identificaron centros de actividad de la circuitería cerebral que se fortalecieron durante el estado de trance, especialmente la corteza cingulada y la ínsula; en general, los resultados sugirieron que «una corriente neural orientada internamente fue amplificada por la red de control modulatorio», al tiempo que se produjo un «desacoplamiento perceptual». En otras palabras, la actividad cerebral interna se fortaleció a expensas de la conciencia externa.

En la medida en que el trance es un tipo de autohipnosis, la receptividad hipnótica puede ser relevante. Los psicólogos saben desde hace tiempo que las personas diferimos respecto a nuestra susceptibilidad hipnótica, y los expertos en neuroimagen han comenzado a estudiar qué hay en el cerebro que nos diferencie al respecto. Resulta que la alta hipnotizabilidad, en comparación con la baja, implica actividad en circuitos cerebrales solapados con aquellos involucrados en el trance inducido por la percusión, incluyendo «una mayor conectividad funcional entre la corteza prefrontal dorsolateral izquierda —una región cerebral de control ejecutivo— y la red de prominencia —compuesta por la corteza cingulada anterior dorsal, la ínsula anterior, la amígdala y el cuerpo estriado ventral—, involucrada en la detección, integración y filtrado de información somática, autonómica y emocional relevante». Este hallazgo es consistente con una tendencia orientada hacia el interior, en un cerebro más capaz de desvincularse de las funciones perceptivas y de la pura razón.

Si le asalta la idea de que los correlatos neuronales de la experiencia religiosa son complejos, está en lo cierto, y este campo se halla aún en su infancia. Pero si le ha quedado la impresión de que estamos hablando de todo el cerebro, nada más lejos de la realidad. Estamos hablando de redes ampliamente distribuidas por diferentes regiones cerebrales que, no obstante, pueden ser potencialmente especificadas. Se trata de circuitos, conocidos por muchos otros estudios, que están involucrados en la cognición social; los límites del yo; el control de los deseos y sentimientos; en emociones que incluyen la alegría, el amor, el miedo y la compasión; y en las visiones y voces alucinatorias. Otros estudios han identificado regiones cerebrales que se activan con el perdón, la justicia y otros aspectos de algunas religiones. Algunos estudios han identificado circuitos o patrones de conectividad que podrían ser específicos de creencias o actividades religiosas.

Considere ahora esta analogía, ofrecida con todo respeto: suponga que algunos científicos del cerebro se propusieran descubrir las bases neuronales de la actividad sexual. Naturalmente, la actividad sexual es mucho más simple que la religión, pero en modo alguno es algo simple. La excitación no activaría los mismos circuitos que el orgasmo, el coito los mismos que la masturbación, la experiencia masculina los mismos que la femenina. La pornografía bien podría producir diferentes dinámicas cerebrales en diferentes personas, y el formato —video, audio o papel— podría ser relevante. Los circuitos activados podrían ser diferentes en personas experimentadas y en principiantes, en el sexo casual y en el sexo con alguien amado, y el sexo pagado podría, asimismo, ser algo distinto. Sin embargo, no es una tarea absurda estudiar cómo el cerebro humano genera y responde a la actividad sexual o religiosa. Ahora abriremos una ventana diferente a la experiencia religiosa: los afrodisíacos de la vida espiritual.

V

COSECHANDO LA FE

Cuando Karl Marx se refirió a la religión como el opio del pueblo, quiso decir que esta ofrece ilusiones de felicidad futura que, adormeciéndonos, nos llevan a aceptar unas terribles condiciones de vida. Pero si la religión es como el opio, entonces el opio y otras drogas que alteran la mente podrían ser como la religión. Los pueblos de todo el mundo conocen, desde hace mucho tiempo, sustancias naturales que alteran la mente y las emplean en actividades espirituales y religiosas. Estas sustancias provienen de plantas que se consideran sagradas, y su uso tradicional conduce a un sentimiento de unidad, de alejamiento del cuerpo, de serenidad, asombro o cercanía a Dios. Se las conoce como «enteógenos» porque evocan al «dios interior».

Que estas plantas cambian la mente no es ninguna novedad, pero estamos empezando a saber cómo las plantas mismas cambian en el cerebro. Esta clase de estimulación es muy diferente a la del tipo magnético transcraneal, y revela muchas cosas que no se manifiestan en las neuroimágenes ni en los estudios de epilepsia o lesiones cerebrales. Las percepciones del sujeto son anatómicas y químicas, y muestran cómo el cerebro genera la gama de experiencias religiosas. Y aún más: podemos aplicar ingeniería inversa a los efectos de las drogas para sondear el cerebro en busca de la esencia de tales experiencias. Considere el opio de Marx, o su larga lista de descendientes: heroína, morfina, codeína, oxicodona, hidrocodona, fentanilo y muchas más. Todas ellas actúan sobre el dolor físico, siendo este uno de los primeros usos del opio. También ayudan con el dolor general de la vida; durante la primera epidemia de opiáceos en EE. UU., se usaron para combatir la tristeza.

Pero también lo hacen a uno volar alto. Son «eufóricas»: la euforia es felicidad extrema, alborozo, júbilo, éxtasis, exaltación del ánimo, arrobo, gozo... El opio mismo, extraído de una hermosa amapola, ha venido usándose en Egipto y Europa desde hace al menos cuatro mil años; los chamanes, en la cultura minoica, alcanzaban estados extáticos en los que hacían predicciones como si un dios «hablara» a través de ellos. La diosa madre griega de la tierra, Cibeles, es representada portando amapolas en ambas manos; se dice que las primeras amapolas, o adormideras, crecieron de las lágrimas que Afrodita derramó cuando lloraba a Adonis. Entre las tribus germánicas también se usaba el opio para decir la buenaventura, y los cirujanos chinos lo empleaban ya en el siglo IV. Pero en los últimos siglos se ha convertido, en todas partes, en algo *recreativo*.

Hasta la década de 1960, los científicos pensaban que la morfina (la esencia del opio) actuaba en todas las células cerebrales, pero entonces la molécula fue etiquetada radiactivamente y se descubrió que se combinaba con receptores específicos en ciertos lugares. Si había receptores, probablemente algunas moléculas cerebrales *naturales* podrían activarlos; estas fueron encontradas y llamadas «endorfinas», la morfina particular del cerebro. Las endorfinas ayudan a producir el *subidón* del corredor, y quizá el *subidón* que yo experimenté en la danza extática de los san. De hecho, podrían formar parte fácilmente de cualquier método para inducir un estado alterado sin drogas. Entre los diferentes receptores opioides, el que escribimos con la letra griega mu (μ) —el receptor opioide μ— se une con más fuerza a la morfina, produciendo mayor euforia.

Mu se encuentra en estructuras cerebrales profundas, incluyendo la amígdala (encargada de hacernos sentir emociones), el hipotálamo, y el núcleo accumbens (un centro de recompensa y placer). La euforia y el éxtasis forman parte de muchas religiones, y ninguna de aquellas está centrada en el córtex, aunque el pensamiento puede inducirlas —el córtex se ha ganado a pulso el adjetivo «cerebral»—. La posología cuenta; la dosis necesaria para la euforia suele ser más alta que la necesaria para controlar el dolor, y si uno la sigue aumentando acabará durmiéndose —el efecto narcótico o inductor del sueño—; si la aumenta más aún, entrará en coma y morirá. Sin embargo, lo que los antiguos le pedían a la adormidera no era el sueño, sino la clarividencia: la facultad de adivinar hechos futuros. Los estados que ellos buscaban eran fundamentalmente emocionales, aunque toda emoción humana involucra también el pensamiento. Los receptores opioides en lo más profundo del cerebro, excitados por la adormidera o las endorfinas naturales, interactúan con las ideas culturales.

De modo que la religión es (en parte) el opio del pueblo, pero también es la ayahuasca, el cánnabis, el peyote, la amanita, el tabaco, el alcohol, el chocolate y la coca del pueblo; cada una de ellas se solapa con alguna experiencia religiosa no inducida por drogas, y cada una de ellas se ha utilizado en alguna manifestación religiosa. El tabaco libera nicotina, un estimulante que altera los receptores de una sustancia química cerebral llamada acetilcolina —en realidad una subclase de estos conocida como receptores nicotínicos—. Estos receptores estimulan el sistema simpático de lucha o huida y tienen muchos destinos cerebrales, incluyendo la corteza y las áreas de recompensa de dopamina, lo cual explica la adicción a la nicotina. Pero la nicotina tiene los efectos deseados, incluida la liberación de energía (en parte a través de la adrenalina), la concentración, la sensación de calma y la reducción del apetito.

Todo esto puede causar euforia. En una serie de experimentos, se pidió a unos fumadores que presionasen un botón cuando experimentaran «sensaciones placenteras como un subidón, una descarga de adrenalina o un estado de euforia» mientras fumaban su primer pitillo del día en el laboratorio. A los sujetos, que acudieron a este en tres días diferentes, se les dio un cigarrillo bajo o alto en nicotina aleatoriamente los dos primeros días, y uno de su marca habitual el tercero. El 40% presionó el botón al fumar el cigarrillo con bajo contenido en nicotina, el 80% lo hizo con el cigarrillo de alto contenido en nicotina; con el de su marca habitual (con un nivel de nicotina comprendido entre el bajo y el alto) se obtuvo un porcentaje intermedio de pulsaciones de botón. La nicotina puede desencadenar alucinaciones, y su consumo se correlaciona con la psicosis. Los nativos de América del Norte y del Sur conocían las propiedades psicoactivas de las plantas de nicotina, las apreciaban y las empleaban en diversas ceremonias religiosas. Aunque es difícil determinar desde cuándo se da este uso al tabaco, se ha encontrado nicotina en residuos de cabello y pipas de momias con muchos siglos de antigüedad. Las personas han ingerido nicotina masticando tabaco, lamiéndolo, esnifándolo y por aplicación rectal; y por supuesto fumándolo, lo cual lleva la nicotina al cerebro en siete segundos.

Entre los algonquinos «se permitía fumar en todas las ocasiones solemnes, como los consejos, y era imprescindible en la mayoría de las ceremonias religiosas (...) Los métodos para sostener, cebar y encender la pipa eran, por lo general, rígidamente prescritos, y la primera fumarada se ofrecía a los espíritus». Los contratos y tratados se solemnizaban fumando una pipa decorada con símbolos sagrados. Fumando juntas, las partes invocaban «al sol y los otros dioses como testigos de las obligaciones mutuas asumidas (...) soplando el humo hacia el cielo, las cuatro partes del mundo y la tierra».

Hoy día, el tabaco es usado en las ceremonias tradicionales de la cabaña de medicina: para la purificación, el renacimiento espiritual y el alcance de la unidad. En el reducido espacio de la cabaña se fuman pipas y se echa tabaco al fuego, para asegurar una buena inhalación. En un rito de los sioux lakotas, el poder del sol es capturado y encerrado en la pipa. En otros ritos, el humo del tabaco da la bienvenida a la pubertad a las niñas o purifica las almas de los difuntos. El tabaco, la pipa y sus ritos les fueron entregados a los indios por una hermosa mujer sagrada envuelta en una piel de ante blanca: «Todos estos pueblos, y todas las cosas del universo se unen a vosotros cuando fumáis la pipa; todos envían sus voces a Wakantanka, el Gran Espíritu; con esta pipa rezáis por y con todo».

En el arte maya, los dioses aparecen fumando cigarros o cigarrillos. En América del Sur, los chamanes usaban el tabaco más intensamente que los hombres o mujeres corrientes. La intoxicación ayudaba al chamán a abandonar su cuerpo. Los chamanes curanderos de los waraos de Venezuela fuman «sin cesar» un cigarro de más de un metro de largo, abandonan sus cuerpos —sumidos en un trance inducido por el tabaco— y vuelan hasta la cima de una montaña donde el ancestro de un chamán muerto causa las enfermedades. Después de hablar con el espíritu, el sanador —que tiene tres pares de dolores en el pecho— sigue los caminos espirituales prescritos y realiza los ritos indicados en cada estación. Salvo por el uso del tabaco, los paralelos con el trance sanador bosquimano son claros.

En otros pueblos indígenas sudamericanos, los chamanes ebrios de nicotina se transforman en jaguares. El tabaco hace al chamán como el grande y elegante felino, dándole «agudeza visual, visión nocturna, lucidez, una (...) voz rasposa, una lengua rugosa o áspera y un acre olor corporal». La nicotina estimula la liberación de «noradrenalina, epinefrina y serotonina, entre otros compuestos (...) implicados en la alteración de los estados afectivos y de ánimo». Los hombres jaguares «experimentan peligros reales o imaginarios (...) los cuales conjuran sirviéndose de recursos ancestrales». Los chamanes se excitan, incluso se enfurecen, para proteger a quienes creen en ellos y «enfrentarse a sus adversarios sobrenaturales (...) Los chamanes ven agentes patógenos o (...) truenos y relámpagos como verdaderas amenazas naturales y sobrenaturales sin "como si" a su alrededor». Sus cambios corporales se verifican paralelamente a su respuesta al estrés agudo, una auténtica tormenta de adrenalina. «El hombre jaguar ingiere (...) nicotina (...) hasta que su "batalla" concluye y su cuerpo se derrumba por el agotamiento», recuperando la forma humana. Entre los mapuche de Chile y Argentina, la pipa estaba abierta por ambos extremos, de modo que el chamán aspiraba por uno mientras su asistente soplaba por el opuesto, causando así hiperventilación y una intoxicación rápida y profunda.

Los mapuche también fumaban tabaco como pasatiempo, al igual que otros muchos pueblos de América del Sur. El tabaco llegó a Europa de la mano de Colón. Los taínos, que le obsequiaron con esta planta, fumaban recreativamente, en tanto que sus chamanes lo hacían para provocarse trances y visiones, hablar con sus asistentes espirituales, tratar enfermedades y predecir el futuro. Nuestra palabra «tabaco» proviene de la suya para el tubo bifurcado de inhalación. La planta cautivaba a Europa mientras los hombres de Colón, en viajes sucesivos, violaban, torturaban y esclavizaban a los taínos. Cientos de miles de personas, en cinco cacicazgos caribeños, fueron aniquiladas por infecciones europeas en un espacio de medio siglo. Siglos después, como si de la venganza de los taínos se tratase, el humo del tabaco esclaviza a mil millones de personas en todo el mundo, matando a más de seis millones cada año.

Muchos estimulantes, de leves a moderados, han venido empleándose en todo el mundo para activar las facultades físicas y mentales. Las hojas de coca, masticadas o en infusión, se consumen abundantemente en América del Sur; su ingrediente activo es una pequeña cantidad de cocaína, la suficiente para liberar algo de dopamina y provocar placer. La hoja de *khat* ha sido consumida de forma similar durante miles de años en el Cuerno de África y Arabia; su principio activo es la catinona, que también libera dopamina. Las hojas y nueces de betel son la opción preferida en el sur y sureste de Asia; los receptores de acetilcolina a los que se une su principio —la arecolina— son diferentes de los usados por la nicotina. El caldo de raíz de kava, bebido durante siglos en las islas del Mar del Sur, contiene kavalactonas, que retrasan la descomposición de la dopamina y estimulan los receptores del cánnabis.

El chocolate —como una bebida amarga y picante— era apreciado por las élites aztecas y mayas, que se lo ofrecían a sus dioses; este mejora la concentración y eleva el estado de ánimo con su feniletilamina (más un poco de cafeína y teobromina), al tiempo que, por efecto de la anandamida (similar al cánnabis), produce un efecto calmante. El té negro, con 4.000 años de historia en China y empleado desde antiguo en las ceremonias budistas zen, contiene cafeína pero también teanina, un relajante; la cafeína bloquea los efectos somnolientos de la adenosina cerebral, mientras que la teanina aumenta las ondas alfa del estado de relajación alerta. En los rituales etíopes se empleaba el café.

Todas estas plantas fueron apreciadas, utilizadas en ritos y ofrecidas a los dioses. Todas promueven el estado de alerta y energía, así como cierto grado de relajación sin entorpecer los sentidos. Cada una de ellas es parte de la vida espiritual de alguna cultura; los consumidores de tales plantas consideraban como algo sobrenatural el bienestar aportado por ellas. Algunas, como el tabaco fumado intensamente, alteran profundamente la mente con delirios, voces y visiones que resultan esenciales para algunas religiones. El alcohol, el cánnabis y los principales alucinógenos —peyote, hongos mágicos, ayahuasca, etc.— han ayudado a sostener muchas fes religiosas. Como sucede con la epilepsia, las lesiones cerebrales y el estudio de neuroimágenes, estas sustancias también nos enseñan cómo estamos neurológicamente preparados para ciertas experiencias.

Consideremos el alcohol. Más de mil millones de personas lo rechazan por razones religiosas, sin embargo, mil millones más lo usan en rituales religiosos. En las bodas de Caná, Jesús convierte el agua en vino. En la Última Cena, él les dice a sus discípulos que cuando parten y comen el pan están partiendo y comiendo su cuerpo, y que al beber el vino beben su sangre. Hoy día, muchos cristianos reciben la eucaristía, cumpliendo el encargo de Jesús a sus discípulos.

En la comunión solo se emplea un poco de vino, pero su simbolismo prolonga una tradición más antigua. La Última Cena fue un *séder de pésaj*; en este ritual, se celebra la liberación de los hebreos de la esclavitud bebiendo ritualmente cuatro copas de vino. Los judíos bendicen y beben vino todos los viernes por la noche, marcando así el inicio del *sabbat*; es asimismo parte de la ceremonia del matrimonio, y con vino o brandis más fuertes clausuran ceremonialmente el *sabbat*. En una historia bíblica, la vid rechaza la proposición de los árboles de convertirse en su rey: «Y la vid les respondió: ¿Tengo que dejar mi mosto, que alegra a Dios y a los hombres, por ir a ser grande sobre los árboles?» (Jueces 9,13). *L'chaim* («por la vida»), la tradicional tostada judía, se elabora con vino o licores en cualquier ocasión. En la Pascua uno no se emborracha, solo se relaja y demuestra que ya no es un esclavo. Se es libre de beber como un griego o un romano, uniéndose a un festín donde fluyen ideas y palabras..., con un poco de ayuda del viñedo local. Otro *séder* fue instituido por los rabinos místicos de la cábala para *tu b'shvat*, celebrando los árboles y las frutas. Cuatro copas de vino simbolizan las estaciones del año: primero vino blanco, luego blanco mezclado con un poco de tinto, luego principalmente tinto, y finalmente solo tinto. La idea era que el vino podía acercarlo a uno a Dios.

Y dos veces al año, los judíos consideran que emborracharse es un *mitzvá* (un «mandamiento» y también una «buena acción»). Una es la fiesta de Purim, un mes antes de la Pascua, con la luna en su fase de plenilunio: un día de disfraces y fiestas para niños de todas las edades. Esta festividad conmemora el triunfo de los judíos de la antigua Persia sobre sus enemigos, liderados por Amán, ministro del rey. En el *Libro de Ester*, la encantadora protagonista y su tío Mordejai salvan las vidas de los judíos. Sin embargo, se supone que uno debe emborracharse hasta no poder distinguir la diferencia entre «Bendito sea Mordejai» y «Maldito sea Amán». Según la Cábala, no ser capaz de reconocer la diferencia significa que has entrado (temporalmente) en el mundo espiritual más elevado, Atzilut, en el que los opuestos se encuentran.

Y lo que es aún más sorprendente: los judíos observantes también se embriagan en la *simjat Torah* («regocijándose con la Torá»), una noche de bailes y cantos —progresivamente más animados— en la que se pasean pesados rollos sagrados alrededor de la sinagoga. Si alguien deja caer un rollo, toda la congregación tiene que ayunar; pero esto rara vez ocurre, a pesar de la ebriedad de los portadores. Los judíos jasídicos también beben en otras ocasiones. Algunos dicen que beber ayuda al estudio de la Torá, y las *farbrengen* —multitudinarias conferencias jasídicas celebradas los viernes por la noche— de la organización Jabad-Lubavitch de Brooklyn eran interrumpidas para beber *whisky*. Cuando surgió el jasidismo en el siglo XVIII, los rabinos jasídicos fueron reprobados porque se comunicaban con Dios a través del canto, la danza, el misticismo y los placeres de la comida y la bebida..., y no solo mediante la oración solemne, el debate y el estudio. Su gran éxito e influencia sobre otros judíos sugiere lo acertado de su línea, más bien dionisíaca, caracterizada por la pasión y la sed de liberación, en oposición a la forma apolínea de sobria concentración en la oración y los textos, inducida a veces por el ayuno y el sacrificio.

La Biblia advierte contra la embriaguez. Un borracho Noé se expone desnudo ante sus hijos, y Lot, embriagado, tiene relaciones sexuales con sus hijas: abominaciones eternas. «El vino es escarnecedor, la cerveza alborotadora» (Proverbios 20,1); «¿Para quién será el ay? ¿Para quién las rencillas? (...) ¿Para quién las heridas en balde? ¿Para quién lo amoratado de los ojos? Para los que se detienen mucho en el vino. No mires el vino cuando rojea, cuando resplandece su color en el vaso: Éntrase suavemente. Mas al fin como serpiente morderá, y como basilisco dará dolor: Tus ojos verán cosas extrañas, y tu corazón hablará perversidades» (Proverbios 23,29-35). Y sin embargo: «Dad la cerveza al desfallecido, y el vino a los de amargo ánimo» (Proverbios 31,6); y el Salmo 104 rinde homenaje al «vino para alegrar el corazón del hombre».

Si los judíos jasídicos son dionisíacos, ¿qué hay de los adoradores de este dios griego? Dioniso, también llamado Baco, era el dios de la viticultura, inspirador del éxtasis ritual y el frenesí: primero como una expresión religiosa, posteriormente como una manifestación teatral. Tanto en la tradición griega como en la judía existen relatos admonitorios. En *Las bacantes*, la tragedia de Eurípides, las mujeres de una turba embriagada y delirante descuartizan al joven príncipe

Penteo por faltarle el respeto a su dios y a sus ritos; trágicamente, una de estas mujeres es la madre del asesinado. Platón advirtió explícitamente contra la embriaguez y demandó leyes restringiendo el alcohol. Sin embargo, Dioniso es el libertador, porque libera a las personas de la templanza y las preocupaciones, mientras que Penteo es un joven estirado que trata de evitar el afianzamiento del nuevo dios. Aquel oye hablar de mujeres que se apartan de sus hogares...

en éxtasis de hilaridad entre los matorrales de
        [la montaña,
bailando en honor de una divinidad recién llegada,
¡un tal Dioniso, quienquiera que sea!
Entre ellas circulan cuencos rebosantes de vino.
Después, una por una, las mujeres deambulan
por rincones secretos donde satisfacen la lujuria
        [masculina.
Sacerdotisas de Baco afirman ser.

Penteo encarcela a estas mujeres y a cuantos practican ritos dionisíacos. Sus mayores le ruegan que respete el poder del dios, pero el príncipe los desoye y acaba aprendiendo por las malas. El coro —la voz de la razón— rechaza su blasfemia, alabando al dios por sus bendiciones, incluyendo...

el olvido de todo cuidado
cuando se escancia el brillante vino
en la fiesta de los dioses,
y el cuenco de vino envuelve en sueño
a los mortales coronados de hiedra.

Más adelante cantan: «A los ricos y a los pobres él les da / el sencillo regalo del vino, / la alegría de la uva»; denuncian la arrogancia del joven impío, y añaden: «Lo que hace la gente común, lo que los hombres sencillos creen, yo también lo creo y lo hago». Y en el último pasaje de la obra, el coro dice: «Los dioses tienen muchas formas. / Los dioses traen muchas cosas». Por la época en que la obra hablaba del triunfo de Dioniso, su culto estaba muy extendido, y sus festivales impulsaron el teatro.

La fermentación de frutos o granos produce etanol de forma natural, e incluso los animales salvajes se marean después de ingerirlos. Dondequiera que se cultivaran vides o gramíneas surgía —o se extendía— la vinicultura o la elaboración de cerveza. La evidencia arqueológica más antigua del uso rutinario del alcohol procede de China, donde su consumo y la embriaguez han sido celebrados por la poesía durante milenios. El alcohol formaba parte de los ritos funerarios en gran parte del mundo antiguo, pero la primera evidencia clara de *sacrificios* e intoxicación etílicos durante el culto la hallamos en Egipto, y data de hace unos seis mil años. La cerveza se elaboraba allí donde se cultivase grano; grandes reservas de esta adornaban las tumbas de los faraones, como más tarde lo harían las de vino. El arte egipcio nos muestra el abundante consumo de ambas bebidas, y la cerveza era almacenada en los templos hace cinco mil años. En su mitología, la diosa leona Sejmet devora insaciablemente a la gente, amenazando con acabar con el género humano. Los supervivientes, empero, crean un lago de cerveza enrojecida con granada que la diosa confunde con sangre. Los humanos escapan mientras Sejmet duerme su embriaguez, y al cabo aquella se transforma en la diosa Bastet, literalmente una gatita.

Las mujeres egipcias recreaban ritualmente este evento, bebiendo sin templanza en un especial «pórtico de la embriaguez». Refiriéndose a unas excavaciones en las que aparecieron pinturas murales e inscripciones de hace 3.500 años, la arqueóloga de la Universidad Johns Hopkins, Betsy Bryan, dijo: «Estamos hablando de un festival en el que las celebrantes se unen para emborracharse en comunidad. Nada de ponerse alegres, nada de diversión social..., solo emborracharse: caminar de rodillas, completamente ebrias». El festival seguía a la primera crecida del Nilo, y la cerveza era la bebida preferida. Unos meses más tarde, la anual «Bella fiesta del valle» incluía celebrantes rituales embriagándose con vino. Algunas inscripciones relacionadas con el pórtico de la embriaguez describen a las celebrantes «viajando por las marismas» —o, en antigua jerga egipcia, manteniendo relaciones sexuales—. De estos ritos tenemos un eco en lo que el historiador griego Heródoto vio en Egipto mil años después:

> Hombres y mujeres navegan juntos, una gran cantidad de ellos (...) en cada barca; y algunas mujeres hacen sonar el sistro (...) mientras que algunos hombres tocan el caramillo (...) y el resto, tanto hombres como mujeres, cantan y baten palmas (...) Llevan la barca a tierra, y algunas de las mujeres (...) se ponen a gritar, burlándose de las lugareñas; algunas bailan, otras se levantan sus prendas y muestran su desnudez. Esto lo hacen en cada ciudad a lo largo del río; [en] Bubastis celebran un festival ofreciendo grandes sacrificios, y se consume más vino de uvas (...) que durante todo el resto del año. A este lugar acuden año tras año, en número de hasta setenta miríadas de hombres y mujeres, además de niños.

Esto hace un total de 700.000 fieles borrachos y traviesos. Durante los mil años transcurridos entre el pórtico de la embriaguez de Bryan y el recorrido de Heródoto por el Nilo, los griegos llevaron la viticultura, la vinicultura y el culto a Dioniso por todo el Mediterráneo. Pero Eurípides dramatizó una confrontación que fue real en muchos lugares colonizados por los griegos. Dioniso era un dios de la gente común, vinculado con la gran diosa Madre Tierra, que era amada por granjeros y viticultores; la inclusiva religión griega absorbió a esta y a Dioniso.

Es típico del politeísmo obrar así en vez de suprimir las creencias locales. Pero con Dioniso y la Madre Tierra era inevitable un enfrentamiento, porque el culto popular a esta pareja divina estaba animado, en muchos lugares, por un «explosivo fervor reivindicativo». Hace unos 3.200 años, comenzó una edad oscura en las tierras dominadas por los griegos, pues los grandes terratenientes empeñados en la agricultura comercial, especialmente cultivando uva para elaborar vino, expulsaron a los pequeños agricultores de sus tierras. Estos campesinos pobres abrazaron la extática, y etílicamente potenciada, religión dionisíaca:

> Los antiguos cultos de la fertilidad, de la tierra y de la abundancia cobraban nueva fuerza a medida que los migrantes desposeídos se extendían (...) Estos cultos se adaptaban mejor a la adoración del niño divino, Dioniso, que a la de la Madre Tierra, [debido] a su énfasis fálico así como a su mayor violencia (...) El sexualmente potente toro, o la cabra y el asno de similar reputación (...) habían adquirido importancia. Y qué polimorfo grupo de alborotadores formaban: ménades, sátiros, ninfas y demás. El extático —e incluso orgiástico— culto a la fertilidad se transformó en una suerte salvaje y sangrienta de comunión sacramental. Danzas febriles, actos desordenados y todo tipo de excesos eran típicos de tales ceremonias.

Pero las élites griegas abrazaron a otro dios importado, Apolo, tan alejado de ellas en carácter como este podría estarlo de Dioniso. Nietzsche vio lo dionisíaco y lo apolíneo como dos formas diferentes de conducirse en la vida: la primera abandonándose al desenfreno en el reino del poeta y el soñador; la segunda articulada alrededor del orden y la jerarquía. Aquí se hace realidad el argumento de *Las bacantes*: Dioniso (y el vino) animó a las masas desposeídas a rebelarse, y cuando sus amos apolíneos intentaron aplastar su religión, estalló una violencia generalizada. Los gobernantes atenienses llegaron a un compromiso con ellas, transformando el culto dionisíaco en festivales y dramas públicos. Los gobernantes menos flexibles pagaron su intransigencia con la vida.

Todo esto pone patas arriba la máxima de Marx. La religión dionisíaca del vino y la danza extática fomentó la rebelión en masa y condujo al cambio político. La ira alimentada por el alcohol, canalizada en el mito, hizo a las masas menos dóciles. Bajo la errante mirada del dios, la uva fermentada llevó el comercio griego a lo largo y ancho del Mediterráneo. Las vides crecían en terrenos inhóspitos, sin riego; el vino era delicioso, adictivo, limpio en una época de agua sucia, y tenía la bendición de los dioses. William James entendió esto: «La influencia del alcohol sobre la humanidad se debe, indudablemente, a su poder para estimular las facultades místicas de la naturaleza humana, normalmente aplastadas por las cosas del mundo. La sobriedad empequeñece, discrimina y responde "no"; la embriaguez expande, une y responde "sí". De hecho, es el gran excitador de la función del Sí en el hombre. Lleva a sus devotos desde la fría periferia de las cosas a su radiante núcleo. Los hace, por un momento, uno con la verdad». O en palabras del poeta griego Anacreonte, traducido por el poeta irlandés Thomas Moore:

Si toda la dicha de la copa hubiera acabado,
cuando el destino decretó nuestra condena,
¡entonces morir sería en verdad la muerte!
Tampoco yo podría pensar, sin estar bendecido
    [por el vino,
¡divinidad en sí misma divina!

No sabemos a ciencia cierta qué hace el etanol en el cerebro, pero he aquí algunos conceptos básicos: Se trata de una molécula simple que bloquea una sustancia química llamada GABA (ácido gamma-aminobutírico). El GABA frena la dopamina en el centro de recompensa del cerebro, por lo que la reducción de este freno hace que beber alcohol sea muy gratificante. Al bloquear el GABA, el etanol proporciona indirectamente lo que la cocaína y otras drogas hacen directamente: la recompensa de la dopamina. De esto puede resultar la adicción. Pero esta molécula, pequeña pero de gran impacto, tiene muchos objetivos. El etanol bloquea el neurotransmisor NMDA (N-metil-D-aspartato), involucrado en el pensamiento. Esto afecta los lóbulos frontales, levantando las inhibiciones y produciendo extrañas imaginaciones; lo que remeda algunos efectos del cánnabis, los

116

opiáceos y la nicotina. Recientemente se ha descubierto que el etanol posee un receptáculo especial —descendiendo al nivel atómico— que le permite acoplarse a la proteína de un canal en la pared celular; esta unión del etanol a la proteína del canal permite que los iones fluyan fuera de la célula, afectando potencialmente a millones de neuronas.

Las religiones han usado otras muchas sustancias. El hachís y la marihuana han acompañado al hombre desde la antigüedad, incluso en muchos países islámicos donde se proscribe el alcohol. Los asirios llamaban al cánnabis «la droga que se lleva la mente». Los antiguos médicos chinos lo prescribían, advirtiendo al paciente que ver demonios era un efecto secundario. El hachís era popular a mediados del siglo XIX en Francia, donde el poeta Charles Baudelaire describió la «alegría infundada» y las «distorsiones de sonidos y colores»; y los experimentos de un psiquiatra causaron «felicidad, excitación y disociación de ideas, errores de tiempo y espacio (...) delirios, fluctuaciones de emociones, impulsos irresistibles e ilusiones y alucinaciones». Baudelaire, en *Los paraísos artificiales*, elogió «este encantador y singular estado (...) un hechizo intermitente del que deberíamos extraer, si somos sabios, la certeza de una existencia mejor».

El cánnabis ha formado parte de la vida religiosa de la India durante milenios. Algunos creen que fue creado por Shiva, uno de los principales dioses hindúes; hoy día, los hombres santos consagrados a su adoración lo fuman, comen y beben para sanar e inducirse visiones piadosas. El budismo tibetano asigna un lugar clave al cánnabis; se dice que el mismo Buda vivió durante un tiempo con una semilla de cáñamo al día. La mayoría de los budistas prefieren la meditación natural, pero los yoguis tántricos usan la planta para hacerla más profunda, y algunas representaciones artísticas muestran al Buda con hojas de cánnabis en su cuenco de mendigar.

El «néctar divino» actúa sobre unos receptores cerebrales descubiertos en la década de 1960. Los equivalentes naturales del cerebro —los «endocannabinoides»— se descubrieron alrededor de 1980. El «cánnabis cerebral» fue llamado «anandamida», del sánscrito *ananda* (dicha). Los *viajes*, no obstante, no siempre son plácidos; las fantasías pueden ser desagradables, incluso psicóticas en ciertas personas susceptibles. Sin embargo, solemos hablar de «peleas de bar» y no de «broncas de *fumetas*»; y es que la agresividad es rara. La acción del THC, su componente psicoactivo, dura horas, a diferencia de la efímera versión cerebral; nuestros cannabinoides naturales, empero, pueden limitar la ansiedad y el estrés. El cánnabis estimula indirectamente dos receptores de dopamina diferentes en los ganglios basales, críticos para la emoción, el pensamiento y la acción. Toda la corteza cerebral les envía mensajes de continuo, y ellos devuelven el favor en un círculo cambiante pero interminable. El cánnabis sincroniza flujos normalmente no convergentes: una probable causa de delirios. La dopamina desempeña un doble papel: la sobreestimulación de los receptores de dopamina D2 provoca delirios; pero se obtiene recompensa en las conexiones D1 y D2. Un «mal viaje» podría ser el resultado de dosis más altas, peculiaridades personales o experiencias pasadas.

En nuestro recorrido desde los efectos plácidos del cánnabis hasta los visionarios —o, en el lado negativo, los similares a la psicosis—, llegamos al núcleo del arsenal enteógeno de la humanidad: las legendarias «plantas de los dioses». La mayoría de las drogas que hemos considerado —eufóricas como los opiáceos y el etanol, estimulantes como la nicotina, la coca, el *khat*, el betel y la *kava*, e incluso la marihuana— producen visiones consumidas en altas dosis. Pero otras tienen este resultado como su principal efecto. Plantas que contienen tales drogas han sido empleadas en tradiciones espirituales desde tiempos inmemoriales.

Un ejemplo clásico es el hongo Amanita muscaria, «el agárico de la mosca» de los chamanes siberianos y del Nuevo Mundo. Este y otros alucinógenos no son necesarios, ni suficientes, para la experiencia religiosa extática, sin embargo, a menudo se hallan en el núcleo de esta. Consideremos este pasaje del clásico de Mircea Eliade, *El chamanismo y las técnicas arcaicas del éxtasis*:

El chamán tremyugan comienza batiendo el tambor; luego toca la guitarra hasta caer en éxtasis. Abandonando el cuerpo, su alma desciende al inframundo y busca el alma del paciente. Persuade a los muertos para que la dejen volver a la tierra, prometiéndoles una camisa u otros regalos; en ocasiones (...) se ve obligado a emplear medios más drásticos. Cuando despierta [tiene] el alma del paciente en su puño diestro, y la reintegra al cuerpo a través del oído derecho.

Los paralelos con el trance sanador san son sorprendentes; el chaman entra en trance, viaja al mundo de los espíritus, los disuade de matar a la persona enferma y trae a esta de vuelta a la vida. El chamán tremyugan hace todo esto sin drogas, mediante la música (los san agregan danzas tediosas y repetitivas), e incluso sin esfuerzo físico o ejecución musical si es lo suficientemente hábil. Pero entre los ostiakos...

la técnica es marcadamente diferente (...) El chamán realiza fumigaciones y dedica un trozo de tela a Sänke, el ser celestial supremo. Después de ayunar todo el día, toma un baño al anochecer, come tres o siete hongos y se va a dormir. Algunas horas más tarde, se despierta súbitamente y, temblando de arriba abajo, comunica lo que los espíritus (...) le han revelado: el espíritu al que debe ofrecérsele el sacrificio, el hombre que hizo fracasar la caza, y así sucesivamente. El chamán cae entonces en un profundo sueño, y al día siguiente se ofrecen los sacrificios especificados por él.

Las mujeres chamanes también realizan viajes con hongos, pero ellas hablan directamente con Sänke. «El éxtasis inducido por la ingesta de hongos alucinógenos es conocido en toda Siberia. En otras partes del mundo, esta práctica tiene su equivalente en el éxtasis producido por narcóticos o tabaco».

El mismo hongo hizo entrar en trance a un novicio de una tribu atabasca del noroeste de Canadá, quien dijo haber sido ayudado por el chamán: «[el hongo] se había apoderado de mí (...) Ya no controlaba mi propio ser. No comía, no dormía, no pensaba: ya no me hallaba en mi cuerpo». Otro episodio fue descrito así: «Purificado y maduro para la visión, me alzo como una esfera de semillas estallando en el espacio (...) He entonado la nota que destruye la estructura; y la nota que destruye el caos, y ha sonado sangrienta (...) He estado con los muertos y me he internado en el laberinto». En su primer intento fue desmembrado, en el segundo encontró el espíritu. El agárico de la mosca tiene una apariencia muy hermosa para ser el fruto de un hongo, con un tallo de color blanco puro y una superficie plana (o «tapa») de color naranja rojizo moteada de protuberancias blancas. Los ingredientes activos son el ácido iboténico y el muscimol; estos se asemejan a los químicos cerebrales glutamato (excitante) y GABA (inhibidor), respectivamente, pero nadie sabe exactamente cómo producen las visiones.

El peyote, que ha sido utilizado durante milenios en Texas y México, sí hemos logrado entenderlo. Es un pequeño cactus esférico de unos cinco cm de altura, con una corona verde o azul verdosa de 5 a 13 cm de ancho y salpicada de brotes blanquecinos. Los entendidos recogen las coronas no solo con cuidado sino ritualmente —a veces «cazándolas» con arcos y flechas—, y las separan en botones que pueden masticarse o prepararse en infusión. Una cucharadita de botones secos ya es capaz de alterar la mente. El ingrediente activo es la mescalina, estudiada por el neurofisiólogo John Smythies. Esta molécula natural, como el LSD sintetizado en laboratorio, funciona principalmente estimulando los receptores de serotonina 2A. Otras dos plantas rituales del Nuevo Mundo tienen efectos similares: los «hongos mágicos» de muchas culturas mexicanas y la «ayahuasca», una bebida elaborada con yagé empleada por los chamanes sudamericanos. Los hongos mágicos contienen psilocibina; la ayahuasca contiene dimetiltriptamina o DMT.

Tanto la psilocibina como la DMT funcionan en el cerebro del mismo modo que la mescalina y el LSD. Y desde luego funcionan. En un estudio realizado por Roland Griffiths y sus colegas, se administraron (en sesiones separadas) diferentes dosis de psilocibina o metilfenidato (un estimulante prescrito para el trastorno de déficit de atención) a 14 hombres y 22 mujeres sin experiencia con alucinógenos, aunque previamente preparados. En ambas sesiones, los sujetos estuvieron en un ambiente seguro y confortable, recostados en un sofá, con máscaras protegiendo sus ojos, escuchando música clásica y acompañados por dos monitores expertos durante las siete horas; rellenaron cuestionarios al principio y al final de la sesión, y fueron objeto de seguimiento. Tuvieron respuestas rápidas, proporcionales a la dosis de psilocibina recibida: un sentimiento de unidad, de trascendencia del tiempo y el espacio, de inefabilidad (no podían expresarlo en palabras), de sacralidad, calidad noética (conocimiento que parece verdadero pero no lógico) y estado de ánimo positivo.

Se consideró que aquellos que obtuvieron una puntuación superior a 6 de 10 en todos los aspectos medidos tuvieron una experiencia mística completa. Algunos experimentaron «infinitud oceánica», «temor a la disolución del ego», «reestructuración visionaria», euforia, disforia y otros estados mentales. Durante la sesión (en comparación con el metilfenidato), la psilocibina provocó menos conversación pero más excitación, lagrimeo o llanto, ansiedad o miedo, alegría o felicidad intensa, y paz o armonía. Los sujetos experimentaron cambios emocionales volátiles, positivos y negativos: al igual que los chamanes que usan hongos mágicos.

Sin embargo, no todo fue luz y dulzura. Ocho de los participantes informaron ansiedad o tristeza, y seis de ellos tuvieron problemas leves y transitorios como pensamiento paranoico. Aunque el apoyo emocional bastó para calmarlos, y estos sentimientos no reaparecieron tras la sesión, «dos de los ocho voluntarios compararon la experiencia con la de estar en una guerra, y tres indicaron que jamás volverían a pasar por algo como aquello». No obstante, la mayoría de los que tuvieron malos viajes «calificaron la experiencia, en general, como significativa e importante a nivel personal y espiritual, y ninguno consideró que hubiese menoscabado su nivel de bienestar psicológico y de satisfacción con la vida». Pero los hallazgos realmente notables llegaron más tarde.

A los dos meses de seguimiento, los que habían recibido psilocibina describieron cambios positivos en su actitud, estado de ánimo y conducta prosocial, en una proporción que doblaba la de quienes habían recibido metilfenidato. Dos tercios del grupo de la psilocibina calificaron la sesión como una de las cinco experiencias más significativas de sus vidas, y una minoría sustancial la calificó como su experiencia más significativa. Además, cada voluntario nombró a tres familiares o compañeros de trabajo, que fueron entrevistados sobre el sujeto antes de las sesiones y dos meses después. Los amigos y familiares de quienes tomaron psilocibina afirmaron que estos habían cambiado positivamente, pero no se informaron cambios para el grupo que solo recibió estimulantes. Los cambios positivos persistieron durante al menos un año.

En otro estudio, dieciocho voluntarios recibieron psilocibina en cinco dosis diferentes, aumentando o disminuyendo estas de una sesión a otra. Se registraron reacciones dosis-respuesta predecibles, y los hallazgos en las sesiones de seguimiento a los dos y catorce meses fueron consistentes con los de investigaciones anteriores. Los alucinógenos están siendo testados para su empleo en el tratamiento de la depresión, las adicciones y la angustia derivada de la enfermedad física. Pero estos estudios también nos muestran cómo son posibles las asombrosas experiencias vividas por chamanes de todo el mundo durante sus carreras, enfrentando el peligro con clarividencia, convicción, altruismo y buen ánimo. Sus plantas tradicionales contienen drogas como las empleadas en la investigación, pero en lugar de una sala de estar, música clásica y monitores, poseen ancestrales marcos culturales para la obtención de apoyo y orientación, la interpretación de eventos y la búsqueda de significados.

Los pequeños hongos de psilocibina de color amarillo anaranjado parecen objetos mágicos, diríase de monedas de oro esparcidas sobre la hierba; el antiguo nombre azteca para ellos era *teonanácatl* («carne de los dioses»), pero los pueblos nativos que aún los usan los llaman «pequeñas flores» y «niños santos». Entre los mazatecos de Oaxaca, en México, la célebre curandera María Sabina les dijo a unos expertos en alucinógenos: «Hay un mundo más allá del nuestro; un mundo invisible a la vez lejano y cercano. Allí es donde vive Dios, donde viven los muertos, los espíritus y los santos. Un mundo donde todo es conocido porque ya ha sucedido. Son ellos, los hongos sagrados, quienes me hablan de una forma que puedo entender. Yo les pregunto y ellos me responden. De regreso del viaje que he hecho con ellos, les refiero cuanto me han dicho y mostrado». Sus cánticos eran reveladores:

Mujer que truena soy yo, mujer que suena soy yo.
Mujer araña soy yo, mujer colibrí soy yo (...)
Mujer águila soy yo, grande mujer águila soy yo.
Mujer que gira en el torbellino soy yo, mujer de un
[lugar sagrado y encantado soy yo,
mujer de las estrellas fugaces soy yo.

Ella también dijo: «Tomo al "pequeño que brota de la tierra" y veo a Dios. Lo veo brotar de la tierra».

La ayahuasca —palabra quechua para «vid de los antepasados o almas»— es en realidad una bebida elaborada a partir de la combinación de dos plantas: una resistente vid común y las hojas de un arbusto. Estas últimas contienen el alucinógeno DMT, que pertenece a la familia de las monoaminas, mientras que la vid aporta un inhibidor de la monoaminooxidasa que evita la eliminación del DMT. Esta acción conjunta ha ayudado a los chamanes durante siglos en toda la cuenca del Amazonas. La mezcla es fundamental para muchas culturas. En su descripción de los machiguenga de la Amazonia peruana, Glenn Shepard dice:

Pocas experiencias sensoriales pueden igualar el furor y la exaltación (...) el sabor existencialmente amargo de la cocción; las vertiginosas olas alternas de euforia y náusea; las tormentas de fractales multicolores; la etérea resonancia del canto del chamán; el indescriptible sentido de misterio y maravilla; y la inequívoca sensación de ser transportado a un lugar más allá del tiempo, la razón ordinaria y las leyes físicas. [Hay una] confusión de los sentidos (...) Las sesiones de sanación tienen lugar en absoluta oscuridad, ya que la más leve chispa o luz podría quemar las almas libres y vulnerables de los participantes. Al desterrar la vista ordinaria, los chamanes machiguenga abren sus percepciones a la «verdadera visión».

Un chamán de los secoya de Ecuador y Perú describió su propio viaje de ayahuasca:

Estás echado en la hamaca, pero al mismo tiempo te hallas en otro mundo, viendo la verdad de cuanto existe (...) Los ángeles vienen y te entregan una flauta. Tú la tocas. No es el sanador quien te enseña, sino los mismos ángeles que nos hacen cantar cuando estamos ebrios. ¡Qué hermosa visión la del reino animal al completo, incluidos los animales que viven bajo el agua! (...) Alcancé a ver el sol, el arco iris (...) todo. La visión se desvaneció y noté que mi corazón estaba caliente, como una olla que acaba de retirarse del fuego. Sentí el calor ardiente en mi interior. Incluso sin trabajar, estuve sudando todo el día. Me asaltaron continuas visiones. A menudo mi cuerpo se cubría de sudor. Me sentía capaz de hacer brujería y matar a otros, aunque el consejo de mi padre me disuadió de ello.

Y los chamanes yaminahua, en un trance de ayahuasca, relatan sus visiones en interminables canciones: «Las canciones son las más preciadas posesiones de un chamán, los vehículos de sus poderes y los depósitos de su conocimiento (...) Aprender a ser chamán es aprender a cantar, a entonar las poderosas notas del canto, a enhebrar cuidadosamente las imágenes verbales (...) "Una canción es un camino: lo haces recto y sin obstáculos y entonces lo recorres"».

El canto ayuda a mantener el trance, y sus metáforas —«retorcer y retorcer el lenguaje»— curan a los enfermos. Un chamán se acercó a una mujer que llevaba dos días sangrando después de dar a luz. Junto a la hamaca de la enferma, comenzó a cantarle a la luna, narrando una vieja historia amazónica que explica cómo aquella nació de la cabeza de un hermano incestuoso. La luna está vinculada a la sangre menstrual y la fertilidad. Pero la canción evocaba el recorrido del sol desde el alba hasta el ocaso, siendo el cielo rojo del crepúsculo el sangrado de la mujer:

> Pueblo de los coloridos acantilados (...)
> Es sangre humana real
> cayendo sobre esta tierra.
> Su magna sangre
> ha tocado el vientre de la mujer.
> Ha tocado tu vientre (...)
> Justo ahí se está deteniendo.
> Sangre humana real.
> Ahí la estoy cortando.

Los chamanes comparten una conciencia sobre el origen de todas las cosas; un trance puede mostrar lo que ha salido mal y cómo la naturaleza y nuestras vidas pueden volver a enderezarse.

En el siglo XVI, en la Sierra Madre mexicana, el fraile franciscano Bernardino de Sahagún presenció una peregrinación de peyote de los huicholes. Estos usaban el peyote «en lugar del vino (...) [o] los hongos malos que emborrachan (...) y se juntaban en un llano después de haberlo bebido, donde bailaban y cantaban de noche y de día (...) y esto el primer día, porque al siguiente lloraban todos mucho». Recientemente, el antropólogo Peter Furst descubrió que la porción de cristianismo que los huicholes combinan con los «poderes de la creación» es ínfima. «El sol naciente es un padre fuerte, el agua la fuente de nuestras madres, el fuego el primer chamán». Los huicholes «cazan» el ciervo-peyote en las montañas, y al encontrar el cactus al que llaman Hermano Mayor, le ruegan que los perdone por arrancarlo y comérselo. Su muerte no es muerte, sin embargo ellos la lloran.

La noche transcurrió entre cánticos y danzas alrededor del fuego ceremonial, masticando peyote en cantidades asombrosas y oyendo las historias antiguas (...) [Algunos de ellos estaban] apagados y silenciosos. Otros (...) habían entrado en trance. Varadera permaneció inmóvil durante horas, sentada con los brazos cruzados alrededor de las rodillas y los ojos cerrados. Al caer la noche, Lupe colocó velas a su alrededor para protegerla de los ataques de los brujos mientras su alma desencarnada viajaba. Los cánticos, las danzas y los discursos, salpicados por las risas y el sonido de la trompeta, continuaron sin muchas interrupciones hasta pasada la medianoche, cuando Ramón dejó a un lado su violín y permitió que el peyote lo asiera por completo, para así poder hablar directamente con [los sobrenaturales] y escuchar sus consejos.

En este estado, el chamán encuentra nuevos nombres para los peregrinos (Ofrenda del Maíz Azul, Calabaza Votiva del Sol, Chamán Flechas de Fuego). «Se dice que estos nombres surgen del centro del fuego como luminosas cintas de brillantes colores». El huichol ordinario, al dejar este lugar sagrado, ruega a los espíritus que no lo abandonen, prometiendo una nueva peregrinación de 480 km al año siguiente, cantando:

Nada más que flores hay aquí (...)
Las colinas son hermosas para caminar,
para gritar y reír (...)
y estar junto a todos los compañeros.
No lloréis, hermanos, no lloréis,
porque venimos aquí a disfrutar,
venimos en peregrinación
a encontrar nuestra vida.
Porque todos somos,
todos somos,
todos somos hijos de,
todos somos hijos de
una flor de colores brillantes,
una flor llameante.
Y no hay nadie,
no hay nadie
que se avergüence de lo que somos.

VI

CONVERGENCIAS

Solo un fundamentalista religioso o un lógico recalcitrante negaría la dignidad de la fe de un pueblo tan devoto como el huichol. Pero ¿cómo pueden los ritos chamánicos, especialmente aquellos bajo la influencia de sustancias alucinógenas, arrojar luz sobre las actuales religiones mayoritarias? En primer lugar, en estas se emplean drogas psicoactivas: cánnabis en algunas prácticas hindúes, alcohol en las judías. En segundo lugar, otros métodos para alterar la mente (ayuno, privación del sueño, aislamiento social, silencio, meditación, oración, peregrinaciones, postraciones) figuran en todas las grandes religiones. Por último, los estudios muestran similitudes entre la espiritualidad inducida por sustancias y la del tipo más convencional.

El clásico experimento de la capilla Marsh —también conocido como el experimento del Viernes Santo— fue el origen de la tesis publicada en 1963 por Walter Pahnke, un médico, psiquiatra y ministro educado en Harvard. Supervisado por Timothy Leary y Richard Alpert (Ram Dass) —psicólogos que estudiaban las drogas psicodélicas—, Pahnke publicó solo un resumen del experimento. Pero en un seguimiento a largo plazo, Rick Doblin tuvo acceso a los documentos de Pahnke, así como a la mayoría de sus sujetos.

El Viernes Santo de 1962, Pahnke llevó a veinte estudiantes de posgrado en un programa de teología protestante liberal a una capilla privada en Boston. A diez de los voluntarios se les suministró psilocibina y al resto (los sujetos de control) ácido nicotínico (vitamina B3 o niacina), pues los efectos de este sobre la frecuencia cardíaca les harían creer que habían recibido psilocibina. Noventa minutos después, y siempre bajo supervisión, los sujetos escucharon un servicio religioso en directo a través de altavoces. El servicio, con música de órgano, solos, lecturas, oraciones y meditación, se prolongó durante dos horas y media. Los sujetos fueron observados y, posteriormente, evaluados según una escala de misticismo que medía nueve dimensiones: Sentimiento de unidad (interna y externa), Trascendencia del tiempo y el espacio, Estado de ánimo positivo profundamente sentido (alegría, bendición, paz, amor), Sentido de lo sagrado, Objetividad y realidad, Percepción de la paradoja, Presunta inefabilidad (incapacidad para encontrar palabras), Transitoriedad (conciencia de la impermanencia y la fugacidad del tiempo), y Cambios positivos persistentes en la actitud y el comportamiento (hacia uno mismo, para con los demás, la vida y la experiencia). Los resultados fueron impresionantes, al igual que los del seguimiento a los seis meses de la sesión. Las diferencias dentro del grupo fueron muy significativas en las nueve dimensiones; los sujetos con psilocibina obtuvieron una puntuación de dos a catorce veces mayor que la de los sujetos de control, hallándose estos en la misma pequeña capilla en uno de los días más sagrados del año cristiano.

Pero el seguimiento a largo plazo de Doblin —un cuarto de siglo después, cuando estudios como este eran ilegales— fue igualmente sorprendente. Doblin entrevistó a 16 de los 20 voluntarios originales: 7 del grupo de la psilocibina y 9 sujetos de control. Cinco miembros de cada grupo ejercían a la sazón como ministros. Doblin, empero, criticó el informe original por minimizar el lado oscuro; un sujeto del grupo de la psilocibina necesitó un tranquilizante*. Desafortunada-

---

* Al parecer, «después de huir de la capilla y echar a correr por Commonwealth Avenue, convencido de haber sido elegido para anunciar la nueva de la venida del Mesías»: Michael Pollan, *Cómo cambiar tu mente* (Barcelona: Penguin Random House Grupo Editorial España, 2018). N del T.

mente, el protagonista del peor *viaje* declinó presentarse al seguimiento de los veinticinco años. Además, debido a que todos los voluntarios estuvieron juntos durante la prueba, los sujetos de control acabaron descubriendo quiénes habían recibido psilocibina.

Doblin utilizó los mismos cuestionarios empleados por Pahnke. Después de veinticinco años, los sujetos del grupo de la psilocibina obtuvieron puntuaciones aún más altas en ocho de las nueve dimensiones (con diferencias significativas en cada una) que las obtenidas a los seis meses. En campos abiertos, «los sujetos experimentales escribieron que la experiencia los había ayudado a resolver problemas profesionales, a reconocer la arbitrariedad de los límites del ego, a aumentar la profundidad de su fe [y su] apreciación de la vida eterna, a reforzar su sentido de la significación de Cristo, y a agudizar su sentido de la alegría y la belleza». Nada parecido a esto fue informado por los sujetos de control.

La mayoría del grupo de la psilocibina describió otros sentimientos en sueños, oraciones o en estado de vigilia que compararon con sus experiencias del Viernes Santo, pero con un rango emocional más estrecho. «T. B.», uno de los participantes, no podía pensar en ninguna experiencia espiritual de esa magnitud, aunque «aquella fue la última de las cuatro más grandes experimentadas en mi vida». La primera fue a los nueve años, cuando enfermo de escarlatina se temía por su vida. «Vi una luz procedente del cielo (...) tenía la forma de Cristo y venía hacia mí; yo le dije: "No, déjame vivir y te serviré". Y aquí estoy: vivo y sirviéndole». En séptimo grado, T. B. vivía en un continuo estado de oración y «buscaba intencionalmente una experiencia divina. También buscaba una experiencia divina en el experimento del Viernes Santo». Posteriormente, en West Point, tuvo otra experiencia en estado de oración en la que vio el rostro de Cristo y se sintió salvo.

Aunque el sujeto con la peor experiencia declinó someterse al seguimiento, cuantos pudieron ser entrevistados valoraron favorablemente aquel día y afirmaron que había cambiado sus vidas. «K. B.» dijo: «La experiencia me dejó la certeza de que hay un entorno más grande que aquel del que tengo conciencia (...) Espero cosas de la meditación y la oración (...) cosas que antes consideraba con más escepticismo». Varios participantes dijeron que la experiencia les hizo implicarse en los movimientos en pro de los derechos civiles y contra la guerra; uno se sorprendió de ello, porque «las drogas son una evasión de las obligaciones sociales».

Todos recordaban aquella lejana experiencia con sustancias alucinógenas. «El reverendo S. J.» evocó la impresión de verse «arrastrado al infinito» y «atrapado en la inmensidad de la creación (...) Mirabas hacia arriba y veías la luz sobre el altar, y era una especie de luz radiante y cegadora (...) Lo principal era una sensación de intemporalidad».

«L. J.» dijo: «Yo estaba en el suelo, debajo de un banco de la capilla (...) oyendo la voz de mi difunto tío, que había sido ministro, diciéndome: "Quiero que mueras, quiero que mueras, quiero que mueras" (...) Cuanto más me dejaba llevar por esa especie de muerte más sentía yo la vida eterna, diciéndome a mí mismo (...) "siempre ha sido así (...) Oh, ¿acaso no es maravilloso?, no hay nada que temer, esto es lo que significa morir o saborear la vida eterna (...)" En aquella sesión adquirí una experiencia que (...) no podría haber obtenido de cien, ni aun de mil, horas de lectura».

«El reverendo L. R.», pese a haber sufrido «un episodio paranoico muy fuerte», dijo: «Mi conciencia interna, las sensaciones experimentadas con las drogas..., todo me sugería la disolución del mundo exterior (...) luego tuve una repentina sensación de unicidad, de singularidad. El resto de la conciencia normal de la vigilia es, en realidad, (...) una ilusión».

«El reverendo Y. M.», cuyo *viaje* fue también parcialmente negativo, dijo: «Cerré los ojos y (...) era como si flotara en un océano surcado de corrientes de diferentes colores, que se arremolinaban a mi alrededor (...) Al cabo, aquel remolino se convirtió en un patrón radial (...) Me hallaba en el centro, pudiendo nadar hacia cualquiera de aquellos colores, y sabía que en cada uno viviría una experiencia completamente distinta». Por la época del experimento, Y. M. sopesaba los pros y los contras de una decisión crucial para su carrera, «y cuando me bloqueaba creía morir (...) Sentía como si me estuvieran extrayendo las entrañas, y era muy doloroso». Tomó la gran decisión bajo el efecto de la psilocibina, y 25 años después seguía convencido de haber acertado.

«El reverendo K. B.» describió su experiencia como específicamente cristiana. «El de las palabras es un entorno familiar para mí, pero no encontré ninguna para describir aquello. Y aún no lo he hecho (...) Cerré los ojos y percibí una oscuridad más intensa de lo habitual. De pronto, en algún remoto rincón de mi interior, estalló un resplandor luminoso (...) como un *shock* (...) No descargó con violencia, pero fue (...) como agarrar un cable sin aislar». Me pareció «un buen momento» para meditar sobre la Pasión y «la procesión al Calvario».

»Tuve una visión extraordinariamente vívida de Jesús camino del Calvario (...) lejana pero muy real. Mi sensación entonces era la de ser un bebé o estar naciendo (...) una sensación de muerte, también (...) Tenía las manos sobre las piernas y allí no había carne, solo huesos desnudos (...) Ese detalle, empero, no me resultó aterrador, simplemente me sorprendió (...) Debí de hacer un recorrido por la vida de Cristo, identificándome con él de una manera absoluta: reviviendo de algún modo su existencia hasta que, finalmente, morí y fui depositado en el sepulcro».

Las experiencias de otros sujetos no fueron particularmente cristianas. Dos voluntarios que, al azar, tomaron la píldora de vitamina probaron más tarde una droga psicodélica —algo parecido a esa clase de experimentos que emplean como controles a los propios sujetos—. Uno de ellos tuvo como guía a un sujeto experimental del estudio original del Viernes Santo. «Fue como pasar una eternidad en el cielo y fundido con todo», recordó; «una de las experiencias más hermosas de mi vida». Aseguró, además, que le gustaría que sus hijos lo probaran. Al otro se le suministró psilocibina en un hospital durante un experimento posterior. En cierto momento, durante un súbito ataque de ansiedad, creyó estar volviéndose loco, pero se recuperó enseguida:

También experimenté una increíble sensación de alegría e hilaridad. No paraba de reír, era un verdadero éxtasis (...) Lo que me chocaba entonces era que alguien pudiese preocuparse o desconfiar, eso me parecía absurdo. Fue muy emocionante. Una especie de energía vibraba a mí alrededor, algo intenso y dichoso, casi sexual (...) Todos nosotros formábamos parte de la misma cosa. No apreciaba diferencia entre la música y los objetos físicos (...) Ciertamente, uno puede tener una experiencia religiosa sin símbolos religiosos; estos, sin duda, pueden provocarte una experiencia mística, pero, desafortunadamente, también pueden resultar divisivos (...) La experiencia mística, tal como yo la entiendo, es más frecuente con símbolos comunes.

Volveremos sobre la cuestión del divisionismo, pero ahora consideremos este hecho: en estudiantes de teología, la psilocibina provoca experiencias místicas que se asemejan a las de los chamanes. Algunos compararon la suya con otros eventos místicos en sus vidas. Casi todos la recordaron como algo positivo veinticinco años después, y la mayoría de los clérigos sentían que había arrojado luz sobre su vocación.

En un estudio reciente, se usó la poción de ayahuasca de los chamanes para comparar dos grupos modernos que la usan con fines espirituales, como muchos otros hacen hoy día. Vivimos un auge del «turismo alucinógeno» en América del Sur, y varias iglesias de origen brasileño —verbigracia Santo Daime— combinan el cristianismo con ceremonias de ayahuasca; el movimiento posee ramas en Japón, Australia, Estados Unidos y Europa. Los investigadores reclutaron a 131 consumidores de ayahuasca; entrevistaron a 50 de ellos en persona y entregaron cuestionarios al resto, comparándolos luego con los de 46 católicos practicantes que habían participado en un retiro contemplativo de fin de semana.

El grupo que consumiría ayahuasca incluía budistas, paganos, cristianos y agnósticos. Todos tenían alguna experiencia previa con ayahuasca y/o otros psicodélicos. Dentro de ambos grupos (ayahuasca y católicos), la gran mayoría de sus miembros realizaba alguna práctica espiritual cuatro o cinco veces por semana. Las ceremonias de ayahuasca tuvieron lugar por la noche, en un retiro privado rodeado de «belleza natural. Un chamán o líder prestó apoyo al 80% de los sujetos que consumieron ayahuasca, y casi todos informaron sentirse seguros. La mayoría de los grupos se acompañó de *icaros* (cantos tradicionales) y música de tambores y sonajas, con algunas flautas y guitarras». Los consumidores obtuvieron una puntuación modestamente superior en un Cuestionario de Experiencia Espiritual. Pero los 50 entrevistados recibieron «mensajes» mientras estaban bajo los efectos de la ayahuasca: «Ámate más a ti mismo, abre tu corazón a los demás y ti mismo, empodérate, el dolor del prójimo es tu dolor, la conciencia normal de la vigilia es solo una de muchas realidades».

Muchos afirmaron que la experiencia había cambiado sus vidas, ayudándolos a reducir o abandonar el consumo de alcohol u otras drogas, a perder peso y a alimentarse de forma más saludable, además de haber reducido su ansiedad. Uno de los participantes informó que sus «disparadores emocionales» habían desaparecido; otros notaron un mayor sentido de comunidad o una mejora en la relación con sus padres. Uno dijo: «Estoy convirtiéndome en mi mejor amigo»; otro, «soy parte del cosmos»; otro, «entiendo mejor la fuerza que extraigo del trauma vivido». Muchos describieron una fe y un amor a Dios renovadas o más profundas, una sensación de cercanía con la naturaleza y una conciencia compartida con los demás. Algunos adquirieron sabiduría a través de sus sueños. Otros empezaron a creer en las plantas como seres sintientes, y en la posibilidad de pedir ayuda a la ayahuasca. Alguien, incluso, habló de «contacto regular con guías espirituales: algo en lo que nunca antes creí».

Cuando se les preguntó si tenían una relación personal con el espíritu de la ayahuasca, tres cuartas partes respondieron afirmativamente, describiéndola como «un sabio maestro, abuela o sanadora de una dimensión espiritual e inteligencia superiores que brinda orientación y apoyo amoroso, reconfortante y protector». Se sentían amados, «conectados con el Gran Misterio» e indulgentes consigo mismos, agradecidos u honrados. Uno dijo: «irradio luz». La búsqueda de experiencias negativas entre los participantes reveló muy pocas, y siempre matizadas con comentarios sobre cuánto habían aprendido. Esta investigación desdibuja las diferencias entre el chamanismo de plantas sagradas y la vida espiritual moderna. El uso de la ayahuasca, el peyote y sustancias de otras plantas tradicionales que alteran la mente está creciendo entre los buscadores de trascendencia, que encuentran puntos en común, e incluso conexión espiritual, con un pasado cultural distante y exótico.

Hemos revisado el papel del vino en los Evangelios y el ritual cristiano. El alcohol puede excitar el pensamiento religioso entre los judíos creyentes como hace el cánnabis con los santones hindúes. En momentos cruciales de la historia, se han realizado descubrimientos espirituales en estados alterados de conciencia alcanzados por privación sensorial, aislamiento, insomnio y ayuno, sin ayuda de drogas. Pero en una religión practicada hoy día por cerca de mil millones de personas, una sustancia alucinógena fue clave en sus comienzos.

Los estudiosos han investigado y discutido sobre el *soma*, la bebida sagrada de la antigua India elaborada a partir de una planta; ninguno duda de su importancia. El *Rigveda* (el texto hindú más antiguo, con unos 3.500 años) incluye 1.000 himnos, 120 sobre el *soma*: Una bebida fuerte y sagrada, un néctar de dioses como Indra y Agni capaz de divinizar a los humanos; una digna ofrenda a los dioses, incluso un dios en sí mismo a quien dirigirse en oración. Algunos expertos dicen que el *soma* era amanita o algún otro hongo; otros, que era una mezcla de plantas que contienen efedrina y harmalina; otros estudiosos hablan de cánnabis. Pero ninguno cuestiona su importante papel religioso. Consideremos uno de los himnos:

He probado la dulce bebida de la vida (...)
Hemos bebido el *soma*; nos hemos vuelto inmortales;
hemos marchado hacia la luz y hallado a los dioses (...)
Las gloriosas gotas que bebí me han liberado en un
    [vasto espacio (...)
Inflámame como un fuego encendido por fricción;
    [haznos ver lejos; haznos más ricos y mejores.
    [Pues cuando estoy embriagado de ti, *soma*, me
    [considero rico (...)
La debilidad y las enfermedades han desaparecido; las
    [fuerzas de la oscuridad han huido (...) *soma*, nos
    [das la fuerza de la vida allí donde estemos.

Cualquiera que fuese su composición exacta, el *soma* era una bebida, no una metáfora, e himnos como este desempeñaron un papel fundamental en la fe hinduista, revelando la naturaleza de los dioses y los límites de las aspiraciones humanas. Pero hay otros métodos, además de las drogas, para cambiar el cuerpo y el cerebro.

Se dice que Moisés recibió la Ley de Dios en el monte Sinaí, durante un período de cuarenta días y noches en el que no pudo tener gran cosa para comer. En Mateo 4, 1-4 leemos: «Jesús fue llevado del Espíritu al desierto, para ser tentado del diablo. Y habiendo ayunado cuarenta días y cuarenta noches, después tuvo hambre. Y llegándose a él el tentador, dijo: Si eres Hijo de Dios, di que estas piedras se hagan pan. Mas él, respondiendo, dijo: Escrito está: No con solo el pan vivirá el hombre, mas con toda palabra que sale de la boca de Dios». Mahoma se retiraba a la montaña para orar y meditar, y allí, a lo largo de veintitrés años, recibió el *Corán* del ángel Gabriel. Se dice que Buda vivió seis años comiendo una semilla de cáñamo al día.

El taoísmo hunde sus raíces en el antiguo chamanismo chino, y el confucianismo y el budismo conservan ciertos rituales chamánicos. En la China supuestamente comunista, muchos millones de personas continúan practicándolos de alguna u otra forma. Los arqueólogos asocian estos rituales con el alcohol, el cánnabis y otras drogas psicoactivas usadas en la antigua China —quizá el hogar original del cáñamo—. La popular religión sintoísta de Japón, que, como el taoísmo en China, persiste combinada con el budismo, también tiene raíces chamánicas. Algunos neurólogos afirman que Juana de Arco padeció epilepsia del lóbulo temporal, y que las visiones de Hildegarda de Bingen se debían a la migraña. Estas ideas nos llevan a los circuitos cerebrales, aun cuando algunos ven tales circuitos como antenas de Dios.

El hecho de que los alucinógenos usen neuronas de serotonina debería ayudarnos a determinar las vías espirituales del cerebro: el mapa de Dios. Pero ¿dónde están las neuronas de serotonina claves? En una extensión del experimento del Viernes Santo apoyada con alta tecnología, el grupo de Robin Carhart-Harris escaneó el cerebro de personas que consumían psilocibina. Descubrieron que ciertos «centros» en el cerebro —el tálamo, la corteza cingulada anterior y posterior y la corteza prefrontal medial— tenían menos actividad; la intensidad de una especie de corriente que circula entre el centro del cerebro y la parte situada entre los ojos disminuye, permitiendo una «cognición sin restricciones». Se registraron efectos adversos, incluyendo recuerdos intensos de traumas anteriores, pero los informes fueron en su mayoría positivos. La «cognición sin restricciones» incluía diez puntos que mostraban importantes efectos de la psilocibina, como «Las cosas parecían extrañas», «Mi imaginación era extremadamente vívida», «Mi sentido del tamaño o el espacio estaba alterado», «Mis pensamientos vagaron lejos», «Mi sentido del tiempo se alteró», y «La experiencia tuvo un carácter irreal».

Significativamente, se halló correlación entre la puntuación en estas afirmaciones y la disminución de la actividad de la corteza prefrontal medial y la corteza cingulada anterior adyacente, que interactúan con el sistema límbico, el cerebro emocional. Las desactivaciones encajan con lo que hemos visto: los alucinógenos estimulan los receptores de serotonina 2A, lo que provoca la liberación de GABA (ácido gamma-aminobutírico), que a su vez inhibe las células piramidales* que abundan en la corteza cerebral. Muchos receptores 2A se encuentran en las mismas regiones silenciadas por la psilocibina, regiones normalmente «más ruidosas» que el resto de la corteza. La depresión está relacionada con una mayor actividad en la corteza prefrontal medial (en este caso desactivada), y el pesimismo con una disminución de la sensibilidad a la serotonina 2A. La psilocibina reduce los síntomas depresivos y aumenta la apertura a la experiencia, lo cual es consistente con la alteración del estado de ánimo y la expansión mental descrita por los consumidores de enteógenos tradicionales. Los efectos de la psilocibina pueden, más que contrarrestarlo, asemejarse a un trastorno diferente: la psicosis. Esto no significa que la depresión y la psicosis sean opuestas. Pero la depresión incluye la rigidez del pensamiento pesimista, mientras que en la psicosis puede observarse un exceso de apertura a la experiencia.

En un segundo estudio, el análisis de conectividad funcional se llevó a otro nivel mediante diferentes métodos. Hay dos circuitos que, normalmente, no actúan coordinadamente: una red interna activa cuando pensamos en nosotros mismos, y una red externa para la atención enfocada. Es fácil ver por qué la separación entre ambas redes sería una característica adaptativa**. Pero bajo los efectos de la psilocibina, los dos circuitos se confunden; como dijo un voluntario: «*A veces era bastante difícil saber dónde acababa yo y dónde me fundía con cuanto me rodeaba*» (la cursiva es mía).

¿Cómo se relaciona esto con la espiritualidad sin alucinógenos? Recordemos que, drogas aparte, las personas religiosas tenían menos receptores de serotonina 1A, que normalmente inhiben la liberación de serotonina. Jacqueline Borg y sus colegas sometieron a 15 sujetos «normales» a una prueba de personalidad, usando un escáner PET (tomografía por emisión de positrones) para poner de manifiesto sus receptores 1A. Solo en uno de los siete rasgos de personalidad se halló relación con dichos receptores: la «autotras-

---

* Descubiertas y estudiadas por Santiago Ramón y Cajal (1852-1934). N del T.
** En este caso, porque incrementa la supervivencia. N del T.

cendencia»; siendo esta, al mismo tiempo, la dimensión más estable y uno de los elementos clave que nos distinguen a unos de otros. El aspecto de la autotrascendencia que más se correlacionó con las medidas cerebrales obtenidas fue el de la «aceptación espiritual»; los que puntuaron más alto aprobaban «la percepción e ideación extrasensorial, ya se tratase de deidades convencionales o de una fuerza unificadora común. Los que puntuaron más bajo (...) se inclinaban por una cosmovisión reduccionista y empírica». Por tanto, las personas espirituales son menos propensas a inhibir las mismas neuronas que los alucinógenos estimulan.

Sé que es complicado, pero hagamos un balance de lo que hasta ahora sabemos de lo que he denominado «el mapa de Dios».

1. Algunos pensamientos psicóticos tienen contenido religioso. Las drogas que bloquean la dopamina pueden suprimir los pensamientos psicóticos.
2. La epilepsia del lóbulo temporal implica una actividad inusual en dicho lóbulo. Algunos pacientes experimentan sensaciones religiosas durante las crisis convulsivas. No es un «punto de Dios», pero se encuentra en el mapa de Dios.
3. Algunos circuitos límbicos —cerebro emocional— muestran hiperactividad durante las alucinaciones esquizofrénicas; los lóbulos frontales, que inhiben el sistema límbico, muestran menos actividad.
4. En los cristianos devotos, la oración activa la punta del lóbulo temporal, la unión temporal-parietal (involucrada en la cognición social y las relaciones), el núcleo caudado (confianza y recompensa) y la corteza prefrontal medial (relaciones).
5. En los pacientes a quienes se les extirparon partes de los lóbulos parietales se registró un aumento inmediato y duradero de la autotrascendencia, no así en aquellos con daño frontal.
6. El lóbulo frontal izquierdo está más relacionado con el ritual; el derecho lo está más con la espiritualidad. El

hemisferio derecho de un paciente con cerebro dividido (comisurotomía) creía en Dios, mientras que el izquierdo no.

7. Los pacientes que sufrieron daños en la corteza prefrontal ventromedial (vmPFC) se volvieron más fundamentalistas y autoritarios.

8. Las monjas sometidas a una resonancia magnética solo activaron el caudado izquierdo recordando la conexión espiritual con una persona, pero activaron el izquierdo, el derecho y el lóbulo temporal derecho recordando la comunión con Dios.

9. La meditación activa las áreas prefrontales (control integrativo) pero desactiva las áreas parietales que definen el límite del yo (los circuitos del «yo» y el «mí»).

10. Los alucinógenos (incluidos el peyote, los hongos mágicos, los ingredientes de la ayahuasca y otras plantas sagradas) activan los receptores de serotonina 2A. Las personas religiosas tienen menos receptores 1A, los cuales inhiben las células de serotonina. Los centros en la línea media del cerebro se vuelven más silenciosos con los alucinógenos, y las redes cerebrales que participan en la atención interna y externa se mezclan.

11. Los efectos de las sustancias empleadas en los ritos religiosos van desde la estimulación (dosis bajas de nicotina) y la alucinación (dosis altas de nicotina, o las sustancias indicadas en el número 10) hasta la euforia y el éxtasis (opio, dosis altas de alcohol). Procedimientos comunes para causar placer, suprimir el dolor y liberarse de inhibiciones.

Estos fragmentos de conocimiento no nos llevan a una comprensión completa de cómo la religión y la espiritualidad viven en nuestros cerebros. El grado de correlación depende de a qué aspecto de la religión nos refiramos: ritual, creencia, autotranscendencia, sensación de una presencia, meditación, oración, comunión, identidad grupal, pertenencia a instituciones, asistencia a servicios religiosos, ritos de ciclo de vida, y otros aspectos. ¿Por qué un dominio de la vida tan multifacético habría de tener un solo circuito —por complejo que sea— y mucho menos un solo punto en el cerebro? La investigación cerebral sobre la religión confirma lo siguiente:

- La religión no es solo cognitiva, sino también emocional, social, corporal y mística.
- La amplia variedad de la experiencia religiosa implica el solapamiento de diferentes circuitos cerebrales.
- La religión puede, en principio, ser explicada, pero no diluida con nuestras explicaciones.

VII

¿BUENA PARA PENSAR?*

Los neurocientíficos buscan, y a veces encuentran, espiritualidad y fe en circuitos cerebrales y sustancias químicas; entretanto, las investigaciones realizadas por psicólogos, antropólogos y filósofos muestran cómo se ha formado la religión, no solo en el cerebro sino también en la mente.

El antropólogo cognitivo Scott Atran publicó su obra de amplio alcance *In Gods We Trust* [*Confiamos en los Dioses*] justo un siglo después de las *Variedades* de William James, y creo que sigue siendo el mejor libro secular sobre religión desde el de James. Aunque Atran escribe: «No existe una entidad tal como la religión», él quiere decir claramente que, en el sentido que hemos establecido, la religión es demasiadas cosas diferentes para ser *una* entidad. Pero Atran también dice que en toda sociedad conocida hallamos lo siguiente:

1. Una creencia contrafactual generalizada en agentes sobrenaturales.
2. Expresiones públicas de gravosos —y difíciles de simular— compromisos materiales con agentes sobrenaturales: sacrificio personal.

---

* Expresión tomada de la obra de Claude Lévi-Strauss *El totemismo en la actualidad* (1962): «las especies naturales no han sido elegidas por ser "buenas para comer" sino por ser "buenas para pensar"». N del T.

3. Un interés primario de los agentes sobrenaturales en las ansiedades existenciales de las personas.
4. Coordinación ritualizada y a menudo rítmica de 1, 2 y 3; o comunión.

En toda sociedad, la convergencia de estos elementos comunes conduce a «*apasionadas exhibiciones comunales de gravosos compromisos con mundos contraintuitivos gobernados por agentes sobrenaturales*». Las palabras en cursiva casi definen la religión, pero no queremos excluir las experiencias no comunales; por otra parte, en las sociedades budistas no encontraríamos agentes sobrenaturales (en los que muchos budistas creen) gobernando el mundo contraintuitivo. Como además habrá quien se oponga a las palabras «contrafactual» y «contraintuitivo», aclaremos que con ellas nos referimos a lo que *no es posible explicar basándonos en evidencias de la experiencia ordinaria*. Así, con estas enmiendas amistosas, podemos definir la religión como un conjunto de *compromisos y experiencias apasionados, y a menudo comunales, con agentes y fuerzas sobrenaturales que no requieren de una explicación basada en evidencias de la experiencia ordinaria*.

La tendencia hacia las explicaciones de la psicología cognitiva se inició con un libro del antropólogo Stewart Guthrie: *Faces in the Clouds* [*Rostros en las nubes*]. Guthrie propuso que la religión es, en esencia, animista y antropomorfista. Esto es, tendemos a ver el mundo inanimado como un hervidero de seres invisibles causantes de eventos aparentemente aleatorios, y proyectamos nuestras propias habilidades y defectos —potenciadas hasta convertirlas en superpoderes— sobre dichos seres. Guthrie conocía las explicaciones sociales estándar, pero él estaba haciendo antropología psicológica: ¿qué tiene la mente humana que desea o crea explicaciones religiosas para tantas experiencias? El animismo y el antropomorfismo de Guthrie se parecen a las explicaciones cognitivas actuales.

Un antropólogo explícitamente cognitivo, Pascal Boyer, refinó parte de la teoría de Guthrie: Uno de los módulos cognitivos (componentes funcionales de la mente) surgidos durante nuestra evolución es un dispositivo mental capaz de ver una acción (consciente y motivada) donde podría no haberla*. Esto se asemeja al animismo de Guthrie. Gracias al empleo de numerosos ejemplos etnográficos, Boyer (como Guthrie y Atran) escapó a la estrechez de algunas teorías psicológicas. Su «marco para una neurociencia cognitiva de la religión» incluye lo siguiente:

1. Los dioses y espíritus son vistos como agentes con objetivos, debido a la capacidad humana para detectar tal intencionalidad** desde la infancia, y el posterior desarrollo del surco temporal superior y la corteza parietal.

2. Debido a lo que los psicólogos llaman «lectura de la mente», realizada en parte por la corteza frontal medial, se dice que los dioses y los espíritus tienen pensamientos, percepciones y creencias.

3. Del mismo modo se cree que los muertos, poseyendo mente consciente, son agentes con los que podemos relacionarnos debido a nuestra habilidad común para leer mentes y, en general, nuestras capacidades sociales.

4. Las ideas sobre la pureza, la contaminación, el tabú y lo sagrado son versiones adaptadas del miedo al contagio real de enfermedades; dicho miedo tiene su base en las estructuras del sistema límbico, y es aliviado mediante rituales.

5. Debido a las estructuras límbicas y corticales que vinculan la moralidad con estados emocionales, creemos que los dioses emiten juicios morales y están interesados en lo que hacemos.

6. Debido a la capacidad del cerebro para crear ilusiones y compañeros imaginarios, y difuminar las diferencias entre el yo y el no-yo, los dioses y los espíritus se nos antojan reales.

---

* Esta capacidad se denomina «detección de agentes». N del T.

** *Agency* en el original, que a veces se traduce como «capacidad de *agencia* e intencionalidad». N del T.

7. El posible el intercambio social con dioses; las personas ofrecen sacrificios para obtener de aquellos obsequios o evitar castigos, utilizando circuitos cerebrales desarrollados para intercambios humanos.
8. Los estados alterados de conciencia resultan en una «fusión» con el mundo sobrenatural.

Boyer acepta la variedad de aspectos que llamamos religiosos, viendo el papel que en ellos desempeñan las emociones, los estados mentales inusuales y el comportamiento compulsivo; pero él considera la religión como un «subproducto del funcionamiento normal de la cognición humana», haciendo hincapié en la cognición social.

El psicólogo Justin L. Barrett y sus colegas realizaron una serie de experimentos relevantes que los llevaron a postular no solo la detección de agentes, sino un «dispositivo hipersensible de detección de agentes» (HADD) común a todos los humanos, y desarrollado para misiones tales como el descubrimiento de depredadores. Como dijera Guthrie sobre el animismo y el antropomorfismo, es preferible tomar una roca por un oso, o un árbol por un enemigo, que hacerlo al revés. La antropología y la psicología cognitiva estaban convergiendo. En la reseña que hizo de *La naturalidad de las ideas religiosas* de Boyer, Barrett resumió así su tesis: «Las intuiciones cognitivas con las que los seres humanos estamos universalmente equipados proporcionan el núcleo inferencial de las ideas religiosas; de modo que sólo las propiedades contraintuitivas o novedosas precisan ser transmitidas culturalmente». Y concluye: «Ignoro si este texto presagia o no una "revolución cognitiva" en el estudio de la religión, pero ciertamente constituye un levantamiento bien armado».

El levantamiento iba convirtiéndose en una revolución a medida que nuevos experimentos testaban estas ideas. Barrett y Frank Keil, verbigracia, mostraron que el concepto de Dios o dioses de la gente es más antropomórfico de lo que ella misma cree. Sobre el papel de los cuestionarios, un grupo de estudiantes universitarios de varias religiones convenía con la idea de la teología moderna de un Dios abstracto sin limitaciones humanas. A continuación, estos estudiantes leyeron varias historias, teniendo que recordar lo que Dios hacía en estas. En una de las historias, Dios salva a un niño de ahogarse. «Aunque Dios estaba atendiendo a otro suplicante en otra parte del mundo (...) Dios respondió al punto alzando una roca para que el niño pudiera encaramarse a ella». Los estudiantes, en general, tendían a pensar que Dios, antes de poder ayudar al niño, debía acabar de atender la primera oración en vez de hacer ambas cosas a la vez; imponiéndole así unas limitaciones que le habían negado en el cuestionario abstracto. Los estudiantes humanizaron a Dios.

El grupo de Barrett realizó un trabajo paralelo con hindúes en el norte de la India, traduciendo los cuestionarios y las historias para estudiar las ideas de los sujetos sobre cuatro dioses: Brahma, que en la teología hindú es importante y abstracto; Krishna, que es, explícitamente, un dios con forma humana; y Shiva y Vishnú, que siendo manifestaciones de Brahma a menudo representadas antropomórficamente, ocupan una posición intermedia. Había cuatro versiones diferentes de los cuestionarios y las historias. De nuevo se observó un contraste significativo. Los sujetos eran claramente más propensos a antropomorfizar al recordar incorrectamente los detalles de la historia; mientras que al responder los cuestionarios representaban a los cuatro dioses con menos limitaciones humanas. Y al igual que los sujetos del experimento estadounidense, cometieron muchos menos errores al recordar las historias sin contenido religioso.

Minds and Gods [*Mentes y dioses*] de Todd Tremlin se centra en dos características cognitivas universales: un Dispositivo de Detección de Agentes (ADD) y un Módulo de Teoría de la Mente (ToMM) que nos instan no solo a buscar un agente —un actor— detrás de cada evento, sino también a esperar que tal actor posea una mente consciente. Nuevamente, pecamos viendo la acción de un agente en situaciones donde seguramente no la haya: una tendencia que sirvió bien a nuestros ancestros. También dotamos al agente imaginado de propiedades mentales que, superpoderes aparte, son paralelas a las nuestras, que reconocemos más débiles.

El ToMM es algo más que los «rostros en las nubes» de Guthrie; la «teoría de la mente» tiene que ver con cómo nos representamos las intenciones, creencias y otros procesos mentales de otras criaturas de nuestro entorno. Pero al reducir la experiencia religiosa a estos dos elementos (por otro lado bastante útiles), es mucho lo que nos dejamos por el camino. Como dice Tremlin, «el ADD y el ToMM no son los únicos mecanismos mentales que sustentan el pensamiento religioso (...) Los dioses evocan sentimientos y experiencias emocionales intensos»; y concluye diciendo, sabiamente, que «creer en dioses es en gran medida una actividad del corazón».

El filósofo y científico cognitivo Robert McCauley amplió este enfoque en *Why Religion Is Natural and Science Is Not* [*Por qué la religión es natural y la ciencia no*]. Junto al experto en religión comparada E. Thomas Lawson, desarrolló argumentos a favor de explicar la religión sin rechazar esta ni su interpretación cultural, para centrarse luego en la explicación del ritual desde el punto de vista de su impacto en la memoria y las emociones humanas. Las afirmaciones de McCauley son relativamente modestas, y sabiamente dice: «Las ciencias no proporcionan relatos exhaustivos o exactos de nada. Solo las religiones los proponen. Es por ello que criticar las propuestas científicas por su incompletitud (...) es siempre una queja vacía».

Al igual que Atran, Boyer y Tremlin, McCauley busca, básicamente, funciones perceptivas y cognitivas innatas (que él llama «cognición naturalmente madura*») que nos predisponen al pensamiento religioso y al ritual. Sin embargo, estas funciones pueden (como ocurre con el lenguaje) hallarse profundamente infiltradas culturalmente, a pesar de que algunos de sus principales circuitos estuvieran instalados con anterioridad. Son naturalmente maduras porque surgen en un estadio temprano de la vida y no es necesario instruirlas o entrenarlas deliberadamente. McCauley argu-

---

* La expresión originalmente acuñada por McCauley es *maturationally natural cognition*. N del T.

menta que «los sistemas cognitivos naturalmente maduros influyen en la religión mucho más de lo que influyen en la ciencia».

Atran emplea términos más convencionales, como «mecanismo de liberación innato» e «instinto» para referirse a los procesos centrales: «Desde un punto de vista evolutivo, estas estructuras no son diferentes en tipo y origen de los instintos genéticos y procesos mecánicos que gobiernan la vida de otros animales». Este amplio concepto incluye el «paradigma de la madre-criatura», el «módulo de detección de agentes», «una asociación casi universal de montañas con lugares sagrados», las «emociones primarias» identificadas por Darwin («sorpresa, miedo, ira, asco, tristeza, felicidad»), y otros aspectos. No pongo ningún pero a las capacidades mentales y conductuales biológicamente preparadas.

Sin embargo, al igual que los teóricos cognitivos, Atran sostiene que la religión no es una adaptación especial; esto es, que en sí misma no es importante, sino, más bien, un subproducto de algo que sí lo es. Otros teóricos igualmente sofisticados (verbigracia E. O. Wilson) han visto la religión como algo que, en cierto sentido, ha sido específicamente seleccionado para adaptarse por derecho propio. Como volveremos a este debate, simplemente diré que me resulta difícil descartar esta última opinión. Y aún más difícil de descartar es la idea de que la religión fue una «exaptación»: una característica de un organismo que empieza siendo un subproducto y se torna adaptativa posteriormente. También diré de paso que es bastante difícil creer, al mismo tiempo, que la religión es adaptativa y que debería abolirse, lo cual da una idea del grado de acaloramiento que ha alcanzado este debate. Yo veo la religión como una propiedad emergente de la función cerebral humana, que surge de una compleja interacción de las capacidades cognitivas, emocionales y sociales humanas para convertirse en un todo que es más que la suma de sus partes: adaptativa, y por ende seleccionada por derecho propio, durante la mayor parte del pasado humano.

Los enfoques psicológicos de la religión, más allá del

cognitivo, confirman la insistencia de McCauley en que la ciencia cognitiva «no proporciona una teoría integral» de la religión porque «no solo somos sistemas cognitivos». James —en parte debido a su formación médica— hizo hincapié en los estados meditativos, los trances y las experiencias de conversión emocionalmente intensas, así como en el ayuno, otros tipos de abstinencia y una vida de servicio a los demás. Freud enfatizó el sentimiento de unidad con el mundo o los demás (una deseada disolución del yo). Tratar de encerrar todo esto en unos pocos principios cognitivos nos deja sintiendo que, en efecto, estos ayudan a explicar los pensamientos religiosos, pero que las experiencias religiosas en sí mismas son funciones fundamentalmente propias del cerebro y el cuerpo. Estas experiencias son más intensas en algunas personas, que con su ejemplo inspiran a otras. Vemos que...

- Ciertas formas de epilepsia y psicosis involucran el pensamiento religioso, y pueden conducir a nuevos compromisos o al abandono de la fe.
- Las plantas tradicionales que estimulan o inhiben ciertos circuitos cerebrales —durante mucho tiempo esenciales en muchas religiones— producen alucinaciones visuales y auditivas, y sentimientos de un yo en disolución.
- Ciertas lesiones cerebrales pueden fomentar o interferir con la religiosidad.
- La oración y la meditación modifican los circuitos cerebrales y los estados del cuerpo y la mente.

La oración involucra creencias que pueden explicarse en parte por animismo, antropomorfismo, detección de agentes y otros procesos cognitivos que alimentan ideas sobre seres sobrenaturales, pero la meditación, a menudo, no incluye tales creencias. Ciertos métodos de meditación se basan en no tener ideas en absoluto, y esa experiencia también puede ser profundamente religiosa. La psicología de la personalidad ha explorado las diferencias individuales en la fe religiosa de las personas, ya se deban a factores genéticos o de aprendizaje.

Tales exploraciones, sin embargo, en modo alguno agotan el potencial de la psicología científica. Consideremos las llamadas disociaciones y los trastornos disociativos. Ejemplos de estas son sentir que no somos quienes somos (despersonalización), o que el mundo que nos rodea es irreal (desrealización), o no poder recordar hechos básicos de nuestra vida, o tener múltiples personalidades (trastorno de identidad disociativo). A menudo se dice que tales trastornos son el resultado de un trauma infantil, pero esta conclusión es controvertida y es escasamente probable que pueda aplicarse a todos los casos. El trastorno de identidad disociativo fue una moda diagnóstica en la década de 1980 (como trastorno de personalidad múltiple); ahora, una vez más, se considera algo raro.

Otros trastornos disociativos más comunes se asemejan a experiencias que todos hemos tenido. Soñamos despiertos, fantaseamos y dejamos que nuestra atención divague. Nos dormimos o nos despertamos con visiones oníricas. Podemos estar tan perdidos en nuestros pensamientos o tan volcados en una tarea que ignoramos nuestro entorno. Nos sentimos alienados de nosotros mismos o exclamamos: «¡Esto no puede ser real!» Y a veces, por un momento, creemos estar fuera de nosotros mismos, observando nuestras propias acciones. Diferimos en estas tendencias; como sucede con muchos diagnósticos, los trastornos disociativos son un extremo de ese medio continuo que es el comportamiento humano.

Lisa Butler se refiere a las «disociaciones normativas» y a «las disociaciones de la vida cotidiana». Ella argumenta que la inmersión en un estado mental o una tarea permite «un saludable escape temporal a universos alternativos, o a un nivel de compromiso que fomenta un rendimiento óptimo (...) Al soñar despiertos, esta inmersión incluye preocupaciones persistentes o desafíos no abordados, con pruebas y ensayos de alternativas en un ámbito imaginario (...) Durante el sueño, podemos identificar la disociación por su involuntariedad y déficits de memoria y por la discontinuidad con el estado de vigilia». Algunas denominaciones para estos estados durante la vida de vigilia son: «espaciamiento hacia fuera», «estar en la zona» e «hipnosis de la carretera». Muchas tareas que elegimos voluntariamente, desde la jardinería y el bricolaje hasta leer y ver la televisión, conducen a una disociación normativa. El estado en el que nos hallamos cuando una tarea nos absorbe por completo y marcha bien se denomina «flujo», y es una dimensión de bienestar.

La soledad buscada supone una disociación deliberada del mundo social; no es lo mismo que la soledad forzosa, y para muchos de nosotros contribuye al bienestar. Este apartamiento formaba parte de la fe de Moisés, Jesús, Mahoma, Buda y otros fundadores religiosos, así como de las prácticas de sus seguidores. Sin embargo, un resultado de la soledad voluntaria es poner de relieve la importancia de las relaciones, ya sea con agentes sobrenaturales, con una comunidad sagrada o todos los seres sintientes. Las necesidades humanas de apego y sentido están en la base de la fe. De entre todos los animales, solo nosotros prevemos nuestra futura inexistencia física. Nos preguntamos por qué estamos aquí y si la vida tiene un propósito, pero el temor a quedarnos solos no nos abandona nunca. La fe involucra mecanismos cognitivos, pero estos están alimentados por el miedo, la soledad y el deseo. Nuestros padres, amigos, mentores y líderes nos abandonan, pero los dioses y los espíritus no. Ellos pueden ser malévolos, pero no son indiferentes hacia nosotros. Se interesan por nuestras acciones y nuestro destino, y saben lo que hacemos para bien y para mal; aun sin ellos, en el budismo, el ciclo kármico infunde sentido a cada momento. Cualquier pretensión de explicar las creencias religiosas debe tener en cuenta no solo el pensamiento, sino también las fuertes necesidades que energizan el pensamiento. Esto significa que debemos escuchar a los niños, que tal vez tengan las necesidades más fuertes.

VIII

LA VOZ DEL NIÑO*

Una de las tácticas retóricas de Richard Dawkins es mostrar una foto del diario británico *The Independent*: una representación infantil de la Natividad con los tres reyes magos interpretados, según el pie de foto, por «Shadbreet (un sij), Musharaff (un musulmán) y Adele (una cristiana), todos de cuatro años». La intención, claramente, era la de dar un mensaje ecuménico. Dawkins nos pide que imaginemos este cambio: «Shadbreet (un monetarista), Musharraf (un keynesiano) y Adele (una marxista), todos de cuatro años», y continúa diciendo:

> Etiquetar a un niño de cuatro años con la religión de sus padres es abuso infantil. El niño es demasiado joven para tener puntos de vista religiosos. No hay tal cosa como un niño católico. Si usted escucha las palabras «niño católico», y el niño en cuestión es pequeño, debería sonarle a uñas rascando una pizarra. No hay tal cosa como un niño protestante. No hay tal cosa como un niño musulmán.

Por si aún no habíamos captado la idea, Dawkins tiene otra versión del pie de foto: «Shadbreet (un ateo), Musha-

---

* *Child* en el original, que puede significar niño (en minúscula) o «niño Jesús» (en mayúscula). N del T.

raff (un agnóstico) y Adele (una humanista secular), todos de cuatro años». Él nos ruega que «seamos conscientes del abuso infantil cometido cuando alguien habla de un niño católico, un niño protestante, o un niño cristiano».

La estratagema de este polemista se basa en hacernos ignorar la naturaleza dispar de las sustituciones propuestas. Un monetarista piensa que regular la oferta monetaria es la mejor forma de estabilizar la economía, un keynesiano cree que eso debería hacerse con dinero público, y así sucesivamente. Un niño no puede tener tales ideas. Pero cuando llamamos católica a una niña, no queremos decir que entienda la teología católica; queremos decir que está creciendo en una familia católica con padres católicos que la crían en esa fe. Me atrevo a decir que con cuatro añitos se encontrará más cómoda en una iglesia católica que en una mezquita o una sinagoga..., por no decir en una danza extática san o una ceremonia de peyote huichol.

Decir que una niña es católica o musulmana está más cerca de decir que es inglesa, japonesa o nigeriana que llamarla monetarista o marxista. La comparación con las teorías económicas es fácilmente descartable. Pero hay algo más en los comentarios de Dawkins: la etiqueta de «abuso infantil». Él, al igual que otros ateos beligerantes, hace de esto una cuestión batallona. La afirmación proviene de un influyente discurso del psicólogo inglés Nicholas Humphrey —«¿Qué les diremos a los niños?»— en la Conferencia de Amnistía Internacional de 1997 en Oxford:

Los niños, como argumentaré, tienen el derecho humano a no sentir sus mentes paralizadas por la exposición a las malas ideas de otras personas, sin importar quiénes sean estas. Los padres no tienen una licencia divina para adiestrar a sus hijos de cualquier forma que ellos, personalmente, elijan; ningún derecho a limitar los horizontes de conocimiento de sus hijos, ni a criarlos en una atmósfera de dogma y superstición, o a insistir en que sigan los rectos y estrechos senderos de su propia fe. En resumen, los niños tienen derecho a que no se les embote la mente con sinsentidos. Y nosotros, como sociedad, tenemos el deber de velar porque así sea. Así pues, no deberíamos permitir que los padres enseñen a sus hijos a creer, por ejemplo, en la literalidad de la Biblia o en la influencia de los astros sobre sus vidas, del mismo modo que no permitimos que quiebren sus dientes[*] o los encierren en una mazmorra.

A veces, cuando hablo ante un público culto, especialmente de científicos, suelo preguntar de quién creen ellos que, con toda probabilidad, serían los primeros niños en ser internados si el Estado decretase qué padres pueden educar a sus hijos. Luego señalo alrededor de la sala.

Este no es un argumento filosófico, pero es un argumento: los padres, siempre y en cualquier lugar, trazan una línea en la arena cuando se trata de lo que pueden o no enseñar a sus hijos. Y a lo largo de la historia, no solo por razones religiosas, la arena alrededor de esta línea a menudo se ha empapado de sangre. Humphrey compara la enseñanza de cualquier fe a los niños con la mutilación genital femenina y el infanticidio ritual. Estas y otras formas de abuso físico, sexual y emocional comportan la asunción de la tutela por la entidad pública. Así pues, Humphrey está pidiendo que el Estado interrumpa y destruya sistemáticamente toda tradición religiosa, comenzando por la infancia.

El control estatal sobre la expresión religiosa ha sido probado históricamente con, digámoslo así, resultados mixtos. Después de generaciones de represión estatal, las religiones prosperan en la China «roja» y en la antigua Unión Soviética, aunque los no creyentes también lo hacen, y en gran cantidad. Estos dos Estados impusieron, en lugar de las religiones que intentaban destruir, ideologías cuasirreligiosas con un alto nivel de adoctrinamiento y al menos igual destructividad. El adoctrinamiento soviético duró setenta años, sin embargo, en la Rusia de hoy el gobierno secular autocrá-

---

[*] Parece una referencia a Salmos 58,6: «Oh Dios, quiebra sus dientes en sus bocas». N del T.

tico debe transigir con la Iglesia ortodoxa y sus 100 millones de fieles. Incluso la pequeña minoría judía, cuya religión fue prohibida durante todo ese tiempo, ha revivido sus tradiciones; en 1993, aproximadamente dos años después del colapso soviético, se creó el Congreso de las Organizaciones y Asociaciones Religiosas Judías de Rusia; una década después, representaba a 160 organizaciones. En China, después de sesenta y cinco años de comunismo, la gran mayoría de la población —incluyendo afiliados al partido— profesa alguna forma de religión, ya sea el confucianismo, el taoísmo, el budismo, las tradiciones populares politeístas, el culto a los antepasados o una combinación de las anteriores.

Como ha señalado Dawkins, la religión posee una extraordinaria tenacidad. Freud, en *El porvenir de una ilusión*, dijo que le gustaría ver qué pasaría si los niños fueran criados sin adoctrinamiento religioso. Ahora sabemos la respuesta: la mayoría de esos niños crecen normalmente sin creencias religiosas, aunque muchos afirman ser espirituales. Sin embargo, es simplista ver el desarrollo de la fe como puro adoctrinamiento. La religiosidad, definida de manera diversa, está grabada en el cerebro, y este se desarrolla.

Las capacidades cognitivas relacionadas con la creencia religiosa aumentan en la infancia y la niñez. También lo hacen nuestro sentido del yo, nuestro sentimiento de unidad con el mundo y las personas, así como nuestras capacidades de apego, identificación, imitación, emulación y conexión. Pero el hecho de que a menudo la religiosidad se intensifica en la adolescencia desmiente la afirmación de que la fe es algo infantil. Las trayectorias de la fe en la adultez apuntan tanto a la maduración del pensamiento respecto al futuro como a la búsqueda de sentido a medida que avanza la vida. Estas no tienen por qué culminar en un compromiso religioso, pero a menudo lo hacen. Idealmente, tales trayectorias implican algún tipo de compromiso —generatividad, integración— que no todos logran sin ayuda de la fe. Debido a razones biológicas, diferimos respecto a cómo y cuánto nos inclinamos hacia la fe, y estas diferencias prueban que la cultura —el adoctrinamiento— no puede explicarlo todo.

Las investigaciones con niños adoptados y gemelos —idénticos y no idénticos, criados juntos o separados—, así como otros estudios familiares muestran consistentemente que la religión posee un moderado componente genético. Los gemelos idénticos, incluso los que se han criado separadamente, se parecen más en religiosidad que los gemelos no idénticos, y los niños adoptados al nacer se parecen en esto a sus padres biológicos. Es sorprendente que algo tan sujeto a influencias personales —familia, amigos, educación, afiliación, matrimonio— como la religión o la espiritualidad pueda ser moldeado por los genes. Muchos consideran los genes como restricciones a la libertad, y hasta cierto punto lo son, pero también son parte de la esencia de la individualidad.

¿Cómo pueden los genes hacer algo así? Pensamos en un niño que crece rezando, como ritual nocturno: «ahora que me acuesto a dormir, le pido al Señor que proteja mi alma», con mamá o papá arrodillada a la vera, o en un niño al otro lado del globo en el regazo de su madre mientras se desarrolla el drama de la danza extática, y no nos sorprende que estos niños crezcan creyendo en esta o en aquella forma religiosa. Pero diferentes niños tienen diferente susceptibilidad. Aunque el niño de «ahora que me acuesto a dormir» —que se vuelve muy religioso— tendrá ideas diferentes a las del niño devoto de la danza extática, ambos compartirán la esencia de la fe: la creencia en agentes sobrenaturales, y las emociones que la acompañan. Pero algunos niños con esas mismas experiencias se vuelven escépticos como tantos adultos en cualquiera de ambas culturas. Algunos se inclinan hacia una vida religiosa privada, otros hacia una pública, algunos albergan una fe convencional, otros tienen un vago sentido de lo espiritual, y los hay que no tienen nada en absoluto.

En la adultez, estos niños diferentes habrán tenido experiencias diferentes, pero también habrán comenzado sus vidas con cerebros diferentes. Hemos visto cómo el cerebro nos brinda —a algunos de nosotros— las experiencias que llamamos espirituales o religiosas. Algunas personas tienen experiencias religiosas debido a una actividad cerebral que los médicos califican de anormal. A menudo, en esta actividad subyacen diferencias estructurales. Los genes guían la construcción inicial de los circuitos cerebrales. Pero muchos genes humanos se expresan solo en el cerebro y solo durante la infancia. Algunos genes son compartidos por todos los individuos normales; aquellos nos proporcionan apego, relaciones, detección de agentes, lectura de la mente, disociación normal y mucho más. Otros genes nos individualizan.

Algunos genes se expresan en el cerebro durante toda la vida, codificando enzimas que elaboran o eliminan dopamina, opioides, cannabinoides y serotonina, así como los receptores para estas sustancias químicas. Las personas religiosas poseen menos receptores de serotonina 1A, lo que podría significar que tienen más estimulación regular natural de los receptores 2A, involucrados en los efectos alucinógenos propios del cerebro. Esto es especulación, pero muestra cómo los genes podrían contar en la experiencia religiosa. El papel de los genes es moderado. A partir de un estudio con 72 parejas de gemelos del mismo sexo (35 idénticos) y criados por separado, Thomas J. Bouchard y sus colegas estimaron que el coeficiente de heredabilidad de dos tipos de religiosidad —intrínseca (espiritualidad, creencia, experiencia privada) y extrínseca (afiliación, ir a la iglesia y similares)— es del 0,43 y 0,39, respectivamente. Esto significaría que ser religioso es aproximadamente la mitad de heredable que la altura, pero el doble de heredable que la temeridad.

Se trata solo de estimaciones, afectadas por el género, el entorno ambiental y los métodos de investigación. Pero es válido decir que la altura es una cualidad heredable en un 80%, y la religiosidad en aproximadamente la mitad, lo que significa que los genes explican la mayor parte de la variación en la altura, pero menos de la mitad —con todo, una influencia sustancial— de la variación en la religiosidad. Aún así, no podemos pensar en la religión solo en términos de genes o entorno; esta incluye muchos elementos más específicos, y la forma en que la definimos y medimos es bastante más compleja que la usada para definir y medir la altura.

Como sucede con la altura y la personalidad, la heredabilidad de ciertos aspectos de la religión aumenta con la edad, debido a que las diferencias en el ritmo de desarrollo oscurecen el punto final* y el entorno es más influyente en los primeros años de vida. Cualquiera de estos dos factores puede ocultar la heredabilidad. Además, el entorno no influye en la religiosidad del mismo modo en que lo hace en la mayoría de los rasgos conductuales. En el caso de la mayoría de los rasgos, el entorno familiar compartido explica muy poco la variación; esto no significa que el entorno carezca de importancia, solo que las influencias importantes provienen de cosas que los hermanos experimentan por separado —compañeros, escuelas, enfermedades, accidentes y diferentes hermanos—, más que de lo que comparten entre ellos. Para la religión, empero, el entorno compartido cuenta más, especialmente durante la infancia y la adolescencia. Aquí se concentra lo que los padres tratan de transmitir a todos sus hijos por igual, y la investigación muestra que funciona... al menos durante un tiempo.

Mientras uno está en el grupo familiar, sus inclinaciones y hábitos religiosos (o la falta de ellos) reflejan los de la familia, pero al crecer uno puede convertirse en su propia versión de sí mismo, en un entorno creado *ad hoc*. Un adolescente judío ultraortodoxo, verbigracia, puede verse apartado de su familia al revelar su homosexualidad. Después de este rechazo, ya no tiene que fingir ser como quienes lo rodeaban; sus genes y su nuevo entorno, elegido por él, pasarán a tener más peso. Un adolescente san puede soñar con danzar en trance, pero si descubre que no es capaz de alcanzar fácilmente un estado alterado de conciencia —o es reprendido por hacer el tonto mientras lo intenta—, puede distanciarse del ritual. Una niña de 15 años, cristiana devota, puede encontrar a los 20 que su inclinación científica la lleva a Darwin y a Einstein, y un docente puede alentarla a dudar. Alguien criado en una familia secular puede sentirse conmovido por las palabras del pastor de una megaiglesia televisiva...

---

* *End point* en el original; en un estudio científico, es cuando este se da por terminado para un sujeto dado. N del T.

Hay detalles concretos reveladores. Matt Bradshaw y Christopher Ellison, en un estudio con gemelos en 2008, desglosaron la religiosidad en cuatro partes: participación organizacional, religiosidad y espiritualidad personal, ideologías conservadoras, y transformaciones y compromisos; estas, a su vez, se desglosaron en ocho partes. La heredabilidad más baja fue del 19% para la religiosidad en la infancia. «Las influencias genéticas son considerables para varias medidas de la religiosidad comúnmente empleadas, incluidas la asistencia al servicio religioso o espiritual (32%), la relevancia religiosa (27%), la espiritualidad (29%), la orientación diaria y la superación (42%), el literalismo bíblico (44%), las creencias exclusivistas (41%), y el "renacimiento" o contracción de un compromiso religioso o espiritual (65%)». Estos efectos de los genes son significativos.

Tanya Button y sus colegas agregaron una dimensión del desarrollo, estudiando más de mil parejas de gemelos de entre 12 y 18 años, siendo nuevamente estudiadas algunas de las parejas más jóvenes desde los 17 hasta los 29 años. Para una evaluación de los valores religiosos, se les preguntó:

¿Cuán importante es para ti...?
1. Poder confiar en el consejo y las enseñanzas religiosos cuando tienes un problema
2. Creer en Dios
3. Confiar en tus creencias religiosas como guía para la vida diaria
4. Poder recurrir a la oración cuando te enfrentas a un problema personal
5. Asistir a los servicios religiosos regularmente

Las respuestas se puntuaron de 1 (nada importante) a 4 (muy importante). La asistencia religiosa se midió por la cantidad de veces que los gemelos habían asistido a servicios religiosos en el último año. La heredabilidad de valores religiosos aumentó del 29 al 41% entre la adolescencia y la edad adulta, mientras que la heredabilidad de la asistencia a servicios lo hizo del 9 al 34%. La libertad de los adultos jóvenes afectó más a los hábitos que a los valores, pero los genes se afirmaron en ambos.

Otros estudios del desarrollo de la religiosidad añaden la personalidad: la idea es que si los genes (o entornos) influyen en los sentimientos, actitudes y comportamientos religiosos, podrían hacerlo a través de los tipos de personalidad. Un método estándar es el modelo de «los cinco grandes»: Si uno hace cientos de preguntas a un grupo de personas sobre sus gustos, aversiones, hábitos y tendencias, puede ordenar mejor las respuestas con medidas estadísticas que las clasifiquen en cinco dimensiones: Neuroticismo, Extraversión, Apertura al cambio, Cordialidad y Responsabilidad. Si está pensando en el significado común de estas etiquetas, no anda muy lejos de cómo las ven los científicos. Están diseñadas estadísticamente para ser independientes; esto es, ninguna de ellas predice las demás. El modelo de «los cinco grandes» es un método probado en el tiempo, con décadas de refinamiento y miles de estudios. En muchos países diferentes, los test de personalidad arrojan los mismos factores.

Una impresionante aplicación de este modelo fue un metaanálisis de 71 muestras: más de 20.000 personas en 19 países. Aparecieron tres dimensiones principales de la fe: religiosidad, espiritualidad y fundamentalismo. «La Cordialidad y la Responsabilidad resultaron ser correlatos confiables de la religión en la mayoría de las muestras». Este hallazgo «fue común en adolescentes, adultos jóvenes y adultos. Sin embargo, la relación entre la religiosidad y los dos factores de personalidad indicados era más fuerte entre los adultos». Podemos adivinar la relación causa-efecto de los estudios de seguimiento: la personalidad predice la religiosidad futura, no al revés. Otras correlaciones aparecen en algunas culturas. Pero la Cordialidad y la Responsabilidad predijeron la religiosidad con independencia de la nacionalidad, la religión, el sexo o la edad, y con mayor fuerza entre los adultos que entre los adolescentes. Estudios anteriores que relacionaban *valores* religiosos con «los cinco grandes» mostraron que los cristianos, musulmanes y judíos comparten una jerarquía de valores que abarca la tradición, la conformidad y la benevolencia, al tiempo que tienden a rechazar el hedonismo y la estimulación. Estos valores son predichos por la Cordialidad y la Responsabilidad, no por lo neurótico o introvertido que uno sea.

Los estudios de gemelos separados lo confirmaron: estas dos dimensiones predicen la religiosidad. Sin embargo, hay más cosas en la religiosidad genética de las que cualquier factor de «los cinco grandes» pueda explicar. «La religiosidad, en sí misma, puede reflejar un atributo individual básico más que un resultado» de un tipo de personalidad. Ralph Piedmont desarrolló una escala para evaluar la trascendencia espiritual, definida esta como «la capacidad de las personas para trascender su sentido inmediato del tiempo y el lugar, con el fin de ver la vida desde una perspectiva más amplia y serena. Desde esta perspectiva trascendente, una persona ve una unidad fundamental subyacente en los diversos esfuerzos de la naturaleza y encuentra un vínculo con otros que nada, ni siquiera la muerte, puede cortar». Piedmont pidió a los sujetos que manifestaran su grado de acuerdo o desacuerdo con declaraciones como: «He tenido al menos una "experiencia pico"», y «Siento que en un nivel superior todos compartimos un vínculo común». Él defendió que la espiritualidad debería ser un sexto factor aparte de «los cinco grandes».

Piedmont y Mark Leach testearon esta idea entre cientos de hindúes, cristianos y musulmanes en la India. Entre los musulmanes y cristianos, las mujeres obtuvieron puntuaciones más altas en los tres componentes —universalidad, realización en la oración, y conectividad—, pero los tres grupos religiosos obtuvieron puntuaciones promedio notablemente similares. Tanto en la India como en Estados Unidos, la personalidad explicó muy poco: «La espiritualidad representa el material psicológico en bruto del que surgen los comportamientos religiosos», aunque «la forma de la religiosidad personal está determinada por imperativos históricos, sociales y culturales específicos» que no «afectan a la relevancia de la trascendencia (...) El impulso humano que lleva al hombre a crear una imagen cosmológica unificada, aunque diversa en su expresión, representa una construcción motivacional singular y pancultural (...) La espiritualidad necesita ser reconocida como un aspecto universal de la experiencia humana».

Sin embargo, el cuestionario de espiritualidad de Piedmont contenía muchas ideas religiosas convencionales. Pavel Rican y Pavlina Janosova desarrollaron el Cuestionario de espiritualidad de Praga, específicamente para evaluar las inclinaciones espirituales de «la extremadamente secularizada juventud checa, que rechaza en gran medida la religión organizada». Ninguna de sus preguntas se refería a Dios o a la oración; en vez de ello, se les sondeó respecto a sus sentimientos sobre la sacralidad de la naturaleza y las relaciones humanas, así como a su sentido de propósito, significado y moralidad. Habiendo validado el cuestionario (y hallando diferencias individuales sustanciales incluso entre estos jóvenes secularizados), Rican y Janosova combinaron sus escalas con las dimensiones del modelo de «los cinco grandes», descubriendo que necesitaban una sexta: una dimensión espiritual no convencional.

Ahora bien, usted me dirá que esto no es ninguna sorpresa, pues los cuestionarios habituales del modelo de «los cinco grandes» no preguntan sobre espiritualidad. Pero ¿por qué no lo hacen? Probablemente porque los psicólogos científicos no han prestado mucha atención a la religión hasta hace poco. Pero si uno añade preguntas sobre espiritualidad, encuentra un sexto factor, incluso entre los *ningunos*. Estando todos ellos apartados de la religión, algunos son más espirituales que otros. Rican y Janosova ven la espiritualidad como «un fenómeno humano universal, en gran medida independiente de confesiones concretas y de organizaciones o movimientos religiosos», y asumen «que una persona puede ser altamente espiritual, ya sea cristiano, judío, musulmán o ateo».

Recapitulando, tenemos evidencias de una dimensión espiritual con una heredabilidad del 30 al 40%, vinculada con circuitos cerebrales y neurotransmisores conocidos, y relevante en sujetos con un bajo nivel de creencia religiosa convencional; tal vez una dimensión de personalidad en sí misma. Los estudios con gemelos muestran que los genes cuentan, pero no qué genes lo hacen; un rasgo complejo como la religiosidad, o incluso un componente de esta como la espiritualidad o la asistencia a la iglesia, se verá afectado por muchos genes. Sin embargo, la era de los genes únicos está aquí, como en el estudio del receptor de serotonina 1A. Existe correlación entre algunas diferencias individuales y un gen para este receptor.

En otro estudio, que examinaba dos variantes del receptor de dopamina, se empleó un juego de palabras para *primar** a los sujetos. A los sujetos *primados* religiosamente se les dio una cadena de palabras como «sintió, ella, erradicar, espíritu, el», y se les pidió que eliminaran una palabra y reorganizaran gramaticalmente las demás; en este caso, para obtener «ella sintió el espíritu». Los sujetos de control jugaron al mismo juego, pero sin contenido religioso. Los voluntarios completaron un test de religiosidad y luego recibieron un cuestionario sobre voluntariado en causas medioambientales. El *primado* religioso en el juego de palabras predijo, en general, la respuesta hacia el voluntariado, pero los receptores de dopamina contaron; en los sujetos con una variante del receptor se apreció una ligera disminución en su tendencia al voluntariado tras el *primado* religioso, mientras que aquellos con la otra variante mostraron un marcado aumento en esta tendencia después del mismo *primado*. Estos son pequeños pasos hacia la especificación de los genes que desempeñan un papel en la creencia religiosa. Pero si los genes contribuyen consistentemente a la religiosidad, y las personas religiosas tienen consistentemente más hijos, el futuro de la religión está asegurado... siempre que todo lo demás permanezca igual. Todo lo demás, sin embargo, rara vez permanece igual.

Muchos ateos creen que hemos evolucionado para ser

---

* *Prime* en el original, que en este caso puede entenderse como condicionar o preparar; se trata de un término propio de la psicología, para más información, véase: «¿Qué se entiende por *primado* en Psicología?»: https://www.axiomafv.com/se-entiende-primado-psicologia/. N del T.

seres morales, y que puesto que el sentido moral se desarrolla en la infancia sin entrenamiento ni religión (es así en la mayoría de los niños), la inculcación deliberada de la ética es innecesaria (esto no se sigue necesariamente). Retomaremos esta idea, pero centrémonos primero en la fe en sí misma. Las ideas religiosas surgen, de forma natural, en la mayoría de los niños que crecen en cualquier entorno cultural que incluya influencias relevantes. Ideas sobre dioses y espíritus existen en todas las culturas, y muchos niños poseen vidas espirituales interiores.

Los clásicos estudios de entrevista del psiquiatra Robert Coles abordaron el pensamiento de los niños sobre la pobreza, la cuestión racial y otros aspectos de sus vidas. Para preparar un libro sobre la fe, habló con niños de entre 8 y 12 años de diversas religiones, preguntándoles cómo hacían uso de cuanto se les enseñaba acerca de Dios, el cielo, el demonio, los espíritus y la vida después de la muerte. Muchos sentían que Dios estaba siempre con ellos y describieron cómo esta creencia los ayudaba a lidiar con los desafíos, el dolor y las pérdidas. Una de las entrevistadas había sido, poco tiempo antes (concretamente en 1962), una de las primeras niñas afroamericanas en ingresar en una escuela primaria para blancos convertida en mixta. Había tenido que avanzar a través de una multitud furiosa de adultos y niños blancos intolerantes. «Yo estaba sola», dijo ella, «y aquellas personas no paraban de gritar; de pronto vi a Dios sonriéndome, y yo sonreí». Una mujer parada junto a la puerta de la escuela le gritó: «"Tú, pequeña negra, ¿a quién le estás sonriendo?" Yo me encaré a ella y le dije: "a Dios". La mujer dirigió la vista al cielo y luego hacia mí, y ya no volvió a insultarme».

Las diferencias religiosas también exacerban los odios; la mezcla de distintas creencias y orígenes étnicos puede resultar tóxica. Sin embargo, que los niños comprendan las diferencias entre las creencias propias y las de los demás es positivo. Natalie, una niña hopi de 10 años en el suroeste de Estados Unidos, fue descrita por sus maestros como una niña aburrida que no daría una buena entrevista; ella, empero, escondía una profunda vida espiritual. Coles se percató

163

de que miraba una nube de tormenta. Ella la señaló y dijo: «El hogar del ruido», y luego comparó sus creencias con las de los anglos:

El cielo nos mira y nos escucha. Nos habla y confía en que estemos listos para responder. Una maestra nos dijo que el cielo es donde vive el dios de los anglos. Ella me preguntó dónde vivía nuestro dios. Yo le respondí: «No lo sé». ¡Le estaba diciendo la verdad! Nuestro dios es el cielo, y vive dondequiera que esté el cielo. Nuestro dios, también, es el sol y la luna; y nuestro dios es nuestro pueblo, mientras permanezcamos aquí. Aquí es donde se supone que debemos estar, y si nos marchamos, perderemos a dios.

Ella oraba por los anglos, y también habló de la amarga disputa por la tierra entre los hopi y los navajo: «Ellos quieren la tierra, pero mi pueblo cree que ella está aquí para nosotros, y si la dejásemos, nos extrañaría (...) la tierra puede sentir la diferencia». No obstante, sentía pena por los otros dos grupos étnicos, pues «ellos no se sienten en casa cerca de su meseta, y por eso quieren todas las mesetas del mundo (...) Sus antepasados deben ir de una meseta a otra, llorando, porque ignoran dónde podrán quedarse y permanecer juntos, y no saben si alguna vez serán vistos por sus pueblos». Natalie adoraba ver volar a los halcones, porque estos eran las almas de sus antepasados hopi, sobrevolando un lugar en el paisaje y cuidando de ella.

Pero el adoctrinamiento religioso hopi tenía, en los ritos de iniciación *kachina*, un aspecto violento. Los niños eran recluidos en un santuario llamado *kiva*, donde eran atemorizados por adultos disfrazados de seres sobrenaturales blandiendo látigos de yuca; en la descripción de la antropóloga Esther Goldfrank, «un *we'e'e kachina* con una máscara azul y una larga vara con anillos blancos y negros, [y] dos *natackas* con ojos saltones y enormes picos negros de cáscara calabaza, cada uno con un arco en la mano izquierda y una sierra o un gran cuchillo en la diestra». El objetivo era asustar a los niños para que fueran buenos. Goldfrank continua diciendo:

Los niños tiemblan y algunos arrancan a llorar y a gritar. Los *ho kachinas* continúan gruñendo, aullando, pateando el suelo y haciendo restallar sus látigos de yuca (...) Alguien coloca a un elegido en el mosaico de arena, levanta sus manos (de él o ella) y uno de los *ho kachinas* azota a la pequeña víctima con bastante severidad (...) Algunos de los niños pasan por el trance con los dientes apretados y sin pestañear, otros gritan y se retuercen, tratando de esquivar los golpes (...) Algunos de ellos, probablemente como resultado del miedo y el dolor, se orinan y defecan involuntariamente.

Este ritual tiene poco que ver con el apoyo espiritual que Natalie le describió a Coles —de hecho, es consistente con los peores temores del profesor Humphrey, que vinculan la religión con el abuso infantil—, pero formaba parte, tradicionalmente, de la experiencia religiosa de los niños hopi. Esto se hace, como afirman todas las religiones, en beneficio de los niños: «para salvar sus vidas» —dicen los hopis—..., y exigirles la necesaria obediencia. Cuando los niños descubren la falsedad del drama se sienten enojados y decepcionados, pero como dijo una mujer hopi: «Ahora sé que era lo mejor, y la única forma de enseñar a los niños».

Sorprendentemente, la tradición cristiana puritana también consideraba los castigos corporales como esenciales para el desarrollo moral. Los puritanos estaban equivocados, pero el miedo ha desempeñado un papel tanto en las religiones grandes como en las pequeñas. Así, por un lado, Dios —o un dios o espíritu— es el amigo imaginario en el que nuestros padres quieren que creamos, el que puede protegernos; sin embargo, el mismo u otro ser sobrenatural es el padre punitivo, invisible pero omnisciente: el Papá Noel que sabe si hemos sido buenos o malos, entregándonos, en consecuencia, un juguete o un pedazo de carbón.

Lo cual nos lleva a la cuestión de cómo se desarrolla la susceptibilidad religiosa. Empezaremos con unas características cuasiuniversales de la mente en desarrollo, que nos ayudarán a entender por qué la religión está tan extendida.

Tales características dependen del desarrollo del cerebro. Estas permiten las variaciones individuales, innatas y adquiridas, pero de algún modo se hallan presentes en casi todos los niños criados en un ambiente religioso. En el modelo pionero de James Fowler, las etapas propuestas fueron: 1) fe primaria, 2) fe intuitiva-proyectiva, 3) fe mítica-literal, 4) fe sintética-convencional, 5) fe individual-reflexiva, 6) fe conjuntiva y 7) fe universal; algunas de las cuales no se alcanzan hasta la edad adulta, si es que se alcanzan. Este modelo ha sido aplicado en diversas comunidades religiosas, pero ha acabado reemplazándose por enfoques más sutiles.

Uno de los focos de atención ha sido el surgimiento de la fe en la primera infancia, que algunos han intentado integrar en modelos psicodinámicos del apego y del yo. Tales modelos desarrollan las afirmaciones de Freud y otros de que la fe religiosa surge, inicialmente, del proceso de individualización operado dentro de nuestra intensa dependencia de, y amor por, nuestros padres. Estos enfoques más antiguos ofrecían algo más que modelos por etapas de desarrollo cognitivo para explorar las emociones y las relaciones, pero seguían siendo excesivamente simplificadores. Los modelos actuales son mejores.

Patricia Ebstyne King y Chris Boyatzis, dos líderes en el actual *boom* de las investigaciones sobre la religión en la infancia, ponen en perspectiva las teorías de etapas y del apego. Las teorías de etapas adaptaron el enfoque del desarrollo cognitivo de Jean Piaget. Algunos sostuvieron que las ideas animistas de las culturas «primitivas» eran como una fase de desarrollo mental en la infancia temprana. La antropóloga Margaret Mead publicó, en 1928, su investigación sobre 41 niños de la isla Manus de Nueva Guinea. Como hicieron Piaget y otros, ella los entrevistó acerca de la causa y el efecto de varios acontecimientos: una canoa alejándose a la deriva o el sonido de un móvil de viento. A los 5 años, los niños manus tienen un espíritu guardián ancestral, cuyo cráneo puede adornar algún rincón de sus hogares. Los adultos son notablemente animistas en su forma de pensar. Pero los niños, incluso los de cinco años, dieron respuestas pragmáticas: la canoa «no estaba bien amarrada»; «el viento sopla, el cristal golpea y suena». Mead escribió: «El niño manus es menos animista que el adulto manus». Las sociedades más simples, después de todo, no eran como niños congelados en su desarrollo mental; los niños tenían que *aprender* creencias animistas.

Una nueva investigación ha confirmado esta conclusión, destacando las diferencias interculturales e individuales en el pensamiento religioso de los niños. Cristine Legare, en un estudio con niños y adultos de lengua sesoto en Sudáfrica, descubrió que, a todas las edades, las explicaciones biológicas coexisten en la misma persona con ideas basadas en embrujos, siendo los adultos quienes ofrecen más explicaciones basadas en estas ideas. «Contrariamente a lo que sostiene la tesis oficial, las explicaciones sobrenaturales a menudo aumentan en lugar de disminuir con la edad», lo cual «respalda la proposición de que razonar sobre los fenómenos sobrenaturales es un aspecto integral y duradero de la cognición humana». Un estudio de 2017 en Vanuatu, una isla de Melanesia, confirmó que ambos tipos de explicaciones coexisten a cualquier edad, pero en esta cultura, las explicaciones sobrenaturales eran más habituales en los niños. «La coexistencia entre ambos tipos de razonamiento[*] es algo omnipresente en todas las culturas, y refleja las diferencias matizadas por las ecologías locales y las creencias culturales».

Volveremos a la *coexistencia de razonamientos*, un aspecto importante para explicar las creencias religiosas en niños y adultos. Sin embargo, los niños son diferentes. King y Boyatzis consideran la etapa mítica-literal de Fowler, correspondiente a la infancia media (y a la etapa de operaciones concretas de Piaget), como un momento en que «los principios religiosos se toman al pie de la letra, los símbolos son unidimensionales [y] la fe se construye alrededor de narraciones concretas similares a historias». Los adolescentes jóvenes —la etapa sintética-convencional— son conformistas y acep-

---

[*] El término original en inglés es *coexistence reasoning*. N del T.

tan la llamada «tiranía de los ellos». Los adolescentes mayores, en la fase individual-reflexiva, abordan «una orientación revisada de la fe explícita que es más genuinamente personal».

Los modelos de apego trascienden las etapas de desarrollo. Nadie se toma muy en serio la idea de que el joven infante se siente uno con el universo —el dolor y el placer le dan una idea bastante clara del límite—, pero es razonable pensar en la etapa primaria de Fowler como aquella en la que comienza la confianza o la falta de ella. Actualmente, los enfoques psicodinámicos de la religión son de dos tipos principales: *modelos de correspondencia,* en los cuales el apego a nuestros padres —seguro, inseguro, evitativo, etc.— se reproduce en nuestra relación con Dios o lo sobrenatural; y *modelos de compensación,* en los que un apego débil o inestable nos hace buscar en Dios lo que no obtuvimos de nuestros padres. Hay evidencias para ambos modelos.

De los estudios genéticos recordaremos que el ambiente familiar compartido determina más lo que hace el niño que lo que hace el adolescente mayor o el adulto; tanto la influencia genética como la experiencia individual se manifiestan con mayor fuerza en la edad adulta. Por tanto, no es sorprendente que los modelos de apego encuentren más apoyo en estudios con adultos. Un estudio comparó a 30 «sacerdotes y religiosos» (5 monjas, 10 novicias, 5 sacerdotes y 10 seminaristas) de una pequeña ciudad italiana, con una muestra análoga de laicos de la misma ciudad. Una Entrevista de Apego de Adultos (AAI) estándar mostró que los miembros del grupo religioso estaban más apegados a sus padres. Los estilos de apego interpersonal también se correspondían con el apego a Dios entre judíos israelíes.

Un estudio con 181 estudiantes universitarios proporcionó apoyo para ambos modelos. Se halló un apego seguro en las personas religiosas «nacidas una vez» (aquellas que continuaron en la religión de sus padres), mientras que las personas «nacidas dos veces», que tuvieron conversiones o experiencias de renacimiento, eran más proclives a buscar la compensación a un apego inseguro. Y en un grupo de 119 cristianos, graduados universitarios recientes, aquellos «con baja seguridad parental describieron claramente experiencias recíprocas de apego íntimo y seguro con Dios». Otros estudios sugieren que las relaciones con Dios y las personas pueden compensarnos de la sensación de vernos rechazados por aquel o estas. Las categorías especiales de personas también son instructivas. Entre personas con trastornos del espectro autista son más comunes las percepciones angustiantes de Dios como un ser dominante y punitivo. Las personas con experiencias de apego desorganizado están más inclinadas al misticismo porque tienen un mayor acceso a estados alterados de conciencia normales.

En *Destejiendo el arcoíris*, Richard Dawkins se recuerda «tratando de entretener a una niña de seis años, una víspera de Navidad, calculando con ella cuánto tiempo le llevaría a Papá Noel bajar por todas las chimeneas del mundo». Procedió a calcularlo: 100 millones de casas con niños, una altura media por chimenea de 6 m, el tiempo necesario para caminar de puntillas... «La niña comprendió la situación y se dio cuenta de que había un problema, pero no la preocupaba lo más mínimo. La obvia posibilidad de que sus padres hubieran estado mintiéndole nunca pareció cruzarse por su mente». Sin embargo, dice Dawkins, «los años de inocencia infantil pueden pasar demasiado pronto. Amo a mis padres por haberme hecho volar por encima de las frondas, tan alto como una cometa; por haberme contado cuentos sobre el ratoncito Pérez y Papá Noel, sobre Merlín y sus hechizos, sobre el niño Jesús y los Tres Reyes Magos», convirtiendo mi infancia en una «época mágica». Dawkins, sin embargo, no abrazó ninguna creencia de carácter sobrenatural en su adultez.

Una niña normal de seis años, como aquella con la que Dawkins estimó el número de chimeneas, está entrando en la etapa de operaciones concretas de Piaget, por lo que no es sorprendente que viera las implicaciones del cálculo; a ella, simplemente, no la preocupaba. No es que estuviese ofuscada por los embustes de sus padres; es que deseaba sentir aquella magia. Como descubrió Cristine Legare, muchos niños nunca superan lo sobrenatural, manteniendo creencias científicas y sobrenaturales en una y la misma mente. Pero acaban superando a Papá Noel y al ratoncito Pérez. ¿Cómo? ¿Y por qué, para tanta gente, estos son diferentes de la historia del niño Jesús?

Un hecho a destacar es que la joven amiga de Dawkins, probablemente, estaba a punto de dejar de creer en Papá Noel. Un estudio clásico con niños de 4, 6 y 8 años encontró que el 85, el 65 y el 25%, respectivamente, creían en Papá Noel. Para el conejito de Pascua los porcentajes fueron similares, mientras que en el ratoncito Pérez creían más niños de entre 6 y 8 años (60%) que de 4 (20%), probablemente debido a la edad en que se pierde la dentición primaria. La incredulidad aumentó con la edad en los tres grupos: especialmente para el conejito de Pascua (15, 20 y 60% en niños de 4, 6 y 8 años), luego para el ratoncito Pérez (5, 20 y 35%), y menos para Papá Noel (5, 10 y 20%).

Pero hay algo realmente intrigante, el 55% de los niños de 8 años fue clasificado como *en transición* para Papá Noel, frente al 5% para el conejito de Pascua y ninguno para el ratoncito Pérez. ¿Por qué? Bueno, Papá Noel es un elemento cultural de mucha mayor importancia para los padres, las comunidades e incluso las economías. Los padres «organizan» la creencia de sus hijos en Papá Noel mucho más activamente, confabulándose con ellos. Algunos padres afirman creer en Papá Noel, y muchos confiesan sentir tristeza cuando sus hijos dejan de creer en él. La ficción de Papá Noel implica un compromiso cada vez mayor con él, incluso cuando el sentimiento religioso ha declinado.

Mi esposa, la psicóloga del desarrollo Ann Cale Kruger, ha dicho al respecto:

Aún puedo sentir la emoción, la mágica atmósfera de cercanía que supone la existencia de alguien que, atento a mis deseos, trabaja todo el año no solo para mí sino para todos los niños. Otra parte de mi cerebro reflexiona sobre esto y lo que sucede si se pierde esa sensación de asombro y agradecimiento, de saberse objeto de especial cuidado. Hay algo importante en esa atmósfera de cercanía, y es que Papá Noel solo visita a los niños, y solo viene si crees en él. Cuando dejas de hacerlo, niegas la existencia de un ser tan generosamente entregado a los niños. Si eres un niño imaginativo, tienes una relación privada con Papá Noel que es significativa, especial e íntima. Si dejas de creer, creas una ruptura; acabas con una dulce familiaridad.

Recuerdo el momento en que comprendí que todo aquello de los renos dando la vuelta al mundo no podía ser cierto. Había tratado de expulsarlo de mi mente durante años. Era embarazoso. Estaba en sexto grado y aún me aferraba a Papá Noel. Me refiero a mi relación con él; a la idea que encarna. Fue entonces cuando decidí que no dejaría de creer en él, aun siendo consciente de la imposibilidad de cuanto lo rodea. No creo que haya un hombre en el Polo Norte clasificando regalos, pero conservo mi amor a la historia. No creo en el Papá Noel sobrenatural, pero sí en los sentimientos asociados al personaje. Disfruté haciendo realidad esa historia para mi hija. He de mantenerlo vivo ayudándola a ella a creer en él.

La descripción que hace mi esposa de cómo se condujo a partir de los doce años es un claro ejemplo de la *coexistencia de razonamientos* de Legare.

Un estudio con 140 niños judíos estadounidenses mostró que la creencia en Papá Noel y el ratoncito Pérez, aunque menos frecuente que entre los niños cristianos, era común; esta disminuía entre los 3 y los 10 años, y era ajena al fomento paterno e incluso a la experiencia con los rituales. Un estudio de 2015 con 47 niños de 3 a 9 años mostró que su comprensión conceptual de las leyes físicas, tal como Dawkins sospechaba, los ayudaba a determinar lo que pensaban sobre Papá Noel. Sin embargo, a los niños también se les ocurrieron explicaciones provisionales sobre cómo el mito de Papá Noel podría ser cierto a pesar de su imposibilidad física: otro ejemplo más de *coexistencia de razonamientos.*

Pero ¿qué nos dice todo esto acerca de los dioses? En *Why Santa Claus Is Not a God* [*Por qué Papá Noel no es un dios*],

Justin Barrett argumenta que «Dios ha de ser: 1) un concepto contraintuitivo, 2) un agente intencional, 3) poseedor de información estratégica, 4) capaz de actuar en el mundo humano de manera detectable y 5) capaz de inspirar comportamientos que refuercen la creencia en él». Papá Noel es todas estas cosas, pero a pesar de ser más importante que Mickey Mouse, o incluso que el ratoncito Pérez, no es un dios porque no cumple esos criterios para los adultos, sino solo para los niños (con el apoyo de aquellos). Los dioses son menos concretos que Papá Noel, y las expectativas sobre su comportamiento no están tan bien definidas, ni tampoco limitadas a una época particular del año.

Mi esposa asegura haber sido una niña muy imaginativa, y un creciente número de estudios con niños se centra en esta actividad mental, concretamente en los juegos de roles* y los amigos imaginarios. Contrariamente a algunas suposiciones previas, estos estudios muestran consistentemente que los juegos de roles reflejan la capacidad intelectual del niño, incluyendo las funciones ejecutivas y la capacidad de regulación de las emociones. Los niños que los practican son menos tímidos. La flexibilidad de la fantasía se relaciona con algunas habilidades mentales muy prácticas; aparentemente, es algo saludable. Pero algunos niños llevan los juegos de fantasía un paso más allá, creando amigos imaginarios. ¿Supone esto también una ventaja?

Uno puede ver a Papá Noel como un amigo imaginario que comparte con otros niños, y al que tiene especialmente presente durante una temporada al año. Pero entre el 15 y el 25% de los niños en edad preescolar tienen amigos imaginarios de invención propia —sin el estímulo de los padres, e incluso con su oposición—, que son de su exclusiva pertenencia. Los amigos imaginarios están asociados con la teoría de la mente y predicen la comprensión de las emociones más avanzada la infancia. No son un sustituto de las amistades de carne y hueso; los niños con amigos imaginarios poseen una mayor capacidad para representarse las caracte-

---

* *Pretend play* en el original. N del T.

rísticas mentales de sus amigos reales. Los amigos imaginarios y sus beneficios se extienden, en algunos niños, hasta la infancia media*.

Se dice que Dios es el amigo imaginario que nuestros padres no quieren que abandonemos. Tanya Luhrmann estudió a creyentes evangélicos que a menudo se sienten acompañados por Cristo en persona y que, para hacerlo más real, cultivan ciertos estados mentales y organizan encuentros como reuniones para tomar café. La niña afroamericana a quien Robert Coles entrevistó dijo que la presencia de Dios le había dado el coraje para atravesar una multitud de exaltados fanáticos hacia una escuela mixta. El compañerismo divino (que no es un sustituto del compañerismo humano, sino otro tipo de alianza) es una función clave de muchas religiones: una que a menudo ignoran los ateos críticos, que tienden a centrarse en el miedo a la muerte. Pero ¿cómo funciona la conciencia de la muerte en la vida de los niños?

Los puritanos inculcaban el temor de Dios en un contexto en el que la alta tasa de mortalidad hacía que el fin del mundo pareciese a la vuelta de la esquina. No todas las culturas donde la muerte es anormalmente frecuente conducen a los niños a la culpa y al miedo, pero dadas las extravagantes creencias de los puritanos sobre el más allá, los hijos de estos sentían que debían asegurarse la salvación; ni los castigos más severos que sufrían, pensaban ellos, podían compararse con los fuegos del infierno. Sin embargo, los niños tienen que lidiar con la muerte aun donde la frecuencia de esta es normal, y empiezan a hacerlo durante la transición a la infancia media. Antes de los 5 años tienden a pensar que la muerte es algo reversible, como viajar, dormir o enfermar, aunque ya se les ha ocurrido pensar que sus padres podrían morir. Pero alrededor de los 7 años, comienzan a verla como algo inevitable e irreversible.

La muerte sigue siendo algo remoto para la mayoría de los niños hasta la edad de 10 u 11 años, cuando comprenden

---

* De 7 a 11 años. N del T.

que su universalidad significa que «también me alcanzará a mí». Pero los niños difieren entre ellos al respecto, y los estudios interculturales revelan diferencias adicionales. Un estudio de 2017 que comparó niños, adolescentes y adultos de Vanuatu (en el Pacífico Sur) con otros de Austin (Texas) reveló, en ambas culturas, creencias en la persistencia de algunos aspectos de la vida individual después de la muerte, aunque los detalles de lo que creían persistente diferían en ambos grupos. En las zonas rurales de Madagascar, los adolescentes y los adultos creen que la vida mental de sus antepasados, que son fundamentales para su fe, sobrevive a la muerte.

En un conmovedor estudio, Bonnie Hewlett entrevistó a niños de dos culturas vecinas —los agricultores ngando y los cazadores-recolectores aka— en la República Centroafricana, ambas con altas tasas de mortalidad. Todos los adolescentes entrevistados entendían el carácter definitivo de la muerte, sin embargo, muchos creían que las personas buenas poseen un espíritu que asciende a un lugar parecido al cielo, mientras que el espíritu de las malas es arrojado al bosque para que llore. El apoyo emocional y físico a los niños con pérdidas familiares cercanas era fuerte en ambos grupos, a pesar de las diferentes costumbres funerarias y el duelo formal más prolongado entre los ngando. Los niños y adolescentes expresaron profundos sentimientos de amor y pérdida.

Hasta el reciente desarrollo de las diferentes subculturas de *ningunos*, en todas partes del mundo la mayoría de la gente creía que algo importante persiste después de la muerte. Los ejemplos incluyen culturas que rinden culto a los antepasados, culturas en las que los muertos son castigados o recompensados, culturas en las que los espíritus coexisten con los dioses y culturas en las que uno renace en otra forma de vida. La creencia en el renacimiento después de la muerte casi siempre implica el olvido de las vidas anteriores, aunque esto tiene una gran importancia espiritual y moral. Entre los niños de muchas culturas, la complejidad de su pensamiento respecto a, así como su compromiso con, tales ideas aumenta —temporal o permanentemente— durante la adolescencia. Si las creencias religiosas fueran únicamente el resultado del adoctrinamiento infantil, ¿por qué aumentarían a medida que la infancia retrocede y se establece la independencia?

Algunos cambios psicológicos y conductuales se deben a la dinámica hormonal programada. Los genes desempeñan un papel, pero los factores culturales —incluidas las influencias de los compañeros de juegos— son, al menos, igual de importantes: los adolescentes expuestos al sexo, la violencia y el abuso de sustancias tóxicas tienen muchas más probabilidades de sufrir una crisis de desarrollo. Muchas tradiciones guían el desarrollo adolescente más de lo que lo hacen las occidentales. Nosotros decimos —aunque lo hagamos tácitamente—: «Pronto tendrás que cuidar de ti mismo», y el comportamiento de oposición se debe en parte a este mensaje. En las culturas tradicionales, los roles adultos esperados son más claros y las opciones menores, pero uno sabe que tiene un lugar permanente en el mundo en el que creció. Sin embargo, tales culturas exigen compromisos al futuro adulto, a menudo a través del ritual. En ellas se marcan las transiciones de la vida —nacimiento, matrimonio, paternidad, muerte— con ritos simbólicos, para mostrar que tales eventos no son solo de naturaleza biológica; no obstante, hay formas correctas e incorrectas de pasar por ellos. Los ritos de paso, a menudo alrededor de la pubertad, se conservan en muchas culturas: el 79% de las sociedades poseen rituales de iniciación para las niñas; el 68%, para los niños.

Para los aborígenes australianos, las ceremonias comienzan con la preparación de un terreno sagrado, a menudo un espacio circular conectado a un segundo círculo. Los hombres se apartan ritualmente de las mujeres. Los kamilaroi plantan un poste alto decorado con plumas de emú en uno de los círculos; el otro lo trazan alrededor de dos árboles ungidos con sangre humana y parte de sus raíces al aire. Dos ancianos trepan a estos árboles y cantan las tradiciones de la *bora*, las cuales recrean el primer ritual de este tipo, con dioses, antepasados, animales y los primeros jóvenes que pasaron por él al comienzo del tiempo humano, devueltos todos al presente en cada celebración. En varias partes de Australia se aislaba a los niños pubescentes, se les privaba de alimentos y agua, o eran sometidos a dolorosas intervenciones como la circuncisión y la subincisión del pene. «El neófito es, al mismo tiempo, preparado para las responsabilidades de la vida adulta y progresivamente despertado a la vida del espíritu mediante la instrucción a través de mitos, bailes y pantomimas. Las pruebas físicas tienen un objetivo: introducir al joven en la cultura tribal, "abrirlo" a los valores espirituales. Los etnólogos han quedado impresionados por el intenso interés con que los novicios escuchan las tradiciones míticas y participan en la vida ceremonial».

Entre los san, las niñas tienen su ritual durante la primera menstruación. Cuando la niña ve una mancha de sangre menstrual, dondequiera que ella se encuentre, de día o de noche, debe sentarse en el suelo, guardar silencio y esperar... aunque los leones o las hienas puedan detectarla. Pero las mujeres de su familia están prevenidas, y pronto dan con ella y la llevan a un lugar próximo a la aldea. Allí construyen una choza de hierba solo para la novicia. Todas las mujeres empiezan a bailar, armando más alboroto conforme pasan el día y la noche; moviéndose despreocupadamente alrededor de la choza, solo visten un pequeño mandil de piel para ocultar el pubis. A veces se lo levantan para mostrar sus genitales, provocando explosiones de risa. Cantan, bailan y baten palmas sin parar. Ningún hombre se atreve a acercarse. En medio de esta jarana, la niña menstruante permanece sentada en la cabaña, sobrecogida, sin hablar ni reír, pero captando el mensaje: se trata de una celebración de la feminidad san, a la que ahora ella pertenece.

Entre los baka, cazadores-recolectores de Camerún, se acostumbra a afilarles los dientes a los niños mayores de 11 o 12 años: una señal permanente de resistencia y madurez, sin mencionar que ello los hace más atractivos. El niño permanece inmóvil, mordiendo un trozo de madera, mientras un pariente lima sus incisivos centrales. Si se queja, otro hombre puede aplicarle una piel de plátano caliente para consolarlo. Los otros niños miran y se burlan de su amigo mientras este abandona la infancia. (Si esto le parece cruel, piense en la ortodoncia).

La búsqueda de visiones entre los nativos americanos era estresante de un modo diferente. Entre los cazadores de bisontes de las Grandes Llanuras, los niños se purificaban en la cabaña del sudor, con sus cuerpos embadurnados de arcilla blanca. Cada niño tenía que salir solo y desnudo y dirigirse a un lugar aislado, accesible a los espíritus, donde ayunaría durante días con un objetivo: alcanzar un estado mental alterado que le traería su visión. En esencia, debía llegar hasta el delirio mediante la exposición al frío, la soledad, el hambre, la sed y el miedo a los pumas, los osos y las partidas de guerreros enemigos. En su visión, un espíritu acudía personalmente a él: un antepasado, un animal, una planta, incluso una tormenta; este era su espíritu guardián, el cual, trascendida ya la infancia, le proporcionaba una nueva identidad.

En el *bar mitzvah* («hijo de los mandamientos») judío, un niño a los 13 años se convierte, en términos religiosos, en un hombre. Tradicionalmente, el niño decía una bendición antes y después de leer un pasaje de la Torá, y asumía la responsabilidad de sus propios pecados. El rito hoy día es mucho más elaborado, y puede llegar a ser estresante. El niño debe dominar la compleja música para la porción semanal de la Torá, cantar largos pasajes en hebreo, a menudo guiar a la congregación durante buena parte del servicio y pronunciar un discurso en inglés elaborado por él mismo. A principios del s. XX, las niñas adoptaron un ritual análogo: el *bat mitzvah*, que ha acabado por imponerse. Para los niños de ambos sexos supone un gran esfuerzo y meses o años de preparación. Como todos los ritos de iniciación, posee un fuerte poder simbólico.

Todos estos rituales de la mayoría de edad cumplen al menos tres funciones. Primera: a menudo implican estrés, dolor o miedo, con la intención de conferir una fuerte identidad adulta: «Puedo resistirlo como hicieron mis mayores, así dejaré de ser un niño»; o en la lógica emocional del ritual: «lo que no me mata me hace más fuerte». Segunda: al igual que las novatadas en las fraternidades universitarias, los ritos de la pubertad hacen que los iniciados se sientan parte de la comunidad. Ellos están dentro, y aquellos que son demasiado jóvenes o pertenecen a otras culturas (o al otro sexo) están fuera: se les tiene lástima o se les desdeña. Tercera: el ritual es un momento de aprendizaje. Por lo general, la instrucción formal está incluida en el ritual, aun en culturas que carecen de ella en otros contextos. En tales momentos, los ojos del niño están muy abiertos por el miedo y el estrés y, finalmente, por la euforia. Sus mayores le dicen explícitamente: «Esto es lo que significa ser un hombre sioux, una mujer san, un judío adulto. Estas son nuestras costumbres. Ahora son tus obligaciones y tus privilegios». El ritual hace que estas lecciones sean recordadas vívidamente, y el estrés las arraiga en un nivel emocional profundo. Además, los ritos poseen una fuerte dimensión religiosa. En la mayoría de las culturas, la vida es inseparable de la religión y la espiritualidad, y convertirse en una mujer o un hombre es inseparable de la iniciación en la fe de sus antepasados. Tales ritos lo preparan a uno para traer al mundo a la siguiente generación, que a su vez transmitirá las creencias del pasado.

La adolescencia es un periodo de divergencias paradójicas. Los malos comportamientos respaldan el concepto que se tiene de ella como una fase problemática de la vida. Pero también puede ser una época de altos ideales: caridad, patriotismo, religiosidad, música, escultismo, atletismo, conservacionismo, pacifismo, integración racial, disciplina militar, ayuda a los necesitados, guerra santa y martirio... junto con objetivos más específicos que ponen al adolescente en el camino de convertirse (en las culturas occidentales) en carpintero, piloto, bombero, médico, ministro, bailarín o soldado. Divergimos en la pubertad debido al azar y a nuestra experiencia y biología únicas.

La búsqueda de ideas e ideales es común a muchas culturas. Los jóvenes, a lo largo de la historia, han sido un elemento clave en todas las revoluciones: son ingenuos, amantes del riesgo, idealistas y oposicionistas por definición. Son capaces de imaginar un futuro mejor y sus ambiciosas demandas provocan cambios. La iniciación tradicional refrena estas fuerzas, pero las dinámicas emocionales están en marcha, más allá de los ritos, en demanda de un contexto social sólido. Amigos, compañeros sentimentales, hermanos, padres, escuelas, maestros, clérigos, otros adultos y medios transmiten la cultura durante este período.

¿Puede la iniciación proteger a los jóvenes del lado oscuro de la vida? En su introducción a *Los ritos y símbolos de la iniciación* de Eliade, Michael Meade advierte: «En vez de someterse a un rito creado para el abandono de los juegos de la infancia, mediante pruebas de lucha emocional y alerta espiritual, pandillas de jóvenes heridos de ceguera se despojan de su ceguedad en la oscuridad y, atacando a máscaras de sí mismos, escupen balas de odio a otros grupos que son su imagen especular (...) Negar que cada individuo ha de luchar en los umbrales de su autodescubrimiento espiritual y emocional acaba por destruir cualquier conciencia compartida de la santidad de la vida».

Es una visión extrema de lo que ocurre en ausencia de ritos de iniciación, pero crecientes evidencias respaldan los efectos protectores de los marcos de referencia religiosos. La religiosidad personal, al igual que la familia, protege y aparta a los adolescentes de la delincuencia juvenil. Un estudio longitudinal de 3.000 jóvenes de 12 a 16 años, en una muestra representativa de los EE. UU., empleó un modelo de ecuaciones estructurales (MES) para la estimación de la causalidad. La religiosidad familiar predijo una dedicación más efectiva a los hijos, vínculos más estrechos con los padres y un mayor compromiso con los estudios, todo lo cual reduce la delincuencia. En un estudio de 2017 sobre 1.300 adolescentes afroamericanos, tanto la religiosidad extrínseca (asistencia a la iglesia) como la intrínseca (oración y valoración de la fe como importante) amortiguaban la depresión en respuesta a eventos estresantes de la vida, incluido el racismo. La mayoría de los adolescentes del estudio obtuvo puntuaciones altas en religiosidad extrínseca e intrínseca, aunque ambos tipos de religiosidad disminuían conforme los adolescentes crecían.

Otros estudios encuentran patrones complejos. En uno, estudiando una muestra de 220 jóvenes, se halló una menor propensión a mostrar psicopatología internalizada y/o externalizada en un grupo de adolescentes «altamente religiosos» (creyendo y participando comunalmente), que en otro grupo «poco religioso» o en uno mixto que, puntuando alto en algunas medidas, puntuaba bajo en prácticas religiosas privadas. Además, diferentes tipos de religiosidad pueden tener efectos positivos o negativos en los hábitos relacionados con la salud de los adolescentes.

Claramente, nos queda mucho por aprender. A menudo los adolescentes profundizan en su compromiso y exploración religiosos, a veces para rebelarse o perder la fe posteriormente —tal fue mi caso—. Como hemos visto, la heredabilidad de muchos rasgos psicológicos parece más débil en los adolescentes porque hay mucho «ruido» —influencias hormonales, experienciales, sexuales, políticas, escolares y de compañeros— interfiriendo en las correlaciones nítidas. Se ha dicho, acertadamente, que en la infancia la influencia del vínculo siempre triunfa sobre la autenticidad. Es en la adultez temprana, cuando comienza a afirmarse esa persona que realmente sentimos que somos.

Es claro que el simple adoctrinamiento no puede explicar la complejidad del desarrollo religioso. Hay adoctrinamiento —uno podría decir lo mismo sobre el idioma, la nacionalidad y los deportes—, pero también hay genes, apego positivo y negativo, imaginación, individualidad, estados alterados de conciencia, crisis de identidad, valores familiares, compañeros y búsqueda, por nombrar solo unos pocos factores.

King y Boyatzis proponen un término, «espiritualidad reciprocante»[*], en el que han pretendido plasmar la esencia de ese flujo bidireccional de cambios internos e influencias externas, responsable de las adaptaciones que los jóvenes

---

* *Reciprocating spirituality* en el original. N del T.

desarrollan a medida que avanzan hacia las creencias de los adultos... o a la falta de ellas. Como aproximación, creo que es mucho mejor que la del «adoctrinamiento». Pero si existen aspectos de la espiritualidad que son innatos, ¿por qué están ahí?

IX

ASOMBRO EN EVOLUCIÓN

Una observación de chimpancés salvajes: Harold Bauer, trabajando a la sazón con Jane Goodall en el arroyo Gombe en Tanzania, siguió a un macho bien conocido a través de la espesura hasta que este se detuvo cerca de una catarata. Se trataba de un lugar extraordinario: una corriente de agua precipitándose en cascada desde una altura de 83 m, chocando contra la balsa del fondo y arrojando una columna de niebla de 230 m. Un espectáculo imponente..., al menos para una persona. Contemplándolo, el chimpancé parecía perdido en un ensueño. Se aproximó y, balanceándose rítmicamente, mostró su entusiasmo lanzando alaridos entrecortados. Más excitado, empezó a corretear de un lado a otro dando saltos, lanzó gritos más fuertes y golpeó los árboles cercanos con los puños. El comportamiento de aquel ejemplar se asemejaba al observado por Goodall en grupos de chimpancés durante las tormentas: la «danza de la lluvia». El de Bauer, empero, estaba solo.

La «danza» de aquel chimpancé duró el tiempo suficiente para que necesitase ser explicada, y se repitió ante la cascada en días sucesivos. Otros chimpancés también la practicaron. Ninguno tenía un interés práctico en la cascada. No bebieron en la balsa ni cruzaron la corriente. De haber supuesto un peligro para ellos, podrían haberla evitado fácilmente. Para algunos, sin embargo, constituía un espectáculo ante el que se recreaban con creciente entusiasmo y al que necesitaban regresar. ¿Suponía aquello algo hermoso a su vista, un objeto de curiosidad, un desafío, un fetiche, una criatura imaginada, una revelación, un dios..., o era solo una confusa mezcla de miedo y fascinación lo que los atraía y cautivaba? No lo sabemos.

A una criatura similar, hace seis millones de años —cuando nos separamos de los chimpancés—, ciertas manifestaciones de la naturaleza debieron de provocarle una respuesta semejante. Si no una cascada, tal vez el panorama desde la cima de una montaña, una puesta de sol entre nubes de tormenta, un volcán en erupción, las olas de un mar embravecido: algo que captó la atención de la criatura obligándola a mirar, a moverse y mirar de nuevo; algo que la hizo regresar al lugar, aunque no para nada «biológico» como alimentarse, beber, reproducirse, dormir, pelear, huir..., nada animal. Un momento semejante, para una criatura semejante, fue el amanecer del asombro, de la maravilla. Según una narración reciente, Jane Goodall se plantó ante la cascada y dijo:

> Cuando los chimpancés se aproximan, oyen este rugiente estruendo, y puedes ver cómo se les eriza el pelo; entonces se mueven un poco más rápido (...) Se balancean rítmicamente, a menudo en posición erguida, levantando grandes rocas y arrojándolas al agua durante unos diez minutos. A veces trepan por las enredaderas a un lado de la cascada y se columpian hacia la nube de rocío (...) Más tarde puedes verlos sentados en una roca en mitad de la corriente, observando el agua mientras cae y viendo luego cómo se va. No puedo evitar sentir que esta maravillosa exhibición o danza sea tal vez provocada por sentimientos de asombro o maravilla como los que experimentamos nosotros. El cerebro de los chimpancés es muy parecido al nuestro; ellos tienen emociones similares o idénticas a las que llamamos felicidad, tristeza, miedo, desesperación (...) entonces ¿por qué no habrían de experimentar sentimientos de alguna clase de espiritualidad, la cual, en realidad, no es más que el asombro ante las cosas que nos rodean?

Jane Goodall continúa hablando de la «danza de la lluvia»:

> Siempre ocurre al comienzo de las fuertes lluvias. Lo he visto un par de veces, cuando un viento repentino viene rugiendo a través del valle (...) Tal vez se trate de un desafío a los elementos, un desafío a la lluvia. Tal vez se trate del mismo tipo de asombro que les inspira la cascada. Creo que los chimpancés son tan espirituales como nosotros, solo que ellos no pueden (...) describir lo que sienten. Todo está encerrado en su cabeza, y la única forma que tienen de expresarlo es mediante esta fantástica danza rítmica.

Se han visto chimpancés practicando la danza de la lluvia en otras partes de África; y en 2010, Jill Pruetz y Thomas La-Duke observaron un comportamiento similar ante un incendio forestal en Senegal. Los chimpancés, normalmente, se conducen con calma durante los incendios, probablemente porque pueden predecir colectivamente la dirección y la velocidad con que se extenderán —esta capacidad podría beneficiarse de un dispositivo protohumano de detección de agentes—. Pero al declararse un incendio en el cauce seco de cierto arroyo, los chimpancés treparon a un baobab...

> no para alimentarse, aunque allí podían encontrar enredaderas con frutos comestibles (...) En su ascensión al árbol, primero se movieron cerca del fuego, alcanzando luego alturas de más de 10 m. El macho dominante, demorándose al final, realizó una exhibición lenta y exagerada «hacia» el fuego, análoga a la «danza de la lluvia». A medida que el fuego se aproximaba, los individuos iban acomodándose en la parte superior del árbol. Poco antes de que las llamas alcanzaran el tronco, empero, todo el grupo descendió formando una hilera en dirección al fuego. Las llamas treparon hasta más de la mitad del árbol.

Pruetz cree que hubieron de conceptualizar el fuego para superar su miedo. «Los chimpancés de todo el mundo practican lo que ha dado en llamarse "danza de la lluvia", y esta es solo una gran exhibición masculina (...) Los machos se exhiben por diferentes razones, pero cuando se aproxima una gran tormenta, realizan esta exagerada exhibición, cuyos movimientos parecen ejecutados a cámara lenta. Cuando estuve con aquel grupo de chimpancés en Fongoli, el macho dominante hizo lo mismo de cara al fuego, de modo que llamé "danza del fuego" a aquella exhibición. Esta no iba dirigida a otros miembros del grupo, sino al fuego mismo».

Aunque entre los antiguos romanos ya se manejaba el concepto de evolución —el cambio operado a lo largo del tiempo en las especies animales—, no se tuvo una idea más clara del funcionamiento de este proceso hasta mucho más tarde: «Los animales entablan una lucha por la existencia, por los recursos, para evitar ser comidos y para reproducirse. Los factores ambientales influyen en los organismos haciendo que desarrollen nuevas características que aseguren su supervivencia, transformándose así en nuevas especies. Los animales que sobreviven para reproducirse pueden transmitir sus características a su descendencia». He aquí un buen resumen de cómo funciona la evolución, que podría haber escrito el propio Darwin, aunque en realidad es obra del filósofo bagdadí del siglo IX Al-Jahiz. El proceso fue redescubierto por Darwin, y de forma independiente por Alfred Russel Wallace, en un momento más afortunado de la historia, que les permitió reunir un gran cuerpo de evidencias sistemáticas procedentes de la anatomía comparada, la embriología, la variación de los animales y las plantas bajo domesticación, y los registros fósiles.

Pero la observación clave, realizada por Darwin durante su viaje alrededor del mundo, fue que los organismos están exquisitamente adaptados a sus entornos. Este fue uno de los tres pilares de su teoría: 1) los organismos están adaptados, pero —dentro de una población— algunos están mejor adaptados que otros; 2) las diferentes adaptaciones deben ser en cierta medida heredadas; y 3) estas diferencias parcialmente heredadas dejan diferentes números de descendientes (diferente éxito reproductivo). Darwin no dijo mucho acerca de la religión, aunque le preocupaba la tensión creada entre su visión de la historia de la vida y la fe cristiana. Una de las razones por las que retrasó la publicación de *El origen de las especies* fue que su amada y devota esposa Emma temía por su alma inmortal..., con la que ella no esperaba encontrarse en el cielo.

Él era consciente de ello. Ya en 1838, escribió en su cuaderno: «El origen del hombre ha quedado ahora probado (...) Quien entienda al babuino hará más por la metafísica que Locke». Cerca del final de *El origen de las especies*, Darwin escribió: «La psicología se fundará sobre una nueva base: la necesaria adquisición de cada poder y capacidad mental por gradación. Se arrojará mucha luz sobre el origen del hombre y su historia». Y cerró la obra diciendo que «de la guerra de la naturaleza, del hambre y la muerte resulta directamente el objeto más puro que podamos concebir, esto es, la producción de los animales superiores. Hay grandeza en esta visión de que la vida, con sus diferentes fuerzas, ha sido infundida por el Creador en unas pocas formas, o en una sola; y que mientras este ciclo sigue la inmutable ley de la gravedad, un sinfín de las formas más bellas y maravillosas han evolucionado y siguen desarrollándose». Su objetivo, lejos de ser ateizante, era ofrecer una nueva visión del «Creador» y el proceso de creación.

A pesar de la aparente teleología, sabemos que Darwin no veía a la humanidad (al contrario de lo que muchos hicieron y siguen haciendo) como el objetivo inexorable de la evolución, la punta del árbol de la vida. Él, más bien, nos vio como una ramita en un vasto y frondoso arbusto. De hecho, dejó un esbozo de ello entre sus papeles, en un texto manuscrito bajo el encabezado «Pienso». Y en privado aun podía sonar un tono más oscuro, como en esta nota escrita al botánico Joseph Hooker unos años antes: «¡Menudo libro podría escribir un capellán del diablo sobre las desatinadas, derrochadoras, torpes y crueles obras de la naturaleza!»

Un año después de la aparición de *El origen*, Darwin escribía sobre religión, de forma más sosegada, en una carta al reverendo Asa Gray: «Siento en lo más profundo de mi ser que esta cuestión de la Creación es insondable para el intelecto humano; ¿se imagina un perro especulando sobre la mente de Newton?». Sin embargo, once años más tarde, en *El origen del hombre*, Darwin reflexionó al respecto, escribiendo que el sentimiento religioso «se compone de amor, de una sumisión completa a un ser superior misterioso y elevado, de un fuerte sentimiento de dependencia, de miedo, de reverencia, de gratitud, de esperanza en el porvenir, y quizá de otros elementos. Ningún ser podría experimentar una emoción tan compleja sin haber alcanzado sus facultades intelectuales y morales un nivel moderadamente alto». Aquí aparece su habitual respeto por la complejidad, y la idea de que una dimensión tan grande de la vida ha de contribuir a muchas funciones.

Darwin, empero, enumera elementos que no todas las religiones comparten. Los san viven intensas experiencias en un intrincado sistema de creencias que incluye dependencia pero no amor, misterio pero no exaltación, miedo pero no reverencia, esperanza en el porvenir pero escasa gratitud. Ellos son politeístas, tienen diferentes dioses con diferentes características. En la «aldea de los espíritus» habitan las almas de los muertos, quienes también influyen en los vivos. Pero su efecto sobre estos no es benigno, por lo que la actitud de las personas hacia el mundo espiritual no puede ser de agradecimiento o alabanza.

Los eipo —agricultores, criadores de cerdos y, tradicionalmente, guerreros del oeste montañoso de Nueva Guinea— eran igualmente escépticos sobre los espíritus ancestrales y naturales que los rodeaban. Los mortíferos poderes de estos espíritus podían desencadenarse de súbito por una violación de las normas sociales, y debían ser aplacados mediante elaborados rituales. Otros rituales aseguraban el éxito de la caza apaciguando los espíritus de las presas, o tenían por objeto facilitar los partos.

Poco más o menos podría decirse de las creencias chamánicas que hallamos entre los cazadores-recolectores del mundo; de las religiones que incorporan la hechicería en muchas culturas tradicionales; de las potencias divinas negativas en las civilizaciones antiguas —deidades hambrientas de corazones humanos palpitantes o que se alzan con el mar para aniquilar pueblos indefensos, entre otras—; del poder destructivo de Shiva y los peligros de los demonios budistas; del diablo y su satánica legión de duendes y diablillos —restos, tal vez, de una zoroástrica división dualista entre dioses buenos y malos—. Es mucho lo que aún queda por explicar.

Por tanto, no es sorprendente que teorizar sobre los orígenes de la religión sea ahora una industria casera, incluyendo ideas tales como que la religión es una adaptación que evolucionó específicamente para controlar la ansiedad y la depresión; que mejoró la cohesión grupal y fue favorecida por la selección grupal; que dio a algunos individuos control sobre el resto del grupo; que evolucionó como una onerosa exhibición de compromiso y altruismo que aumentó el éxito reproductivo; o que no fue más que un subproducto de nuevos poderes cognitivos, los cuales tenían valor adaptativo mientras que la fe en sí no lo tenía.

Todas estas teorías pueden ser parcialmente ciertas. En su mayoría se centran en la comunidad, precisamente la dimensión de la fe que William James desestimó. Este reconoció que algunas de las principales figuras religiosas —santos y demás— inducen con su compromiso a quienes los suceden a fundar nuevas religiones. Pero a James también le fascinaban las figuras desconocidas: los «nacidos de nuevo», los que oran, los que meditan, los que se topan en privado con el conocimiento y el éxtasis. Me gusta preguntarles a quienes solo conciben la fe en comunidad si a Robinson Crusoe le serviría de algo la religión en su isla desierta. Yo creo que sí le serviría, tal vez más que al resto de nosotros.

Algunos responden que la experiencia de Robinson Crusoe es demasiado rara para tener alguna relevancia en la evolución. Yo no lo veo así. De hecho, creo que la de Robinson es la experiencia de todos nosotros. Nos hallamos solos en nuestras islas privadas, no importa lo mucho que amemos y seamos amados o el éxito social de que disfrutemos.

En su intimidad, muchos *ningunos* realizan actividades que, sin tener relación alguna con la religión, los confortan: jardinería, carpintería, arreglos florales, pintura, escritura...; para ellos es un hábito de higiene mental. Los chimpancés muestran —aparentemente— asombro ante una cascada, solos o en compañía de otros. Pero muchas personas encuentran, en soledad, un compañero espiritual: la niña hopi que hizo del halcón y la nube de tormenta sus compañeros; los jóvenes indios de las llanuras con su espíritu personal, surgido de una búsqueda de visiones; la niña afroamericana sonriéndole «a Dios».

La investigación sobre los evangélicos de la antropóloga de Stanford Tanya Luhrmann muestra cuán cuidadosamente cultivan estos su relación con Jesús: concertando citas con él o preparando, una mañana cualquiera, una taza extra de café cuando están solos. Como dice en su libro *When God Talks Back* [*Cuando Dios responde*], «ellos sienten parte de su mente como la presencia de Dios». Luhrmann hace hincapié en el aprendizaje, especialmente en el autoentrenamiento —ella lo llama la «hipótesis de absorción»—, como una vía hacia este estado mental. Podría decirse que esto es lo opuesto a la hipótesis del «lavado de cerebro», común entre los ateos beligerantes.

Para los san, los espíritus ancestrales pueden ser malignos, pero siempre están ahí, interesándose por ellos y dándole sentido a cada uno de sus actos y pensamientos. Un amigo mío, un rabino ortodoxo nonagenario con un pícaro sentido del humor, suele decir: «Dios es un judío observante*». Dios siempre está observándonos. Dios se interesa por él, por usted, por mí: por todos, aunque mi amigo cree que Dios espera más de los judíos. Es por esto que él repite docenas de bendiciones todos los días de la mañana a la noche: desde «Bendito seas, oh Dios, que sacas el pan de la tierra», hasta agradecerle a Dios —cuando sale del baño— que todas las partes de su cuerpo funcionen, pues

---

* Un juego de palabras con dos de las acepciones de este verbo: cumplir la ley (mosaica) y mirar con atención. N del T.

«aunque una sola fallara», la vida fallaría. Los judíos observantes creen que Dios los observa, y la mayoría de ellos lo agradece.

Los judíos con inclinaciones místicas ven la presencia de Dios como la Shejiná; según la Cábala, el aspecto femenino y compasivo de Dios. El rabino Leví Itzjak, líder del revolucionario movimiento religioso judío jasídico, era conocido por criticar a Dios. También lo era por una canción extática, compuesta en yidis y basada en el Salmo 139, en la que se repite el pegadizo estribillo «Tú, Tú, Tú»:

Adonde yo voy, Tú,
donde yo estoy, Tú,
solo Tú, solo Tú (...)
Cuando estoy feliz, Tú,
cuando estoy triste, Tú;
Tú, en todas partes Tú,
Tú, Tú, Tú (...)

Puede que parezca más deísta o panteísta que judío, pero es personal y presagia el *Yo y tú* del filósofo Martin Buber.

Una familia hindú que conozco bien a través de tres antiguos alumnos —ahora todos médicos como sus padres— ha prosperado extraordinariamente. El padre, un cirujano educado originalmente en la India, miró a su alrededor una noche y dijo: «Laksmí ha sido generosa con nosotros». Su esposa, médico de familia, convino con él. Laksmí es la diosa de la prosperidad, y estos doctores, cultos y excelentes profesionales, creen que ella está en cierto sentido con su familia. Ambos dirán que creen en un Dios (quizá el Dios de los Vedas), pero para ellos la preocupación de este por su familia se manifiesta en la generosidad de Laksmí, al igual que para muchos judíos Dios lo hace en la Shejiná, y para los cristianos en Jesús.

Los escépticos dicen que estas personas, al reemplazar los vínculos humanos reales con otros imaginarios y sobrenaturales, se engañan a sí mismas. Pero la mayoría de ellas también mantiene estrechas relaciones con otras personas que, a su vez, tienen sus propios vínculos sobrenaturales. Si la fe evolucionó como una adaptación comunitaria, ¿cómo podría mantener a las personas separadas? El compañerismo sobrenatural es importante. Los ateos que piensan que la religión se funda únicamente en el miedo a la muerte olvidan funciones humanas clave, una de las cuales es un compañerismo que hace de cada momento de la vida algo comprensible y significativo. Esa necesidad de «¡mírame, mami!» que todo niño tiene (y que no compartimos con los chimpancés), identificada por la psicóloga Ann Kruger como comunión, también se da cuando una parte de nuestra mente es Dios. Un Robinson Crusoe religioso nunca se siente solo.

Consideremos algunas explicaciones evolutivas formales. Según la postura más simplista, la religión es un subproducto de habilidades mentales, emocionales y sociales humanas desarrolladas por otros motivos —otros propósitos adaptativos—, y no cumple ninguna función adicional. No es más que el precio que pagamos por ser inteligentes, sensibles y sociables. Explicaré por qué encuentro esta idea poco convincente. Otros argumentos evolutivos más plausibles incluyen una reforzada solidaridad grupal frente a amenazas externas; la reducción de la ansiedad ante las enfermedades y desastres naturales; la preservación del orden cuando algunos individuos se comportan inmoralmente y explotan a otros; y el fomento de la reproducción mediante la valorización de los niños y la ayuda a las familias.

Volveremos en busca de evidencias para estas explicaciones, pero veamos antes lo que ha sucedido en la larga historia de la religión. Hemos considerado las «formas elementales» de Edward Tylor y Émile Durkheim en las sociedades más simples: confirmadas, rechazadas o desarrolladas durante dos siglos de antropología. Adentrándonos en la religión de la danza extática de los bosquimanos del Kalahari, nos hemos encontrado con estas personas valientes y enérgicas, seguidoras de una antigua tradición que emplea música, danzas complejas y estados de conciencia profundamente alterados para llegar hasta sus dioses y antepasados e influir en ellos —no rogándoles, sino engatusándolos e incluso reprendiéndolos— a fin de atenuar el daño que hacen a los humanos. Su cultura gira alrededor de este ritual y del asombro que inspira en ellos.

Hemos analizado las iniciaciones rituales, centradas en un momento de la vida en que la mente adolescente está abierta a la inspiración y la instrucción, que transforman niños desorientados en adultos que saben lo que significa participar de una fe, una cultura y mundo social particulares; un acontecimiento en el que los jóvenes son explícitamente enseñados —no solo alentados a observar e imitar—, y en el que los padres y abuelos reafirman, a través de sus hijos y nietos, su propia fe y compromiso con la tradición. Pero en cualquier religión «primitiva» hay muchas más cosas. Entre los mbuti del bosque de Ituri en el Congo, los jóvenes —mayores que los niños a los que se les afila los dientes en la pubertad— aprenden a matar elefantes; a una exitosa jornada de caza le sigue un día de ritual e intercambio de narraciones que promueve la solidaridad. Cuando los sirionós del este de Bolivia cazan un valioso ejemplar de águila harpía, frotan ritualmente sus cuerpos con las plumas de esta para absorber su poder.

Megan Biesele tituló *Women Like Meat* [*Mujer como carne*] su libro sobre los mitos de los !kung. En otros dos grupos de cazadores-recolectores —los hadza y los ache— la admiración por los grandes cazadores lleva a las mujeres a elegirlos como compañeros, aunque la carne se comparte con toda la comunidad. Incluso muchas otras culturas, que no eran ni cazadoras ni recolectoras —como los masáis de Kenia—, hicieron de la caza un elemento central de los rituales de virilidad, y basta una visita a cualquier museo de arte para comprender la importancia de la celebración de la caza. Las distintas tradiciones literarias, desde la antigua Grecia y China hasta Tolstoi y Faulkner, describen los rituales de la caza.

La mayoría de las culturas hace del matrimonio un momento sagrado y tiene ritos para honrar a los difuntos. Incluso una especie primitiva como el Homo naledi se deshizo de sus muertos durante generaciones depositándolos en una profunda cueva. Los neandertales, muy probablemente, poseían rituales sistemáticos y enterraban intencionadamente a sus muertos. En La Ferrassie (Francia), un refugio de piedra de hace unos 60.000 años fue, aparentemente, un lugar de entierro familiar, con restos que incluyen los de un hombre, una mujer, dos niños y dos bebés. La mujer y el hombre fueron colocados cara a cara, los niños puestos a los pies del hombre, y uno de los bebés (un recién nacido) fue inhumado con tres herramientas de sílex hábilmente elaboradas. En un asentamiento en Oriente Próximo, pares de cuernos de cabra rodeaban la tumba de un niño, y en la cueva de Shanidar, un anciano fue enterrado con ramas y flores de hoja perenne.

La evolución biológica y cultural había continuado en el continente africano, y algunos humanos modernos lo abandonaron y comenzaron a poblar el resto del mundo. Su expansión en Asia, principalmente a lo largo de las costas, fue relativamente rápida; su ecología de subsistencia costera — pesca, recolección de mariscos y caza de animales terrestres que se alimentan de peces— no necesitó cambiar drásticamente durante el tiempo que les llevó llegar a Australia.

Los humanos modernos que llegaron a Europa, lo hicieron con nuevas herramientas y armas de piedra, hueso, cuerno y marfil, pirita de hierro para encender fuego y flautas de hueso y marfil con las que hacían música; ellos crearon el arte rupestre. En nuestro actual amor por la vida silvestre, no hacemos más que seguir a nuestros ancestros. En el techo de la cueva de Altamira, en el norte de España, puede admirarse una manada de bisontes de colores brillantes, junto a un caballo, dos ciervos y algunos jabalíes; en Font-de-Gaume, en Francia, un macho de reno olfatea la testa de una hembra arrodillada; en Trois-Frères, junto a un par de búhos nevados protegiendo a sus pollos, aparece grabada una caótica partida de caza, además de una extraña figura con cuernos, orejas y cuerpo de ciervo, pies, manos y un prominente falo humanos, cola de caballo y unos llamativos ojos en un rostro barbado y sin boca. En la cueva de Chauvet, en el sur de Francia, pueden verse leonas, bisontes y rinocerontes pintadas de forma realista hace unos 33.000 años, además de bocetos esquemáticos de mamuts lanudos y genitales humanos (triángulos púbicos con vulvas), así como rayas y círculos. La cueva de Lascaux atesora un caballo amarillo y negro bajo una lluvia de flechas; una manada de pequeños ciervos con elaboradas astas; un caballo de crines suaves y ligeras; dos bisontes puestos cola con cola; una vaca grande, roja y moteada; y un toro negro con grandes ojos y 5 m de largo.

¿Había ritos implicados? *Sacred Darkness* [*Oscuridad sagrada*], el libro de Holley Moyes sobre el uso ritual de las cuevas, comienza: «Las cuevas son lugares especiales. Son misteriosas. Nos cautivan. Nos atraen. Pueden ser tanto un refugio como una prisión. Ya nos fascinen o nos inquieten, las cuevas se nos antojan algo de otro mundo». A las cuevas paleolíticas solo podía accederse con gran esfuerzo, a menudo arrastrándose a lo largo de angostas galerías, por lo que algunos piensan que pudo existir una especie de teatro ritual —tal vez un rito de iniciación puberal—, en cuyo preludio se avanzaba hachón en mano por una de ellas sorteando obstáculos. Quizá esta inaccesibilidad tuviera más que ver con el secreto: magia asociada con la caza, totemismo, chamanismo. No podemos saberlo con certeza. Pero esta manifestación artística, considerada una de las más grandes de la historia, fue probablemente parte de una adaptación religiosa.

Gran parte del pensamiento actual sobre los orígenes de la religión se basa en las sociedades que se encuentran en el registro antropológico. Comenzando por el tipo más antiguo y más básico de cultura totalmente humana, un grupo de la Universidad de Cambridge analizó, en 2016, 33 sociedades de cazadores-recolectores. Reconstruyendo matemáticamente la evolución cultural de estos grupos, confirmaron la intuición de Edward Tylor de que el animismo —la creencia de que fenómenos como cascadas e incendios forestales poseen un espíritu consciente— fue la primera forma religiosa humana. En las 33 culturas se encontró este tipo de fe, consistente con la idea de los «rostros en las nubes»: los humanos vemos mentes y agentes, instintivamente, en casi todas partes. Veintiséis de ellas (el 79%) compartían otras dos características que ya hemos estudiado: el chamanismo y la creencia en una vida futura. El culto a los antepasados ocupaba un distante cuarto puesto, con un 45%; a continuación, con un 39%, venía la creencia en dioses superiores. La creencia de que los dioses superiores se involucraban activamente en la vida humana ocupaba el último lugar, con un 15%. De modo que, provisionalmente, podemos concluir que nuestros antepasados completamente humanos —digamos, hace unos 100.000 años— eran animistas, que la mayoría creía en una vida futura y tenía chamanes, que aproximadamente la mitad rendía culto a sus antepasados, y que unos pocos creían en dioses superiores que se involucraban en los asuntos humanos.

Esta sinopsis es consistente con la naturaleza relativamente igualitaria de las sociedades de cazadores-recolectores. Hace ya mucho tiempo que sabemos que los dioses superiores son más comunes en las culturas con seres humanos superiores; esto es, reyes y reinas. En todas las grandes religiones, estos dioses superiores se convirtieron en objetos de temor y adoración y, más tarde o más temprano, en todo el mundo se erigieron monumentos de algún tipo en su honor. El asombro religioso fue transferido de la cascada y el incendio a edificios, torres, santuarios y altares..., y a monarcas hereditarios adorados como dioses. Los antiguos imperios poseían jerarquías de dioses altamente involucrados en los asuntos humanos: castigando a las personas, exigiendo sacrificios, tomando partido en las guerras... El monoteísmo llegó tarde a dichos imperios, pero era un desenlace lógico: un rey, un Dios.

Sin embargo, durante cientos de miles de años hemos vivido en comunidades relativamente igualitarias, aunque, en épocas y lugares de abundancia, la alta densidad de población hizo posible la jerarquía. El proceso culminó hace unos 12.000 años, 2.000 años antes de la aparición de la agricultura, cuando las poblaciones de cazadores-recolectores estaban creciendo y estableciéndose. Por la época de la transición a la agricultura, habían surgido importantes formas de arquitectura religiosa, como Göbekli Tepe en Turquía, «uno de los descubrimientos arqueológicos más importantes de los tiempos modernos». Este complejo incluye un anillo de pilares semejante al mucho más tardío Stonehenge —no tan grande pero abundante en relieves y símbolos grabados—, y un santuario religioso alejado de los asentamientos: un punto de reunión y lugar de peregrinación. Si bien sus constructores practicaban la agricultura —hay evidencias del uso de la cerveza en sus rituales— dependían sobre todo de la caza y la recolección, acumulando huesos de gacelas, uros, asnos salvajes y otra caza.

A diferencia de Stonehenge, magníficos relieves de animales salvajes (algunos antropomorfizados) adornan los pilares: una «explosión de imágenes» que no requiere de esfuerzo imaginativo alguno para comprender su importancia ritual, como «parte de un sistema de comunicación simbólica que precedió a la escritura [para] almacenar conocimiento cultural. Este pueblo debe haber poseído una mitología extremadamente compleja, además de una buena capacidad para la abstracción». Hay evidencias de la celebración de festines en el complejo sagrado, probablemente parte de la observancia ritual de las ceremonias. La disposición de los monolitos y los relieves puede tener un significado astronómico. Todos estos elementos anuncian el advenimiento de las religiones organizadas y jerárquicas, caracterizadas por su arquitectura religiosa monumental, desde el Partenón y el templo bíblico hebreo hasta las pirámides egipcias y aztecas: símbolos imponentes de los dioses superiores. Debido al carácter central de tales dioses durante tanto tiempo, muchos han especulado sobre cómo y por qué emergieron y, en la medida en que lo hicieron, se adaptaron.

Un modelo ampliamente discutido es el del psicólogo social Ara Norenzayan. Su libro de 2013, *Big Gods* [*Grandes dioses*], y un artículo de 2016 escrito con varios colegas han provocado extensos comentarios de expertos en religión. Los debates dan una buena idea del pensamiento actual sobre cómo y por qué surgieron las grandes religiones. El libro comienza enumerando «Los ocho principios de los grandes dioses»:

1. Las personas observadas son buenas personas.
2. La religión, más que en la persona, está en las circunstancias de esta.
3. El infierno es más poderoso que el cielo.
4. Confíe en las personas que confían en Dios.
5. Una acción religiosa vale más que mil palabras.
6. Los dioses que no son adorados son dioses impotentes.
7. Grandes dioses para grandes grupos.
8. En los grupos religiosos se coopera a fin de competir.

Las ocho son afirmaciones sobre el comportamiento humano: 1) Las personas se comportan mejor cuando piensan que son observadas. 2) La religión no es intrínseca sino contextual. 3) El miedo al castigo motiva a las personas más que la esperanza de una recompensa. 4) Las personas religiosas confían en otras personas religiosas. 5) Para merecer tal confianza uno ha de hacer cosas onerosas. 6) Los dioses y las religiones no se engrandecen a menos que mucha gente haga cosas onerosas. 7) De grandes grupos surgen grandes dioses punitivos que sostienen a aquellos. 8) La cooperación dentro de los grandes grupos permite a estos derrotar y asimilar a otros grupos. En pocas palabras, lo que los antropólogos llaman «moralizar a los dioses supremos» promovió la cooperación dentro de los grupos, lo que los fortaleció hasta el punto de acabar controlando el mundo.

Estas afirmaciones tan inconcretas, naturalmente, tienen sus críticos. Los estudiosos de la religión suelen encontrar superficial este modelo. Los científicos sociales y los teóricos de la evolución también le ponen pegas; las religiones abrahámicas desempeñan un importante papel en el modelo, y su influencia en el mundo podría ser un accidente histórico. Algunos expertos critican su énfasis en los factores extrínsecos, ignorando o subestimando los impulsos y pasiones religiosas. Otros señalan las fuerzas demográficas, económicas y políticas como las originadoras de las sociedades cooperativas a gran escala del mundo antiguo, algunas de las cuales tenían «grandes dioses», en tanto que otras no; e incluso en aquellas que los tuvieron, es difícil separar el efecto de los grandes dioses del resto de factores indicados. El budismo (casi ignorado por el modelo) se extendió ampliamente con una cooperación masiva pero sin grandes dioses. Por otro lado, el ritual promovió la cooperación mucho antes de la aparición de los grandes dioses.

El antropólogo Augustin Fuentes señala que la cooperación extensiva con los no parientes precede en cientos de miles de años a la aparición de grandes dioses, y que la gran escalada que comenzó hace unos 12.000 años ha sido bien explicada por generaciones de antropólogos, como una dinámica que involucra un aumento de la densidad de población, una intensificación de la jerarquía social, el surgimiento de élites religiosas, la concentración de la riqueza y las guerras de conquista. Fuentes afirma que «la experiencia vivida de la religión» es un enfoque necesario antes de llegar a «explicaciones estructurales y adaptacionistas globalizantes». Hillary Lenfesty y Jeffrey Schloss señalan que «los dioses de las religiones cosmopolitas griega, romana, maya, azteca, china e hindú» no están generalmente interesados en la moralidad humana, y «que la secuencia que va desde las pequeñas bandas en busca de alimento hasta el cacicazgo y los grandes reinos no fue impulsada por la noción de los grandes dioses, sino que más bien esta fue inspirada por aquella».

Richard Sosis y sus colegas aplican los principios de la ecología del comportamiento a la evolución de la religión. Esto, de hecho, significa calcular los costes y beneficios del compromiso religioso. Sosis comparó la longevidad de decenas de comunas experimentales americanas durante los siglos XVIII y XIX; las de naturaleza religiosa duraron más. Los kibutz israelíes mostraron una tendencia similar; a pesar de su carácter socialista, aquellos comprometidos religiosamente sobrevivieron a las comunas seculares; y entre las religiosas, el grado de devoción también predijo su éxito.

Una onerosa manifestación del compromiso religioso es clave, y aquí las pasiones y sacrificios personales convergen con demostraciones públicas de fe para aumentar la solidaridad grupal y la cooperación recíproca.

Los rituales basados en la manipulación de serpientes son un ejemplo clásico[*]. Peregrinar a La Meca, llevar a incinerar el cuerpo de la madre de uno al Ganges, levantarse todos los días antes del alba para ir a la sinagoga, dar el diezmo en una iglesia evangélica, o bailar intensamente toda la noche a fin de caer en un trance «como la muerte» son muestras de compromiso «difíciles de simular». Eleanor Power, en un estudio con creyentes hindúes y cristianos en 2017 en dos aldeas del sur de la India, empleó un nuevo modelo matemático para demostrar que las personas que asisten al templo o la iglesia con mayor frecuencia —o participan en actos religiosos públicos como sacrificar una cabra o caminar sobre brasas— son percibidos por los demás como más confiables y propensos a corresponder si se les ayuda.

La religión es un sistema adaptativo complejo con muchas funciones, incluida la cohesión social: muy valorada en tiempos de paz y vital en tiempos de guerra. Es un hecho que el reemplazo o absorción de un grupo por otro puede tener consecuencias genéticas —por el asesinato, la violación y el secuestro de esposas y concubinas—; las consecuencias culturales, sin embargo, pueden darse por sentado. Los supervivientes de la población sometida se acomodan lo mejor que pueden a las reglas de la cultura dominante, incluidas las religiosas. Tal es, básicamente, la historia de la difusión del cristianismo, el islam, el budismo (sin un dios superior) y otras grandes religiones. Algunos expertos, como la historiadora de la religión Karen Armstrong, piensan que el vínculo entre religión y guerra es incidental; la fe es una especie de bandera portada por todos los ejércitos. Yo la veo como parte de un sistema de expansión depredadora, junto con motivos económicos y de dominación. Numerosas guerras

---

[*]   *Snake handling* o *serpent handling*: un rito practicado en pequeñas iglesias rurales norteamericanas del Movimiento de Santidad. N del T.

y genocidios han tenido causas no religiosas (Hitler, Stalin, Mao, Pol Pot). Pero muchas guerras fueron explícitamente religiosas, y muchos conquistadores tenían el mandato de convertir o matar; algo esencial, en última instancia, para los planes de dominio de las religiones más grandes.

He aquí mi bosquejo de la historia religiosa: durante los primeros cientos de miles de años, nuestra especie vivió en pequeños grupos nómadas con creencias animistas, chamánicas y relacionadas con espíritus ancestrales, aunque las poblaciones más grandes sufrieron altibajos en determinadas épocas y lugares. Los rituales, incluyendo la danza y la música, cohesionan las comunidades; estos implicaban costes, riesgos y dolor: demostraciones públicas de compromiso religioso. La ayuda recíproca era su propia recompensa, y quien faltaba a este principio caía en el ostracismo. Los grupos que mejor funcionaban atraían a miembros de grupos de funcionamiento deficiente: parte de un proceso de selección de grupos culturales. Una reciente teoría otorga a las incursiones y la guerra un papel central a lo largo de nuestra evolución. Algunas evidencias fósiles apoyan esto, pero las sociedades de cazadores-recolectores actuales no lo hacen; estas sufrieron violencia *dentro* de los grupos, incluyendo el homicidio, pero muy poca *entre* los grupos. Sabemos que la violencia intergrupal creció con el aumento de la densidad de población, al final de la era de la caza y la recolección, y que se intensificó con el auge de la agricultura.

Desde al menos esa época hasta la nuestra, los conflictos intergrupales han sido la regla, y los preparativos para ellos continuos: a nivel de tribus, pueblos, ciudades, imperios, Estados nación y alianzas entre ellos. La buena noticia es que, puesto que las antiguas «civilizaciones» surgieron de la humeante tierra empapada de la sangre de la conquista, la tasa de mortalidad real por conflictos violentos ha ido disminuyendo de forma bastante constante, debido a la consolidación del poder en entidades más grandes y, posteriormente, al auge de la democracia, la educación, la igualdad femenina y el aumento de la esperanza de vida, lo que nos da más cosas que perder.

Los grandes dioses aparecieron tarde en este horrendo juego, y su moralización comenzó, probablemente, no antes del primer milenio antes de Cristo. Esto supone un tercio del tiempo transcurrido desde que los antiguos imperios comenzaron a chocar. Los dioses más pequeños se «involucraron» en las guerras, como tan vívidamente se describe en *La Ilíada*..., pero como campeones de ciertos guerreros humanos privilegiados, que fueron luego usados como palancas en las batallas que enfrentaban a los dioses. La *telenovela* de los dioses no trataba de la moral, sino de las debilidades humanas, convenientemente magnificadas, y del favoritismo de estos por ciertos líderes humanos.

Compárese el relato bíblico del diluvio con uno de sus predecesores, la epopeya babilónica de Gilgamesh. Ambos son dramas sobre la debilidad humana y el poder divino. Pero el diluvio del poema de Gilgamesh y su heroico superviviente humano son peones en un conflicto entre los dioses. En el Génesis, Dios está solo en los cielos. Solo Noé, el mejor hombre sobre la tierra, obedece la voluntad divina, y por ello es elegido para ser salvo. El diluvio no es una lucha de poder, porque el poder de Dios no tiene oposición y basta para acabar con el mundo. La historia hebrea no trata del poder sino de lo que es justo, y esto se incorporó a la narrativa de las tres religiones abrahámicas, a las que ahora se adhiere aproximadamente la mitad de la población mundial. Su éxito podría deberse en parte al efecto —postulado por Norenzayan— de la moralización de un Dios supremo que impone la cooperación en poblaciones ampliamente distribuidas.

Los ateos beligerantes sostienen que la religión es la principal causa de la violencia intergrupal. Karen Armstrong responde que no, que las guerras son causadas por intereses económicos y políticos que usan la religión como pretexto en su camino hacia otros objetivos. Las diferencias grupales —lejos de ser siempre prácticas— inician las guerras, pero a menudo estas se descontrolan, imponiendo mayores costes y dolor que los pretendidos por las partes enfrentadas. Las «civilizaciones», empero, fueron desde el principio organizaciones para la expansión depredadora. Desarrollar prejuicios contra los grupos ajenos es algo intrínseco y universal, como lo es la tendencia de los varones humanos hacia la agresión física. Las Cruzadas y la Guerra de los Treinta Años tuvieron motivaciones religiosas, con genuinos creyentes y dioses supremos moralizantes en ambos bandos. En la expansión nazi, la religión estaba en el fondo profundo del antisemitismo, pero el *Gott mit uns* en la hebilla de sus cinturones era más un deseo que una causa. Para Stalin y Mao, la religión era un objetivo a batir. El budismo conquistó careciendo de un gran dios.

Sabemos que en todos los conflictos intergrupales violentos, el éxito reproductivo de los vencedores se incrementa con la violación y el secuestro de esposas y concubinas. Así, no solo la selección de grupos culturales sino la adaptación genética convencional, mediante el aumento del éxito reproductivo, ha recompensado a generación tras generación de guerreros..., y especialmente a sus líderes. La cultura y los genes evolucionan, en parte, de forma independiente, pero también interactúan. La cultura puede (como se asume convencionalmente) actuar como amortiguador de la selección de genes y de sustituto para la evolución genética, o puede impulsar la evolución genética creando nuevas e intensas presiones de selección.

Puesto que el cambio cultural es bastante obvio —todas las grandes religiones se propagan mediante el proselitismo, a menudo a punta de espada o pistola, pero también mediante la dominación económica y política—, veamos cómo la religión moldea la evolución genética. Las personas religiosas tienen hijos; ya sea esto parte de su programa prosocial, o se deba a su desmedido optimismo sobre el futuro, o a la forma en que piensan sobre la clave de la evolución: la actividad sexual.

Independientemente de cómo lo vea, si cree que la religión está a punto de desaparecer (como algunos intelectuales llevan dos siglos vaticinando), tiene usted que lidiar con el simple hecho de que en todas las grandes religiones, son los devotos (salvo los célibes) quienes más prolíficamente engendran a los indiferentes, y naturalmente a los ateos. Ciertamente, la evolución cultural es más rápida que la evolución genética, pero hasta el momento, uno de sus principales efectos ha sido (relativamente hablando) el de *esterilizar* a las personas carentes de fe. Alguien mucho más religioso que yo diría que es el plan de Dios para hacer crecer, de forma lenta pero constante, una gran marea de creyentes; personas cuya fe es más fuerte que la lógica atea.

Una de las funciones de la religión que los ateos beligerantes —e incluso algunos líderes religiosos— pasan constantemente por alto es la de promover la familia. El dalái lama se describe a sí mismo preguntándole a un rabino el secreto de la supervivencia judía en la diáspora; algo que le preocupa mucho debido al exilio de su propio pueblo tibetano. El rabino señaló la cena del viernes por la noche, y el dalái lama dijo que no entendía por qué un ritual era tan importante. «Me temo que Su Santidad no lo ha entendido, la importancia no está en el ritual sino en el hogar». El ritual judío más observado es el *séder de pésaj*, celebrado alrededor de una mesa puesta en el hogar, no en la sinagoga. Este venerado líder religioso, célibe entre monjes célibes, puede haber pasado por alto la forma en que la fe sostiene a las familias.

Este factor familiar es evidente en el elocuente relato de Bradd Shore sobre los «campamentos Salem», una tradición veraniega metodista con dos siglos de antigüedad. Cientos de familias de todas partes se reúnen en un campamento de Georgia durante una semana, apartados del ajetreo y el «hambre de tiempo» de la vida moderna. Combaten el calor reuniéndose en porches sombrados para conversar cara a cara durante ocho horas diarias no programadas. Hay servicios de oración con predicadores famosos, dúos de piano e interpretación de himnos emblemáticos. La fe compartida une a estas familias. Pero el tiempo de ocio: «chismear, ponerse al día y recordar (...) proporciona una base para la adquisición de sentido (...) armonizando el renacimiento espiritual con el reencuentro familiar». Como sucede en las cenas judías de los viernes por la noche y los *séder de pésaj*, la familia adquiere una dimensión espiritual.

Igualmente importante es el hecho de que «los campamentos son, al mismo tiempo, un almacén y un teatro de la memoria familiar». Las proyecciones de diapositivas y el intercambio de fotos e historias producen el efecto de un «movimiento constante entre el pasado distante, el pasado reciente y el presente (...) Un desdibujamiento del tiempo en un lugar inmutable». El *sabbat* judío es un tiempo sagrado, no un lugar sagrado; estos campamentos son ambas cosas. Los objetos viejos cuentan, e incluso el aserrín permanece durante meses en las Biblias y en la ropa: un bienvenido recuerdo de la semana sagrada; una campista llegó a decir que le gustaría que lo mezclasen con sus cenizas.

Las comidas, la oración y la música unen a las personas más allá de las familias, pero el evento influye especial y decisivamente en ellas. Los padres se pasan las horas muertas mirando a sus hijos —más con nostalgia que con preocupación— y reviviendo sus propios recuerdos, no muy diferentes de los que sus padres tenían y sus hijos tendrán. Sacar adelante a una familia es duro, pero las tradiciones hacen de ello algo más llevadero..., y sagrado. En el caso de los ancianos, son las reacciones y la simpatía de los compañeros las que hacen posible la «actualización de la identidad». En definitiva, estas tradiciones «inspiran la expresión narrativa y crean un poderoso sentido de identificación en la "familia" a lo largo de las generaciones —lo que Mircea Eliade ha llamado "eterno retorno"—», así como «algo precioso y frágil: el sentido nítido de una vida». Hay una expresión judía, «*l'dor vador*» («de generación en generación»), que se emplea en el discurso formal y en las reuniones familiares casuales, especialmente en eventos relacionados con los niños; expresa historia, nostalgia, compromiso oneroso, familia, amor y esperanza.

X

¡GRACIAS AL CIELO!

Una vez asistí a un simposio en el que Daniel Dennett —autor de *Romper el hechizo* y otros libros— figuraba como ponente. Dennett, sin embargo, no pudo intervenir por estar recuperándose de uno de los percances de salud más graves posibles. Algo más de una semana antes, había sufrido un aneurisma aórtico de disección: un desprendimiento repentino de parte de la pared interna de la aorta, que impide a la sangre circular y retornar al corazón. Se trata de una emergencia quirúrgica, con frecuencia a vida o muerte. Afortunadamente, fue intervenido con éxito y envió un ensayo para su lectura pública en el encuentro. Siendo como soy un viejo seguidor de Dennett, no me defraudó. Ya he dicho cuánto admiro la forma en que Christopher Hitchens enfrentó su última enfermedad: un modelo de coraje, que refuta el adagio de que no hay ateos en las trincheras. Dennett me pareció igualmente valiente.

Su ensayo se titulaba «¡Gracias al cielo!» Empezaba con un resumen de la experiencia cercana a la muerte del filósofo analítico A. J. Ayer, quien al narrarla poco antes de su muerte real, confesó que había debilitado su «actitud inflexible» hacia la posibilidad de la vida después de la muerte. ¿Tuvo también Daniel Dennett una epifanía? Este escribió:

Sí, tuve una epifanía. Vi con mayor claridad que nunca que cuando digo «¡Gracias al cielo!*», no estoy empleando un mero eufemismo para no decir «¡Gracias a Dios!» —los ateos no creemos que haya un Dios al que agradecerle nada—. Realmente quiero decir ¡gracias al cielo! Hay mucha bondad bajo el cielo azul, y creo que cada día hay más, y es este fantástico tejido de excelencia hecho por el hombre el genuino responsable de que hoy esté vivo.

A continuación, Dennett extendió su agradecimiento al médico que descubrió su disección aórtica en un examen rutinario (sus síntomas eran inusualmente leves), a los cirujanos, neurólogos, anestesiólogos y perfusionistas que lo mantuvieron vivo durante la intervención, así como a «la docena de asistentes médicos, enfermeros, fisioterapeutas, técnicos de rayos X, a ese pequeño ejército de flebotomistas tan hábiles que apenas notas que están extrayéndote sangre, y a los trabajadores que me traían las comidas, mantenían limpia mi habitación, lavaban las montañas de ropa generadas por un paciente tan desordenado, y me llevaban en silla de ruedas a radiología». Todas estas personas, procedentes de todas partes del mundo, trabajaron juntas para salvar su vida. Les dio las gracias a un viejo amigo que había ganado el Nobel por inventar la tomografía computarizada, y a todos los demás responsables de los adelantos diagnósticos y terapéuticos que lo habían salvado. Incluso expresó su agradecimiento a los editores y colaboradores de las revistas médicas y otras publicaciones científicas, por las investigaciones que condujeron al tratamiento que había recibido.

Dennett no veía motivo alguno para alabar o dar gracias a Dios, y a aquellos familiares y amigos que le dijeron que lo habían hecho en su nombre, estuvo «tentado de responderles: "Gracias (...) pero ¿también sacrificasteis una cabra?"»

---

* En este párrafo, el autor hace una serie de juegos de palabras, intraducibles, con *Thank goodness!* (¡gracias al cielo!, o ¡menos mal!) y *goodness* (bondad). N del T.

Más adelante escribió: «Disculpo a quienes rezaron por mí», comparándolos con científicos aferrados a una teoría largamente desfasada. Pensé entonces que el ensayo expresaba algo importante: que con independencia de si le damos o no las gracias a Dios, no puede ignorarse el hecho de que hay personas a quienes hemos de dárselas por su amabilidad, voluntad, energía, conocimientos y habilidad ayudando al prójimo. Habiendo pasado por la facultad de medicina y sufrido enfermedades graves en mi familia, sé que los sueldos por sí solos no motivarían a los profesionales sanitarios a hacer cuanto hacen, por lo que debemos estarles agradecidos por su bondad.

De regreso en casa, saqué el ensayo de Dennett de mi maletín para compartirlo con mi esposa. No es largo ni complejo, y en unos minutos pasó la última página... ¡y lo arrojó al otro lado de la habitación! Era la primera vez que la veía actuar así en lo que llevábamos de matrimonio.

—¿A qué viene eso? —le pregunté, bastante sorprendido.

—¿Acaso no entiende que todos esos profesionales creen en Dios?

Naturalmente, su afirmación era una exageración, no algo que ella supiera a ciencia cierta. Pero me hizo recordar un estudio que mostraba que más del 60% de los médicos estadounidenses cree en Dios. Eso supondría una mayoría, aunque no grande, de los médicos que tan exquisitamente atendieron a Dennett. Reflexionando sobre ello, parecía razonable suponer que el porcentaje de creyentes fuese más alto entre los enfermeros, más aún entre los técnicos sanitarios y así sucesivamente, hasta llegar a los trabajadores de la cocina y la lavandería, donde probablemente sería bastante difícil encontrar *ningunos*.

No estoy diciendo que la bondad dependa de la fe religiosa, solo que la afirmación de mi esposa tenía algo de cierto: la mayoría de quienes nos atienden en los hospitales cree en Dios. La cuestión de si esta creencia ejerce alguna influencia (positiva o negativa) sobre su bondad es de tipo empírica, científica. No es algo que debamos aceptar como una cuestión de fe, ya sea que un teólogo afirme su importancia o que un filósofo lo niegue. ¿Creer en Dios hace que un flebotomista se esfuerce más en evitarnos el dolor al extraernos sangre? ¿Hace menos probable que un cirujano se embriague la noche antes de operar a primera hora? ¿Ayuda a la mujer que lleva la comida a los pacientes a ser amable con ellos, habiendo sufrido un robo en su cuarto y pasado la noche en vela consolando a su bebé? Lo ignoro, pero no aceptaré una palabra de nadie en uno u otro sentido. Esta cuestión está abierta al estudio científico.

Veamos primero los hallazgos relevantes relativos a los profesionales que atendieron al Dr. Dennett. Para empezar, un estudio sobre creencias religiosas realizado por investigadores de la Universidad de Chicago, en el que se comparó una muestra nacional estratificada de casi 1.500 médicos con otra general de ciudadanos estadounidenses. Estados Unidos sigue siendo, con mucho, el país industrial más religioso, un punto importante a considerar. He aquí algunos aspectos destacados:

- El 76% de 1.144 médicos en ejercicio afirmó creer en Dios, frente al 83% de los estadounidenses en general.
- El 58% (frente al 73%) dijo estar *de acuerdo* o *totalmente de acuerdo* con la afirmación: «Me esfuerzo por llevar mis creencias religiosas al resto de esferas de mi vida».
- El 48% (frente al 64%) respondió *Mucho* o *Bastante* a «Recurro a Dios en busca de fortaleza, apoyo y orientación».
- Las religiones minoritarias en Estados Unidos estaban sobrerrepresentadas entre los médicos.

Estos datos se recogieron en 1998, por lo que es importante actualizarlos, ya que la religiosidad está disminuyendo en Estados Unidos. Un estudio de 2017, basado en 2.097 médicos en ejercicio encuestados en 2014, encontró que el 65,2% cree en Dios, y que el 76% se considera religioso (51,2%) o espiritual (24,8%); el 29% dijo que la religión influyó en su decisión de convertirse en médico, y el 44,7% afirmó rezar con frecuencia.

Los hallazgos fueron similares en todas las especialidades, salvo en psiquiatría, que resultó ser la menos religiosa. Estos números pueden subestimar el impacto de la religión, pues solo reflejan la religiosidad a la sazón, y es muy posible que muchos médicos, habiendo sido criados en entornos religiosos, se vieran influenciados por esa educación aunque ya no sean creyentes. He dado clase a miles de estudiantes de medicina durante más de cuatro décadas, tanto antes como después de mi paso por la facultad de medicina. Los estudiantes han de superar rigurosos cursos de ciencias. Este requisito garantiza su habilidad y familiaridad con el pensamiento científico, habiéndose destacado sobre un buen número de aspirantes que no pudieron hacerlo tan bien como ellos.

No se les pide que estudien religión o que asistan a servicios religiosos. En la universidad, es más probable que estén expuestos a argumentos contrarios a la existencia de Dios que favorables a ella. Si alguno de estos estudiantes acabó abrazando la religión no se debió a mi influencia, aunque he ayudado a muchos en su búsqueda de una u otra forma. Yo enseño los hechos y las teorías de la evolución. Sin embargo, mis estudiantes pasaron a formar parte de las poblaciones de médicos estadounidenses de 1998 y 2014 que, sometidas a evaluación estadística por los dos estudios aquí citados, resultaron ser mayoritariamente creyentes. Generalmente, se encuentra que los enfermeros tienen una mayor inclinación religiosa que los médicos. Un estudio de 339 enfermeros y médicos de oncología en cuatro hospitales del área de Boston reveló que el 79% de los primeros y el 51% de los segundos demandaban formación para atender espiritualmente a sus pacientes (no es lo mismo que creer, pero es relevante). En cuanto a los otros trabajadores a los que Dennett les dio las gracias —como los que lo llevaban de un lado a otro del hospital y los que lavaban sus sábanas—, si son como la población general de Estados Unidos, son más religiosos que los médicos.

¿Qué ocurre en otros países? Un estudio de 2012 de 324 médicos polacos encontró que la religiosidad (independientemente de la denominación) se correlacionaba significativamente con el altruismo, los enfoques holísticos y la empatía hacia los pacientes. Un ambicioso estudio de 2014 examinó a 1.255 médicos de (en orden de religiosidad autoevaluada) India, Tailandia, Irlanda, Canadá, Japón y China. En general, la religiosidad se correlacionaba positivamente con el idealismo y negativamente con el relativismo (ética situacional). Está en marcha un gran estudio internacional en colaboración sobre religiosidad y práctica entre profesionales de la salud de todo el mundo, y muy pronto nos enseñará mucho.

Sería bueno disponer de investigaciones similares sobre bomberos, técnicos de emergencias médicas y otras profesiones relacionadas, pero se han realizado pocos estudios de este tipo. Un estudio señala la posibilidad de que exista un afrontamiento* religioso positivo y otro negativo. Sabemos que la religión promueve el comportamiento prosocial de muchas maneras, tanto dentro del grupo religioso de pertenencia como fuera de él. Ahora disponemos de una gran cantidad de investigaciones al respecto y no hay forma de hacerles justicia aquí, sin embargo, consideraremos algunos ejemplos.

Un metaanálisis de 2016 combinó datos de otros estudios acerca del efecto del primado religioso —poner a Dios y la religión en la mente de los sujetos— sobre la cooperación y la generosidad en los juegos económicos y otros entornos experimentales. «Los resultados en 93 estudios y 11.653 participantes muestran efectos robustos en una variedad de medidas de resultado, incluidas medidas prosociales. Sin embargo, el primado religioso no afecta de manera confiable a los participantes no religiosos, lo que sugiere que el primado depende de la activación cognitiva de las creencias religiosas transmitidas culturalmente». Otro metaanálisis de 2016 analizó 48 casos prácticos de comunidades «en las que la religión desempeñaba algún papel en la gestión comuni-

---

* *Coping* en el original, se trata de un término propio de la psicología, para más información, véase: https://psicologiaymente.com/psicologia/estrategias-afrontamiento. N del T.

taria de los recursos (CBRM)». Los «hallazgos sugieren que la creencia en una compulsión sobrenatural es una característica común de la CBRM, y que esta función se atribuye a entidades que van desde espíritus ancestrales hasta dioses».

Una serie de seis estudios interculturales sobre 2.137 sujetos, publicada en 2017, usó medidas verbales y pictóricas para evaluar el impacto del asombro religioso en el denominado «pequeño yo» (un sentido de humildad). «Las experiencias de asombro en la vida real y en el laboratorio, pero no así otras emociones positivas, disminuyen el sentido del yo. Estos hallazgos se observaron en culturas colectivistas e individualistas (...) La influencia del asombro en el pequeño yo explica el aumento del compromiso colectivo, lo que concuerda con las afirmaciones de que el asombro promueve la integración en los grupos sociales».

Otros estudios analizan el impacto de los rituales y festividades religiosos en el altruismo y la cooperación social. Según dos experimentos de campo con 405 personas en Portugal, «las mujeres, en una festividad religiosa, se sentían más inclinadas a adoptar una conducta prosocial que en un día normal»; en los hombres, sin embargo, no se halló esta inclinación. En otro experimento, se propuso a comerciantes de los zocos de Marrakech una variante del «juego del dictador», en el que un sujeto recibe una suma de dinero y puede, a elección suya, dar cualquier cantidad (incluida cero) a un segundo sujeto anónimo. Los comerciantes que jugaban mientras sonaba la llamada musulmana a la oración eran más generosos que los que jugaban cuando no lo hacía.

Otro enfoque se centra en los resultados de juegos o test autoevaluados; el experimentador sabe si el sujeto hace trampa al informarlos. Los participantes en rituales extremos, como someterse a múltiples perforaciones en el cuerpo o caminar sobre espadas durante horas en un festival hindú, hicieron menos trampas que quienes no participaban en ellos. En un desafío más moderado, la música religiosa culturalmente apropiada, que sonó durante la realización de un test, redujo la tasa de engaño entre los hindúes religiosos de una misma comunidad (en comparación con la música del cine de Bollywood), y lo mismo pudo observarse entre los sujetos religiosos examinados en una universidad checoslovaca o en la Universidad Duke en Carolina del Norte. Todo este conjunto de evidencias y muchas más sugieren que el primado religioso hace que las personas, especialmente aquellas con sentimientos religiosos, den o cooperen más y engañen menos.

Casi puedo garantizarle que en los próximos meses leerá muchos titulares sobre violencia terrorista de inspiración religiosa. He aquí algunos titulares que seguramente no verá:

«Baptista practicante cocina voluntariamente para los pobres en la iglesia, a pesar de su terrible lumbago.»

«Flebotomista musulmán devoto es especialmente amable, cuidadoso y cariñoso con los niños de venas escurridizas.»

«Trabajadora social católica hace horas extras gratuitas para tramitar mayor cantidad de expedientes de maltrato infantil.»

«Creyente budista encuentra veinte dólares en la calle, levanta la vista hacia el cielo y dona el dinero.»

«Rabino y ministro lideran grupo interreligioso blanco para unirse a la marcha "la vida de los negros importa".»

«Cirujano hindú ora a Laksmí y Ganesha en agradecimiento por su habilidad y éxito durante una delicada intervención.»

Se estará preguntando, con razón, si creo que los ateos también hacen cosas buenas. Naturalmente que sí. Me consta que las hacen. Pero la pregunta planteada por los científicos y filósofos que desean eliminar la religión es: ¿aumentará o, al menos, se mantendrá la cantidad de bien que la humanidad hace en el mundo? Hay pocas evidencias en este momento que respalden una respuesta positiva a esta pregunta, y considerables razones —basadas en la investigación empírica— para pensar que la respuesta es negativa.

Otra cuestión empírica es si la religión tiene efectos positivos directos sobre la enfermedad y la salud, además de inspirar a quienes nos cuidan. Cada vez más investigaciones sugieren que así es. He aquí algunos ejemplos.

- Un estudio de 2017 halló que entre 5.449 adultos estadounidenses de 40 a 65 años de edad, los que asistían a la iglesia al menos una vez al año tenían mejores medidas de estrés fisiológico y, durante el seguimiento, una menor mortalidad que quienes que no lo hacían. Los que iban más de una vez a la semana tenían una tasa de mortalidad un 55% inferior, por todas las causas, que los que nunca asistían a la iglesia.
- El Estudio de Salud de las Mujeres Afroamericanas siguió a 36.613 mujeres entre 1996 y 2010. Después de controlar las variables demográficas y de salud preexistentes, las mujeres que asistían a la iglesia varias veces a la semana tenían una tasa de mortalidad un 36% inferior.
- El Estudio de Salud de las Profesionales de Enfermería siguió a 74.534 mujeres entre 1992 y 2012. Se registraron 13.537 muertes durante este período, incluidas 2.721 por causas cardiovasculares y 4.479 por cáncer. Entre las mujeres que asistían a algún servicio religioso más de una vez por semana se registró un 33% menos de muertes que entre las que no asistían a ninguno; tanto los fallecimientos por enfermedades cardiovasculares como por cáncer se reducían notablemente.
- Un metaanálisis de 2015 centrado en el cáncer incluyó a más de 32.000 pacientes adultos en 101 muestras, midiéndose la religiosidad y la espiritualidad. La salud física era mejor en aquellos con mejor puntuación en religiosidad/espiritualidad, especialmente en las di-

mensiones emocionales denominadas «bienestar espiritual» y «angustia espiritual».

- Estos efectos no se limitan a los Estados Unidos, un país muy religioso.
- Casi 37.000 pacientes fueron seguidos en Tokio entre 2005 y 2010. Casi 14.000 de ellos afirmaron ser, al menos, algo religiosos, en su mayoría sintoístas o budistas. Los más religiosos eran menos propensos a fumar, a abusar del alcohol y a desarrollar diabetes, y más propensos a hacer ejercicio.
- En Creta, en una zona rural, se siguió a unos 200 cristianos ortodoxos de edad avanzada entre 1988 y 2012. La religiosidad, la espiritualidad y «un sentido de coherencia» se midieron usando cuestionarios estándar. Aquellos con alto nivel de religiosidad/espiritualidad presentaban un tercio menos de engrosamiento de las arterias carótidas en el cuello (lo que significa un menor riesgo de accidente cerebrovascular), tenían niveles un tercio más bajos de cortisol (la hormona del estrés), y eran menos propensos a desarrollar diabetes que los sujetos no religiosos.
- En Tailandia, 48 mujeres con diabetes establecida —19 budistas y 29 musulmanas— fueron evaluadas entre 2008 y 2009. La religión, la práctica espiritual y el apoyo familiar contribuían a una mejor gestión del azúcar en la sangre por parte de las mujeres.
- En Arabia Saudí se estudió a 310 pacientes de diálisis renal (el 99,4% musulmanes) para evaluar su estado bajo un régimen de tratamiento tan estresante. «El funcionamiento psicológico era mejor y el apoyo social más alto entre los pacientes más religiosos. Estos, también, tenían un mejor funcionamiento físico, un mejor funcionamiento cognitivo y menos propensión a fumar, a pesar de padecer una enfermedad más grave y permanecer en diálisis durante más tiempo que los pacientes menos religiosos».
- 5.442 canadienses fueron seguidos mediante una encuesta de salud comunitaria. Las personas que asistían

a servicios religiosos más de una vez a la semana tenían una tasa de diabetes un 40% más baja que las que lo hacían menos de una vez al año, además de ser un 18% menos propensas a padecer hipertensión.

Además de la prevención y la gestión de la enfermedad, también se ha estudiado el afrontamiento del estrés severo, para ver si la religión y la espiritualidad poseen un efecto amortiguador.

- Después de un reciente terremoto catastrófico en Italia, 901 personas (casi todas cristianas) fueron evaluadas con escalas de trauma y pérdida, junto con una medida de religiosidad/espiritualidad. El terremoto tendió a debilitar la fe de quienes demostraron menor capacidad de afrontamiento pero, al mismo tiempo, aquella sirvió de amortiguador para los que afrontaron bien la situación.
- 792 hindúes del norte rural de la India fueron estudiados en relación con el estrés ordinario de la vida. Aunque todos se identificaron como hinduistas, quienes lo hicieron con más convicción tenían mayor confianza en la eficacia de sus estrategias de afrontamiento, además de mostrar un mayor bienestar subjetivo general; sin embargo, obtuvieron puntuaciones más bajas en algunas medidas del bienestar.
- 81 mujeres afroamericanas jóvenes fueron sometidas a un examen cardiovascular de rutina. Se les preguntó si incluían la oración entre sus estrategias de afrontamiento, se las evaluó con una Escala de racismo percibido, y se les pidió que realizaran una tarea de recuerdo sobre el racismo. Durante esta, aquellas que más empleaban la oración como herramienta de afrontamiento mostraron niveles inferiores de estrés, así como una presión arterial más baja.

Incluso en los países más secularizados aparecen estos efectos. En Dinamarca, una de las sociedades menos convencionalmente religiosas, un estudio de 2013 sobre pacientes con enfermedades graves de pulmón encontró que casi dos tercios tenían alguna creencia en Dios y/o un poder espiritual. Los que afirmaron creer en ambos tenían una mejor calidad de vida, según las medidas estándar, que aquellos que solo creían en un poder espiritual. Sin embargo, el afrontamiento religioso negativo (autoculpa o temor al castigo) se asoció con una peor calidad de vida.

Y en Hungría, en 2002 —trece años después de la caída del régimen comunista—, se encontró que la religión y sus efectos protectores persistían. En una muestra de 12.643 personas (con una edad media de 47 años), aquellos que practicaban alguna religión disfrutaban de una mejor salud física y mental, siendo los más saludables quienes lo hacían regularmente en una comunidad religiosa, en detrimento de los que se consideraban religiosos «a su manera». «Podemos concluir que aun después de un régimen totalitario antirreligioso la práctica de la religión sigue siendo un factor protector de la salud».

Claramente, tales efectos trascienden las fronteras y los credos religiosos, persistiendo en lugares donde la religiosidad ha disminuido o fue reprimida durante largo tiempo. Los escépticos argumentan que esto, en realidad, no tiene nada que ver con la fe; que se trata de un mero vínculo sentimental, y que la asistencia regular a una iglesia o mezquita podría sustituirse con, por ejemplo, un campeonato de bolos. «No tiene buen aspecto», le dice uno de los asistentes regulares, «debería acudir al médico», y al poco estos ya le prodigan mayores atenciones que si hubiese estado con ellos en la mezquita o la iglesia en vez de en la bolera. Y si no lo ve así, es que cualquier tipo de compañerismo es psicológicamente bueno para usted. Algunos de estos estudios sugieren que este mirar el uno por el otro funciona, y que (como proponen muchos modelos evolutivos) gran parte del valor adaptativo de la religión está en la comunidad. Jesse Graham y Jonathan Haidt, verbigracia, concluyen que las personas religiosas son más felices y más caritativas, además de conformar la mayoría de la población mundial, y su explicación es que la religión une a las personas en comunidades morales. Pero otros sugieren que esto no es todo, que la espiritualidad y la fe también funcionan de formas más misteriosas (no sobrenaturales, empero) fomentando a nivel psicológico los hábitos saludables y quizá ayudando al sistema inmunológico.

Un estudio de 2017 realizado por Becky Read-Wahidi y Jason DeCaro evaluó el estrés de la inmigración en el condado rural de Scott, Mississippi. Entrevistaron a 60 inmigrantes mexicanos, todos devotos de la Virgen de Guadalupe. Empleando una escala estándar de estrés de inmigración, pidieron a los sujetos que calificaran su bienestar físico y psicosocial, desarrollando luego una escala para medir la «consonancia cultural» con la devoción guadalupana. Aquellos con alta consonancia cultural —un nivel alto de creencia, prácticas como mantener una imagen de la virgen en sus casas o automóviles y ponerle flores, o afirmar la importancia de su festividad— no mostraron una disminución en su nivel de adaptación física o psicosocial al aumentar el estrés de inmigración. En los sujetos con baja consonancia cultural, empero, el bienestar disminuía a medida que aumentaba el estrés. Los que obtuvieron puntaciones altas lo hicieron por diferentes razones. Rezarle a la virgen, incluso cuando no se tienen problemas, es diferente a asistir a una ceremonia comunitaria en su honor. De modo que era posible alcanzar la alta consonancia por diferentes caminos. Los antropólogos dirían que la Virgen de Guadalupe es un «símbolo maestro»; esto es, uno con muchos significados y funciones.

La devoción guadalupana está muy arraigada en México; asegura la tradición que a un campesino pobre llamado Juan Diego, hace unos quinientos años, se le apareció la Virgen cuando subía una montaña. Acudió este a visitar a su obispo para enterarlo del suceso, siendo echado de allí con cajas destempladas. Pero en otra ascensión de Juan a la montaña, esta vez en invierno, la Virgen volvió a aparecérsele y le llenó el manto de flores. El obispo, a la vista de estas y de la imagen de la Virgen en el manto del campesino, dio crédito al milagro, y desde entonces la Iglesia venera públicamente esta advocación mariana. Como sucedió a menudo durante la difusión del catolicismo, el santuario de la virgen ocupó el lugar del templo demolido de una diosa pagana.

Los inmigrantes del condado de Scott se identifican con Juan Diego, trocando la pobreza en humildad. Este, nativo como era, fue bajo el colonialismo un extraño en su propia tierra. Los inmigrantes del condado de Scott, además, se sienten insignificantes. Muchos realizan trabajos duros y peligrosos en la industria avícola, y sus familias incluyen personas documentadas e indocumentadas. La mayoría no dispone de un seguro de salud. Muchos viven con miedo. Pero aquellos con una gran devoción están protegidos contra el estrés.

Los críticos de la religión podrían argumentar que esta, simplemente, ayuda a estos inmigrantes a aceptar que deben resistir, pues su situación les impide luchar activamente por sus derechos. Sin embargo, seguir adelante día a día ya es, para ellos, un ejercicio de resistencia. Espiritual o psicológicamente, la Virgen de Guadalupe está ayudando a sus fieles del condado de Scott. La de estos es la historia de generación tras generación de inmigrantes, legales y de otro tipo, por propia voluntad y forzados. Vienen por su futuro, por el de sus familias y el de sus nietos, estadounidenses aún no nacidos. Si la fe los ayuda, entonces no es solo opio para el pueblo: también es alimento para el futuro de la gente.

XI

¿Y EN VEZ DE RELIGIÓN, QUÉ?

Como ya hemos visto, el ateísmo científico tiene en el físico teórico y Premio Nobel Steven Weinberg a uno de sus principales paladines. Al igual que Dawkins, Dennett y Harris, Weinberg es un implacable enemigo de la religión; afirma que «el mundo necesita despertar de su larga pesadilla de creencias religiosas», y que ayudar al mundo a hacerlo sería, a la larga, la mayor contribución de la ciencia a la humanidad. Pero aunque él pertenece al núcleo duro —«uno de los ateos más acérrimos del planeta», según Dawkins—, se aparta de la ortodoxia cuando, muy seriamente, se plantea esta pregunta: «¿Y en vez de religión, qué?»

Entre un ateo lo bastante sabio para ver en la desaparición global de la fe una pérdida potencialmente grave, y otro que dice que, de hecho, no habría ningún problema, existe una gran diferencia. Me he referido antes a Dawkins, Harris, Dennett y al difunto Christopher Hitchens como el *cuarteto*; pero estos forman un cuarteto de metales, en tanto que Weinberg, el humanista trágico, permanece en su rincón interpretando un lastimero solo de violín que, tanto por su ejecución como por su espíritu, desentona de la música de sus colegas. El humanismo trágico es diferente al ateísmo de «ningún problema», porque admite el lado oscuro de la vida. Aquel no pretende que la cosmovisión científica ocupe el lugar de la religión, ni aun si lograse acabar con ella. El humanismo trágico comparte con la religión una sensación de pérdida durante nuestras breves —y a menudo dolorosas— vidas: por la inevitable separación de las personas que amamos, por nuestra penosa búsqueda de sentido y belleza en vidas que o bien se nos antojan angustiosas, o bien carentes de propósito.

Naturalmente, existe la incomparable belleza de una vida humana mejorada: por el impacto de las vacunas, la erradicación de la viruela, el tratamiento del sida, la prevención de enfermedades del corazón, los avances en la agricultura, la tecnología industrial que ha liberado a miles de millones de personas, las tecnologías de la información que acabarán unificando al mundo, los modelos matemáticos de la evolución de huracanes y tifones, la preservación de la diversidad y belleza del mundo vegetal y animal, y la ciencia del cambio climático que puede ayudarnos a evitar una catástrofe. La ciencia, empero, no solo hace nuestras vidas más seguras y cómodas, también nos regala una enorme belleza: las conexiones neuronales vistas al microscopio, el vasto panorama de mundos sobre mundos de la nebulosa del Águila —fotografiada durante el sobrevuelo de Saturno—, las primeras imágenes de la Tierra desde el espacio... Sin olvidar la elegancia de las explicaciones en sí mismas: la geometría de Euclides, el sistema de elipses planetarias reducido a la ley de gravitación universal, la tabla periódica de los elementos, las leyes del electromagnetismo de Maxwell, la evolución por selección natural, la teoría microbiana de la enfermedad, la relatividad de Einstein, la majestuosidad de las placas tectónicas de Wegener —moviéndose lenta pero inexorablemente bajo nuestros pies— y la estructura del ADN —una galaxia molecular en espiral que explica la vida—. Pero creer que todos estos productos de la ciencia, junto con muchos otros más, pueden ocupar el lugar de la fe revela una visión empobrecida de la religión.

También se corre el riesgo de ignorar o desdeñar el papel del arte y su relación, al menos durante gran parte del pasado humano, con la religión. En respuesta a Steven Weinberg, quien comparó la religión con una «tía loca» a la que echaríamos de menos cuando faltase, Richard Dawkins declaró que no la extrañaría un ápice. Pero acto seguido explicó su postura: «Extrañaríamos la música. Resulta que obras como la *Misa en si menor* o la *Pasión según San Mateo* son de tema religioso, aunque bien podría no ser así. Son hermosas composiciones sobre un gran tema poético, sin embargo, podríamos seguir disfrutando de ellas sin necesidad de creer en esa basura sobrenatural». Cuando en una ocasión se le preguntó qué música se llevaría a una isla desierta, recordó haber elegido «"Mache Dich Mein Herz Rein" de la *Pasión según San Mateo* como la pieza musical más hermosa».

«Resulta que estas obras son de tema religioso, aunque bien podría no ser así». ¿Pero cómo sabemos que la religiosidad del compositor no influyó en sus creaciones? De hecho, en el caso de Bach lo contrario es mucho más probable. Los estudiosos afirman que era un hombre de fe, y que esta inspiró su larga carrera como compositor de música de iglesia. Entre otras anotaciones similares, Bach escribió al margen de su Biblia de estudio: «Donde hay música devocional, Dios con su gracia siempre está presente». Esto no significa que los ateos no escriban buena música; lo hacen y, probablemente, siempre lo han hecho. Es justo admitir que algunas grandes obras de arte están inspiradas por la fe, y en esos casos es una tontería esforzarse en separar el grano de la paja, o decir que «bien podría no ser así».

Dawkins también abordó la cuestión del arte y la ciencia en su libro *Destejiendo el arco iris*. El título, nos explica el autor, «es de Keats, quien acusaba a Newton de haber arruinado la poesía del arco iris al reducirlo a los colores prismáticos. Keats no podría haber estado más equivocado». He aquí los *ofensivos* versos del gran poeta inglés (que, por cierto, era cirujano):

Érase una vez un horrendo arcoíris en el cielo;
conocemos bien su textura: se encuentra
en el aburrido catálogo de las cosas vulgares;
la filosofía recortará las alas de un ángel,
conquistará palmo a palmo todos los misterios,
vaciará el aire de hechizos y la mina de gnomos,
y destejerá un arco iris (...)

Dawkins procede a destejer el arcoíris con mucha destreza, al menos satisfaciendo mi curiosidad, pero en ningún sentido aborda los temores de Keats:

La luz del sol entra en una gota de lluvia por el cuadrante superior de la superficie expuesta al sol, y sale atravesando el cuadrante inferior. Pero, naturalmente, nada impide a la luz solar penetrar por el cuadrante inferior. En las condiciones adecuadas, esta puede reflejarse dos veces en la cara interior de la esfera, dejando el cuadrante inferior de tal modo que alcanza el ojo del observador, asimismo refractada, produciendo un segundo arco iris, ocho grados más alto que el primero y la mitad de brillante.

Citando a un gran contemporáneo de Keats, concluye: «Creo que si Wordsworth hubiera comprendido todo esto, podría haber perfeccionado sus célebres versos: "mi corazón da un brinco cuando veo / un arcoíris en el cielo (...)"» Dawkins también cita a un poeta inglés del siglo XVIII, Mark Akenside, cuyos versos ensalzando los colores prismáticos de Newton tienen la desgracia de aparecer solo una página después de los de Keats. ¿Por qué Keats es tan leído y amado hoy día, mientras que Akenside ha sido casi olvidado? Un crítico del siglo XIX, aun elogiando sus versos, dijo: «Incluso en sus mejores momentos, Akenside se nos antoja una especie de Keats congelado».

Exigirle precisión newtoniana a la poesía es como leer los Salmos y objetar que los montes no saltan como carneros[*], o ver en el magnífico discurso de Mercucio sobre la reina Mab un retroceso a una oscura edad de demonios y duendes[**]. De hecho, Keats no podía haberse equivocado, porque no pretendía tener razón en ninguno de los aspectos a los que Dawkins se refiere. Tenía razón en lo único que para él contaba, que era expresar la inquietud que los colores

---

[*] Salmos 114,6. N del T.
[**] Shakespeare, *Romeo y Julieta*. N del T.

prismáticos de Newton infundían en lo que yo llamaría (metafóricamente, a pesar de mi conocimiento del cerebro) su corazón y su alma.

Un siglo y medio después de Newton, Walt Whitman escribió: «Habrá amor entre el poeta y el hombre de ciencia experimental. En la belleza del poema están el penacho y el aplauso final de la ciencia». Sin embargo, una conferencia de astronomía lo inspiró a escribir:

Cuando escuché al erudito astrónomo,
al ver ante mí las pruebas y las figuras apiladas en
   [columnas,
cuando me mostraron los mapas y los diagramas, para
   [archivarlos, dividirlos y medirlos...
Allí sentado oyendo al astrónomo, que conferenciaba
   [rodeado de aplausos (...)
Cuán pronto, inexplicablemente, me sentí cansado y
   [enfermo,
hasta que abandonando mi asiento salí, y me alejé a
   [solas,
en el húmedo y místico aire nocturno, mirando
de cuando en cuando las estrellas en perfecto
   [silencio.

Debo decir que yo, a menos que el orador sea pésimo, no me canso ni me siento enfermo en conferencias como la descrita. Al contrario, me siento motivado y veo la belleza en las mediciones y modelos presentados. También veo la belleza en los colores prismáticos de Newton. Pero en ciertos momentos lo que quiero es ver el arcoíris y sentir cómo brinca mi corazón —una magnífica expresión de deleite, aunque imposible anatómicamente—. Después de una estimulante conferencia, en el aire húmedo y místico de la noche, deseo apartar mi mente del análisis por un momento y, como Whitman, contemplar en silencio las estrellas.

Eso es asombro: quizá una forma evolucionada de la respuesta del chimpancé ante la cascada; quizá no tan diferente. Einstein dijo: «Lo más hermoso que podemos experimentar es lo misterioso. Es la fuente de todo arte y ciencia verdaderos». Y continuó diciendo:

Aquel para quien la emoción es un ente extraño, que es ya incapaz de detenerse para admirarse y permanecer envuelto en el asombro vale tanto como un muerto: sus ojos están velados. La percepción del misterio de la vida, aunada al miedo como está, ha dado asimismo lugar a la religión. La conciencia y el sentimiento de que lo impenetrable para nosotros existe como manifestación de la más alta sabiduría y la más radiante belleza —algo que nuestros obtusos sentidos solo comprenden de forma rudimentaria— están en el núcleo de la verdadera religiosidad.

La frase clave aquí es «algo que nuestros obtusos sentidos solo comprenden de forma rudimentaria». La ciencia y el arte llevan esta experiencia de asombro por diferentes caminos. La religión es como el arte, y para muchos de nosotros el arte es un sustituto parcial de la fe.

La ciencia es analítica y en gran medida práctica. El asombro debe dejarse a un lado mientras nos concentramos en los experimentos, realizamos las mediciones y derivamos las ecuaciones. Sólo después de ello recapitulamos y experimentamos de nuevo el asombro, pero esta vez con conocimiento de causa. Me atrevo a decir que cuando contemplo el cielo tachonado de estrellas —sabiendo como sé qué es la Vía Láctea, que hay miles de millones de galaxias como ella, y que se alejan unas de otras a una velocidad inimaginable desde que se produjo el *big bang*—, experimento un asombro tan grande como los antiguos griegos cuando veían a sus dioses en las constelaciones o los bosquimanos al ver allí los ojos de sus antepasados. Pero mi momento de asombro ante las estrellas no puede incluir elementos del método científico. Si es verdadero asombro, simplemente inunda la mente. Puedo sentir asombro al leer $E=mc^2$, pero he de abandonar ese estado para derivar, probar o intentar mejorar la ecuación.

El arte, como la religión, no nos mueve al asombro mediante el análisis sino inspirándonos. Intenta recrear en el lector, el oyente o el espectador la emoción de un momento tal y como el artista la experimentó. Naturalmente, la ciencia también provoca sentimientos. Pero hacer esto es, precisamente, el objetivo fundamental del arte, representándonos la vida, incluida la vida interna, para permitirnos compartir el estado interno del artista, no solo un argumento o una idea, por importantes que estos sean. La ciencia puede distraernos de esta involucración, porque nos obliga a controlar nuestros procesos de pensamiento; un control que el arte, tarde o temprano, nos pide que cedamos temporalmente: el tiempo suficiente para proporcionarnos una experiencia que la explicación y el razonamiento no pueden brindarnos.

No hace mucho, vi cómo se escaneaba el cerebro de la soprano Renée Fleming. Cualquiera puede hacerlo; a mí me apareció como un enlace en mi *feed* de Twitter*. La artista participa en un estudio sobre cómo el cerebro produce música. Ni que decir tiene que estoy fascinado y que deseo ver los resultados e imágenes obtenidos, como aquellas relacionadas con la fe de capítulos anteriores. Pero cuando escucho cantar a la Fleming, no quiero pensar en un proceso cerebral, por mucho que me guste pensar en el cerebro en otros momentos. Deseo trascendencia, belleza, placer y, si es posible, asombro. Deseo ser transportado por esa música que su don nos brinda. En ese momento, lo último que quiero en mi cerebro es una imagen del suyo.

Naturalmente, una persona puede ser a la vez un científico y un artista. Leonardo, Goethe y Chéjov, sin ir más lejos, eran ambas cosas. Algunos artistas saben mucho sobre ciencia e intentan representarla, evocando el momento de un descubrimiento en una pintura, o una larga lucha con un problema científico en una novela u obra de teatro. Estos pueden ser ejemplos de asombro inspirado por la ciencia,

---

* Véase, por ejemplo, este video de youTube:
https://www.youtube.com/watch?v=1d-PlEAQMBY. N del T.

pero no son ciencia en sí mismos. Los científicos pueden tener la elocuencia de los grandes literatos, como puede verse en los últimos pasajes de *El origen de las especies* («Hay grandeza en esta visión de que la vida...») y en los ensayos de Einstein («La matemática pura es... la poesía de las ideas lógicas»).

Pero tales pasajes no constituyen la esencia de las contribuciones de estos grandes científicos. El arte, creo, tiene más en común con la religión, como sugiere William James cuando escribe sobre la similitud entre la poesía y la experiencia mística:

Las palabras sueltas y agrupadas, los efectos de la luz en la tierra y el mar, los olores y los sonidos musicales, todo ello se manifiesta cuando la mente está correctamente afinada. La mayoría de nosotros puede recordar el poder extrañamente conmovedor de los versos de ciertos poemas leídos en nuestra juventud: puertas irracionales a través de las cuales el misterio de los hechos, la indocilidad y crueldad de la vida se colaron en nuestro corazón y lo emocionaron. Quizá las palabras se hayan convertido en meras superficies pulidas para nosotros; pero la poesía lírica y la música están vivas, y poseen significado en la medida en que ofrecen estas vagas visiones de una vida que prolonga la nuestra, atrayéndonos e invitándonos, pero siempre eludiendo nuestra búsqueda. Estamos vivos o muertos para el eterno e íntimo mensaje de las artes, según hayamos conservado o perdido esta susceptibilidad mística.

Así como algunas personas son sordas para la música o refractarias a la magia de la poesía, algunos ateos son insensibles a la religión y la espiritualidad. Pero ninguna persona musicalmente sorda va por ahí diciéndoles a los melómanos que están imaginando cosas y que deben abandonar su afición.

Como todas las analogías, esta también es inexacta; los musicalmente sordos son una pequeña minoría. Pero consideremos por un momento a quienes se encogen de hombros ante la ópera o las obras de Shakespeare. Ellos tampoco intentan desengañar y apartar de sus pasiones a los entusiastas; simplemente los ignoran y atribuyen sus *inexplicables* gustos a la variedad humana. Podrían llegar a pensar que se desperdicia una gran cantidad de dinero —incluido el del contribuyente— subvencionando directa e indirectamente artes para una minoría de intelectuales; pero, una vez más, no se empeñan en una cruzada para acabar con esas actividades o, al menos, eliminar las subvenciones.

Personalmente, creo que se gasta demasiado dinero en deportes, y soy consciente del daño que, de varias maneras, se deriva de ello. Disfruto viendo la Serie Mundial y la Super Bowl, así que entiendo de qué va la cosa; pero me deja perplejo la enorme inversión emocional y financiera que miles de millones de personas en todo el mundo, y durante todo el año, dedican a lo que me parece un entretenimiento improductivo y moderadamente interesante. No estoy del todo *sordo musicalmente* para los deportes; simplemente los siento mucho menos que la mayoría de la gente. Tales pasiones se me antojan algo inútiles e ilógicas.

Pero ¿voy por ahí predicando contra ellas? Enseño a los estudiantes el daño que el fútbol y el boxeo causan en el cerebro, y me esfuerzo por minimizar sus consecuencias. Pero ¿trato de abolir el fútbol? ¿Intento convencer a la gente de ello? Nada tan ridículo. La gente tiene pasiones muy diferentes a las mías; tanto, de hecho, que me cuesta entender por qué se meten en tantos problemas. En privado podría desear que estudiaran ciencias o fueran más al teatro, o al menos que comieran alimentos más saludables en el estadio. Me preocupa que los chavales se aparten de los estudios, el comportamiento violento de algunos jugadores y aficionados, los sueños rotos de millones de jóvenes que inician carreras deportivas que solo una pequeña minoría podrá desarrollar. Pero ¿voy a escribir libros o hacer discursos proponiendo que la gente se informe y haga cosas más lógicas o útiles? En serio, quiero decir.

Los ateos disponen de muchos argumentos persuasivos, con algunos de los cuales estoy de acuerdo. Aún necesitamos una mayor separación entre la iglesia y el Estado en buena parte del mundo, incluyendo Estados Unidos. Los abusos que algunas autoridades religiosas cometen contra los inconformistas deben cesar de inmediato. Pero puede llegar un momento en que, para una persona preocupada por las libertades individuales, la pregunta ya no sea: ¿tengo derecho a no creer?, sino: ¿tengo derecho a la fe?

Durante generaciones, los humanistas han tratado de encontrar sustitutos para la religión: templos seculares con, al menos, algunas de las funciones de los religiosos; apoyo comunitario, creencias comunes, optimismo, esperanza, fe en el futuro. Nuevas religiones han surgido en los últimos siglos —verbigracia el mormonismo y la fe bahá'í— ganando muchos millones de adeptos. El humanismo secular, que se originó al mismo tiempo o incluso antes que ellas, no ha generado el mismo tipo de entusiasmo. Las tradiciones pueden ser nuevas, pero han de tener siquiera un poco del sabor de las viejas. Usted puede organizar reuniones semanales, pero ¿qué hacer en ellas? Tengo para mí que debería ofrecer un servicio —aconfesional, claro—.

Los servicios podrían cautivar a los niños, y es posible que desee fundar una escuela; algo así como las escuelas de Cultura Ética, cuya intención es loable pero cuyos estudiantes en todo el país son miles, no millones. Tal vez quiera disponer de un libro oficial de lecturas para usar durante los servicios: un compendio de la literatura y la filosofía no teístas del mundo. La ciencia podría desempeñar un papel. Debería recaudar dinero, hacer buenas obras y tener una forma significativa de señalar los eventos del ciclo de la vida: nacimiento, mayoría de edad, matrimonio y muerte, por lo menos. Debería apoyar y fomentar la vida en familia. Y sobre todo, debería infundir en los suyos un sentimiento de identidad y comunidad: una lealtad mutua que implique sacrificios onerosos.

¿Por qué los humanistas seculares no han podido convertir su movimiento en una religión secular que atraiga adherentes y los mantenga? No creo que sea imposible que lo hagan, pero lo cierto es que aún no lo han hecho. Entretanto, tenemos museos, jardines zoológicos y botánicos, escuelas de educación para adultos, *Boy Scouts*, ligas deportivas para niños y adultos, asociaciones de padres, partidos políticos, clubes de lectura, comunidades de retiro, los *pubs* y bares locales, piscinas y pistas de patinaje comunitarias, clubes de *bridge*, voluntariado social nacional e internacional, organizaciones benéficas, centros de artes marciales, grupos de encuentro, gimnasios, comunidades de alcohólicos anónimos y muchas otras formas de reunir a las personas. Puede usted enumerar tantas como desee, pero no hallará nada que satisfaga la necesidad humana de comprometerse con algo que, realmente, le dé un sentido más amplio a la vida, como hace la religión para muchos. Critíquela tanto como guste, pero ¿eliminarla? No lo creo posible. Las evidencias, ciertamente, no justifican semejante plan. «¿Estaría mejor el mundo sin religión?», preguntan los psicólogos Scott Lilienfeld y Rachel Amirrati, en un artículo de 2014 en el que revisan tales evidencias. Ellos creen que la cuestión debería seguir debatiéndose, pero «Contrariamente a las contundentes afirmaciones de algunos prominentes autores ateos (...) los datos apuntan consistentemente a una asociación negativa entre religiosidad y comportamiento criminal, y a una asociación positiva entre religiosidad y comportamiento prosocial. Ambas relaciones son modestas en magnitud y ambiguas con respecto a la causalidad. Al mismo tiempo, no pueden ser ignoradas (...) Como en todos los debates científicos, la humildad ante datos equívocos debería ser la consigna».

EPÍLOGO

He aquí lo que podemos concluir:

La variedad del fenómeno religioso va más allá de lo que muchos observadores admiten, incluyendo emoción extraordinaria, estados alterados de conciencia, sistemas lógico-deductivos, narraciones, sanación, apego comunitario, ritual, espiritualidad, compasión, identidad grupal y, siempre y en general, la convicción de la existencia de agentes sobrenaturales.

- Las inclinaciones y aptitudes religiosas se integraron en el cerebro humano —aunque no universal o uniformemente entre los individuos— por unas vías y mediante una química cada vez más conocidas.
- Las inclinaciones y aptitudes religiosas se desarrollan durante la infancia (nuevamente, no de manera uniforme), en parte como resultado de los genes y de un plan maduracional. Dentro de cualquier religión, la devoción es en parte genética. La exposición explica creencias y prácticas específicas, pero el adoctrinamiento no explica el desarrollo o las diferencias individuales. No es lo mismo el desarrollo de la fe que el desarrollo moral, y sobre cómo interactúan ambos sabemos muy poco aún. ¿Sería un mundo sin fe moralmente mejor, peor o igual que nuestro mundo actual? La investigación ayudará a responder esta pregunta, pero mi estimación actual es que sería peor.

- La religión evolucionó por selección natural. Cumple funciones adaptativas como controlar el miedo y el dolor, mitigar la soledad existencial, proporcionar consuelo mediante el ritual, promover el altruismo y la cooperación, y animar a la manifestación del compromiso y a la defensa grupal. En el balance de la evolución, la religión debe haber sido adaptativa o no estaría aquí.
- La religión coevolucionó con el comportamiento ético, pero ni aquella explica este ni este aquella. No necesitábamos de instrucción sobrenatural, pero la evolución de los sistemas morales fue y es imperfecta. Hemos heredado cosas muy negativas de los compromisos religiosos, pero también cosas positivas, incluyendo, probablemente, muchas buenas acciones que consideramos rutinarias.
- Para la mayoría de las personas, las funciones de la religión no pueden ser reemplazadas por la ciencia, e incluso para muchas, tampoco por el conjunto de la ciencia, el arte, la ética y la comunidad. Sin embargo, en algunos países con altos niveles de educación y salud, un tercio de las personas carece de creencias religiosas; el resto se divide aproximadamente entre quienes poseen creencias convencionales y quienes afirman ser espirituales. Esto podría suponer un equilibrio estable. Tanto si lo es como si no, el derecho a no creer en nada debería ser sacrosanto. Obligar a las personas a creer en algo es virtualmente imposible, y obligarlas a decir o hacer cosas en las que no creen es burlarse de la fe y la libertad.

¿Qué es lo que creo que sucederá? El número de no creyentes crecerá debido a la evolución cultural. Las poblaciones que se adhieren a las religiones convencionales y apoyan sus instituciones continuarán disminuyendo. Los migrantes tienden a abrazar una espiritualidad poco convencional, pero la mayoría de ellos tiene fe, cree en agentes sobrenaturales. Es poco probable que los *ningunos* se conviertan en una vasta mayoría. No veremos el fin de la fe. Las inclinaciones religiosas están arraigadas en la naturaleza humana:

evolucionadas, desarrolladas y parcialmente codificadas en genes que construyen circuitos cerebrales. Y en todas las grandes religiones, los más fieles tienen más hijos. Así pues, la evolución genética favorece la fe. La evolución cultural de la no creencia continuará, pero tendrá que habérselas con la reproducción intrínseca de los creyentes, que agregan sus propias tendencias a la evolución cultural.

Cierta clase de intelectuales lleva prediciendo la desaparición de la religión y el fin de la fe desde al menos el siglo XVIII. Si las últimas predicciones en este sentido fueran correctas, serían las primeras en serlo. La gran mayoría de la población mundial es religiosa y tiene más hijos que los no creyentes. Hay evidencias de que las personas religiosas son más felices, más altruistas y cooperativas (al menos con sus correligionarios) y más saludables que las personas sin fe. En el norte de Europa, donde se ha registrado un mayor descenso de la religiosidad, la mayoría de las personas aún afirma ser religiosa o espiritual —creyendo que hay algo más que el mundo material—, y son muchos los que aún profesan religiones convencionales. Los adelantos y mejoras en la salud y la educación favorecen el descenso de la religiosidad, pero este va acompañado de la reducción del tamaño de las familias.

Queda por ver hasta dónde llega este descenso. Lo veo estabilizándose cuando tope con la resistencia de la naturaleza humana; esto es, la naturaleza de al menos una gran minoría de seres humanos. Predigo un equilibrio en el que una minoría sustancial será convencionalmente religiosa, muchos serán religiosos o espirituales poco convencionales, y habrá una minoría sustancial de *ningunos.* Las personas deben seguir su inclinación a acercarse a la fe, a las convenciones e instituciones religiosas o a la espiritualidad personal y no convencional..., o bien a alejarse de todo ello. Debe permitírseles creer en lo que quieran, siempre y cuando no perjudiquen a otros; y si lo hacen, debe castigárseles por el daño causado, no por sus creencias. No quiero vivir en un mundo donde las personas puedan ser perseguidas por su fe (ya sea particular o general), más de lo que querría hacerlo en uno donde se me reprenda por mi falta de ella.

La búsqueda de un sentido para la vida no tiene por qué ser religiosa. Viktor Frankl, un psiquiatra que pasó tres años prisionero en Auschwitz, salió de allí creyendo que debía dársele un sentido al sufrimiento, y desarrolló un método psicoterapéutico basado en la búsqueda de sentido; lo cual, según él, era la mejor y quizá la única forma de adaptarse. Frankl contó la historia —dejada antes por escrito por un obispo alemán— de una mujer judía que, unos años después de la Segunda Guerra Mundial, llevaba una pulsera con dientes de leche engarzados en oro. Preguntada al respecto por un médico, ella explicó: «Este diente de aquí pertenecía a Esther, este a Miriam», y así sucesivamente. Aquellos dientes, uno de cada uno de sus nueve hijos, habían sido salvados de Auschwitz, donde estos fueron asesinados. «¿Cómo puede vivir con esa pulsera?», le preguntaron. «Ahora estoy», respondió ella en voz baja, «a cargo de un orfanato en Israel».

El budismo, de algún modo, trata de reconocer la inevitabilidad del sufrimiento y convertir este en compasión. Es también, quizá, la fe que exige la menor cantidad de aspectos difíciles de creer. Dos libros recientes iluminan los aspectos menos difíciles de creer y sostienen que son compatibles con la ciencia. En su *Buddhist Biology* [*Biología budista*], David Barash pone de relieve lo que una visión darwiniana de la vida tiene en común con el budismo: el no-yo, la transitoriedad, la conectividad y el compromiso. Él cree que la actual popularidad del budismo se debe a lo que el poeta Friedrich Schiller y el sociólogo Max Weber llamaron «el desencanto del mundo», y ve en alguna versión de la práctica budista un posible antídoto. *Por qué el budismo es verdad,* de Robert Wright, es un viaje personal que muestra cómo la meditación puede mejorar la vida, incluso la de un mal meditador confeso. Ambos libros rechazan explícitamente todos los aspectos difíciles de creer del budismo.

El dalái lama, naturalmente, sí abraza estos aspectos. Él consulta a un oráculo que le habla en trance; de sus monjes espera que dominen los textos budistas más profundamente aún que la meditación, y transmite sus enseñanzas a grandes audiencias de un modo que recuerda a las conferencias interpretativas rabínicas; cree en la reencarnación, la progresión kármica y los milagros del Buda. Pero no trata estas cuestiones de la misma manera cuando habla ante occidentales que al hacerlo ante sus seguidores. Esto me parece bien, y supongo que también a Barash y Wright, aunque ellos no siguen al dalái lama en estas cuestiones, y no creen que esos aspectos del budismo, vitales para los verdaderos creyentes, sean ciertos. Barash (que se describe como «judío-budista») cita la postura de Stephen Jay Gould respecto a la ciencia y la religión, que este denominaba MNS* (magisterios no superpuestos), y propone en su lugar MSP** (magisterios superpuestos productivamente).

Yo propondría NES***: «ninguna es suficiente». La ciencia y la fe son velas ardiendo en una oscuridad muy vasta en comparación con la luz arrojada por cada una de ellas. El arte es una tercera vela. Las tres encierran y transmiten asombro, el cual podríamos asemejar a la luz de las velas. Augustin Fuentes, en *La chispa creativa* —en parte una defensa de la religión en el sentido más amplio y antiguo—, dice que «la religión, el arte y la ciencia crearon el universo que los humanos percibimos ahora». El dalái lama ha conminado a sus monjes a abrazar la ciencia. Jonathan Sacks, el ex rabino mayor del Reino Unido, ha llamado a este acercamiento «la gran asociación».

Los pasados intentos de la religión por acabar con la ciencia fueron un peligroso sinsentido y están llegando a su fin. Los intentos de la ciencia por abolir la religión no tienen más de un siglo de antigüedad, pero se han intensificado en Occidente. Entretanto, las religiones convencionales están retrocediendo en los países avanzados. Pero miles de millones de personas continúan practicándolas, y la fe en sus muchas y diversas formas no desaparecerá. Tampoco lo hará el creciente número de personas que se consideran espirituales. Recientemente le pregunté a una joven amiga, cris-

---

*   *NOMA (non-overlapping magisteria)*, en el original. N del T.
** *POMA (productively overlapping magisteria)*, en el original. N del T.
*** *NOMA (neither one is magisterial)*, en el original. N del T.

tiana devota en su adolescencia, cómo era su fe una década después. Ella no va a la iglesia pero afirma ser una creyente. «¿Cómo es eso?», pregunté; «yo soy Dios», fue su respuesta. Cuando le pedí que me lo aclarase, me explicó que no lo decía en sentido literal. Mi amiga quería decir que Dios está en ella, y que ella es parte de Dios. Me dijo esto con un brillo especial en los ojos. Puede que no entienda ese sentimiento, pero no moveré un solo dedo para hacer que lo pierda.

Apéndice

Para saber más

Además de los textos canónicos de todas las religiones, hay algunos clásicos que, como aquellos, son valiosos a pesar de sus defectos. Entre estos clásicos están *Cultura primitiva* de Edward Tylor, *La variedad de la experiencia religiosa* de William James, *El porvenir de una ilusión* de Sigmund Freud, *El hombre moderno en busca de su alma* de Carl Jung, *El chamanismo y las técnicas arcaicas del éxtasis* de Mircea Eliade y *La vida espiritual de los niños* de Robert Coles.

Para hacerse una idea de la enorme contribución de la etnología a nuestra comprensión de las variedades reales, *Reader in Comparative Religion* de William Lessa y Evon Vogt sigue siendo una colección indispensable. *In Gods We Trust* de Scott Atran es la mejor visión general moderna. Otros enfoques antropológicos incluyen *Faces in the Clouds* de Stewart Guthrie y *Religion Explained* de Pascal Boyer, *Ritual y religión en la formación de la humanidad* de Roy Rappaport y *The Birth of the Gods* de Guy Swanson.

Para conocer enfoques cognitivos, recomiendo: *Why Religion Is Natural and Science Is Not* de Robert McCaulay, *Minds and Gods* de Todd Tremlin y *Why Would Anyone Believe in God?* de Justin Barrett. *Spiritual Evolution: How We Are Wired for Faith, Hope, and Love* de George Vaillant agrega una necesaria dimensión emocional a las teorías cognitivas. *Spirituality in the Flesh: Bodily Sources of Religious Experience* de Robert Fuller profundiza aún más en el cuerpo. Y para conocer el papel de los productos botánicos en la búsqueda de una clase de conocimiento místico y no cognitivo, comience con *Plantas de los dioses* de Richard Evans Schultes, Albert Hofmann y Christian Rätsch.

Muchos libros recientes exploran ángulos evolutivos. Estos incluyen *La chispa creativa* de Augustin Fuentes, *Supernatural Selection* de Matt Rossano, *Darwin's Cathedral* de David Sloan Wilson y *The Biological Evolution of Religious Mind and Behavior*, editado por Eckart Voland y Wulf Schiefenhövel. *Ciencia versus religión. Un falso conflicto* de Stephen Jay Gould es mi intento conciliatorio favorito. *The Good Book of Human Nature: An Evolutionary Reading of the Bible*, de Carel van Schaik y Kai Michel, aporta una perspectiva bioconductual sólida y entretenida. *La gran transformación: Los orígenes de nuestras tradiciones religiosas*, de Karen Armstrong, compara la profunda historia de las grandes religiones.

Naturalmente, las grandes religiones —cada una de las cuales posee muchas caras— han sido tratadas en un vasto corpus literario desde dentro y desde fuera; solo puedo nombrar algunos de mis favoritos.

Para el hinduismo, me gustan la traducción de Wendy Doniger del *Rigveda* y la de Laurie Patton de la *Bhagavad-g t* ; *Mitos hindúes* de Doniger y esa pequeña joya de Diana Eck, *Dar an: Seeing the Divine Image in India* ofrecen una interpretación útil.

Sobre el budismo: *For the Benefit of All Beings: A Commentary on the Way of the Bodhisattva* de Tenzin Gyatso, el decimocuarto dalái lama, se mantiene cerca de los textos antiguos, especialmente los del budismo tibetano. Las *Buddhist Scriptures*, editadas por Donald Lopez, son más amplias. Los admiradores occidentales incluyen a David Barash en *Buddhist Biology* y Robert Wright en *Por qué el budismo es verdad*, aunque ambos omiten las vías místicas que siguen muchos budistas. *The Tibetan Symbolic World* de Robert Paul es un perspicaz estudio psicodinámico y antropológico.

Una traducción del *Corán* ampliamente utilizada es la de Talal Itani. *Solo hay un Dios*, de Reza Aslan, es un relato ameno y empático de la historia del islam, mientras que en *The*

Shia Revival, de Vali Nasr, se trata la gran división sunita-chií. *Bienvenidos al islam: una guía paso a paso para nuevos musulmanes*, de Mustafá Umar, le explica qué hacer desde el primer día. *Muslims of the World: Portraits and Stories of Hope, Survival, Loss, and Love*, de Sajjad Shah e Iman Mahoui, ofrece relatos variados y vívidos de la vida de los creyentes.

Mi traducción favorita de las Biblias judías y cristianas sigue siendo la versión del rey Jacobo, a pesar de sus errores y prejuicios. Hay muchas otras, y unos pocos *clics* de ratón llevarán al lector a traducciones sinópticas paralelas que se adaptan a todos los gustos*.

De entre la vasta literatura de y sobre el cristianismo, me gusta el conciso y elegante *A Sense of the Divine* de James M. Gustafson; *Los evangelios gnósticos* de Elaine Pagels; la teología feminista de Sarah Coakley en *God, Sexuality, and the Self*; *Mero Cristianismo* de C. S. Lewis; y el sorprendente acercamiento etnográfico a los evangélicos de T. M. Luhrmann, *When God Talks Back*. Thomas Jefferson trató de extraer la filosofía de la teología en *The Jefferson Bible: The Life and Morals of Jesus of Nazareth*. *The Nature and Destiny of Man* de Reinhold Niebuhr es un clásico de la teología cristiana liberal.

Mi Biblia judía de cabecera es el *Tanaj* de la Jewish Publication Society, en hebreo e inglés. La edición Steinsaltz del *Talmud* ha puesto en nuestros estantes los libros que forman la base del judaísmo rabínico, correctamente traducidos al inglés por vez primera. *On Judaism: Conversations on Being Jewish in Today's World*, de Emanuel Feldman, es una guía amena de las creencias y prácticas ortodoxas modernas. *The Healer of Shattered Hearts: A Jewish View of God*, de David Wolpe, es una visión más liberal pero igualmente apasionada de la fe judía. *Responsa from the Holocaust*, de Efroim Oshry, revela los compromisos de los judíos fieles intentando hacer lo correcto en medio de una pesadilla colectiva demasiado real.

Entre mis novelas favoritas sobre la fe, incluyendo su lado oscuro, están: *La letra escarlata* de Nathaniel Hawthorne, *Middlemarch* de George Eliot (Mary Anne Evans), *Los hermanos*

---

* Por ejemplo https://bibliaparalela.com/. N del T.

Karamázov de Fiódor Dostoievski, *Mientras agonizo* de William Faulkner, *El poder y la gloria* de Graham Greene, *Suite francesa* de Irène Némirovsky, *Ve y dilo en la montaña* de James Baldwin, *The Yeshiva* de Chaim Grade, *El Templo del Alba* de Yukio Mishima, *Yentl the Yeshiva Boy* de Isaac Bashevis Singer, *La belleza de los lirios* de John Updike, y *The Believers* de Zoë Heller.

Respecto al ateísmo, las obras en las que confío no son los recientes ataques a la religión que critico en este libro, sino clásicos menos tendenciosos como *Por qué no soy cristiano* y *Misticismo y Lógica* de Bertrand Russell, *El sentido de la vida* y *Los problemas centrales de la filosofía* de A. J. Ayer, y *Una visión de ningún lugar* de Thomas Nagel. De los libros sobre la incredulidad del siglo XXI, mi favorito es *Doubt: A History* de Jennifer Michael Hecht; equilibrado, lleno de buen humor, rico en historia y cordialmente humano, muestra que la duda es tan antigua y tan distinguida como la fe, y concluye que si bien la fe es duradera, la duda es mejor.

Agradecimientos

Fue el pensador ético-teológico James Gustafson quien me animó a buscar el origen de la fe en ciertas características de la naturaleza humana, en particular la piedad y el agradecimiento. Comencé a sentir gratitud dentro del judaísmo, en las rodillas de mi abuelo Abraham Levin, viéndolo balancearse con su chal de oración y su filacteria todas las mañanas. Mis padres, siguiendo su ejemplo, se encargaron de que la sinagoga ortodoxa local se convirtiera en mi segundo hogar; a pesar de las desventajas de la sordera y una pobre educación, el primer hogar que construyeron fue extraordinariamente judío. Junto con el rabino de la sinagoga (Bernard Berzon), mis maestros, e incluso el jefe local de los *Boy Scouts*, mis padres me proporcionaron la base que aseguró mi comprensión «desde dentro» de la religión.

A los 17 años perdí mi fe y no volví a recuperarla; hubo muchas razones, pero los profesores del Brooklyn College —Martin Lean en filosofía, Herbert Perluck en literatura y Dorothy Hammond y Gerald Henderson en antropología— me ayudaron a construir una nueva cosmovisión. Cuando estudiaba con Irven DeVore en Harvard, ambos intercambiábamos impresiones sobre nuestro pasado —el suyo entre los vendedores de Biblias en el este de Texas y el mío abrazando la Torá en Brooklyn— mientras tratábamos de analizar los orígenes y el destino humanos en términos estrictamente evolutivos.

Pero una década después, cuando llegaron mis hijos, mi esposa (también atea) y yo decidimos transmitirles algunas tradiciones. El rabino Arnold Goodman y otros en la sinagoga conservadora *Ahavath Achim* se mostraron muy tolerantes con mi inusual relación con el judaísmo, y me ayudaron a revivir y ampliar los conocimientos que adquirí en la infancia. El rabino Emanuel Feldman, el distinguido líder de la comunidad ortodoxa de Atlanta durante casi cuarenta años, superó una enorme brecha práctica y religiosa al brindarme su amistad, y he aprendido mucho de él durante tres décadas.

Durante ese tiempo en Atlanta, el Dr. Herbert y Hazel Karp nos invitaron a compartir muchas celebraciones judías en su hogar. Los doctores Shlomit y David Finkelstein hicieron lo mismo, y sus puntos de vista más seculares —tan probable era que discutiéramos sobre el budismo o la física cuántica como del judaísmo— reforzaron en mí la idea de que la práctica religiosa no requiere de una fe convencional. El rabino David Blumenthal, fundador del programa de Estudios Judíos en Emory, me enseñó mucho sobre la pasión y el misticismo en la vida religiosa. El salón familiar de Ursula Blumenthal fue el escenario de muchas y jugosas conversaciones. El Dr. Leslie y Barbara Rubin, y el Dr. Boyd y Daphne Eaton me ayudaron a comprender cómo personas altamente inteligentes incorporan la religión a sus vidas, orientadas secularmente.

El reverendo profesor James M. Gustafson, un especialista en ética teológica muy interesado en la ciencia, se convirtió en mi maestro y amigo cuando se mudó a Emory en 1988, procedente de la Universidad de Chicago. Le gustaba decir que yo era religioso a pesar de mi incredulidad, porque me había embarcado en una búsqueda científica para comprender la naturaleza humana que me llevaría toda la vida. No lo contradije.

También en 1988 comencé a impartir un curso sobre antropología judía, y agradezco a los estudiantes —de todas las religiones y sin ella— que me hicieran las preguntas adecuadas y me obligaran a pensar más detenidamente las respuestas. Entretanto, di clases sobre la evolución, el cerebro y el comportamiento humanos a un gran número de estudiantes; esto me ayudó a conceptualizar el espíritu humano sin hipótesis sobrenaturales. Agradezco a mis colegas del Departamento de Antropología, el Programa de Estudios Judíos y el Programa de Neurociencia y Biología del Comportamiento de la Universidad de Emory, así como a los presidentes James Laney y Claire Sterk, su apoyo libre de prejuicios. La reverenda Alison Williams, el profesor padre Thomas Flynn, la reverenda Joanna Adams y el rabino Herbert Friedman me enseñaron mucho acerca de cómo un líder religioso se relaciona con el mundo. El Dr. James Fowler me ayudó a pensar en cómo se desarrolla la fe.

En una de mis visitas a Israel, mi hija Susanna me llevó a conocer a sus amigos palestinos en Ramala, Jerusalén Este y Amán. Nunca podré olvidar su generosa hospitalidad, superando una gran brecha de potencial enemistad. Uno de estos jóvenes, Walid Husseini, también se hizo amigo mío, y le agradezco que compartiese conmigo su visión del amargo destino de su pueblo.

El contenido específicamente científico y erudito del libro se basa en las enseñanzas y el consejo de muchas personas —tantas que sería imposible mencionarlas a todas—, pero en particular de: Dora Venit contribuyó a mi comprensión del papel del cristianismo en la historia occidental, y el Dr. Gerald Henderson sentó las bases de mi conocimiento de la antropología psicológica. Los Drs. Richard y Judith Wurtman me ayudaron a comprender la neurofarmacología, y las conversaciones con el Dr. James Rilling, Jennifer Mascaro y David Silbersweig aumentaron mis conocimientos sobre la investigación de imágenes cerebrales. Los Drs. Stefan Stein y Julian Gomez me ayudaron a interpretar el psicoanálisis en un contexto moderno; los Drs. Robert Paul, Bradd Shore y Carol Worthman me ayudaron a poner la mente en una perspectiva intercultural; los Drs. Robert McCauley y Darryl Neill alimentaron mi confianza en que una psicología de la religión es posible; y el Dr. Jerome Kagan, en una etapa inicial crítica, me enseñó mucho de lo que sé sobre el desarrollo infantil.

Mi vida de escritor tiene una gran deuda con Herbert Perluck, Charles McNair y James Flannery, entre otros. Mi hermano, Lawrence Konner, siempre me ha apoyado incondicionalmente.

Mi agente durante más de tres décadas, Elaine Markson, creyó en mí al principio de mi carrera. Mi difunta esposa, la etnógrafa Marjorie Shostak, era secular por naturaleza, pero apoyó generosamente mi compromiso de criar hijos judíos, además de alentarme durante treinta años. No es posible ponderar la ayuda recibida de Kathy Mote, nuestra niñera y más tarde mi asistenta. Su devoción alentó a nuestra familia durante la larga enfermedad de mi esposa y después de su muerte.

La entereza y el amor de mis tres hijos, Susanna, Adam y Sarah, que tenían 18, 14 y 9 años cuando falleció mi esposa, me permitieron enfrentar el futuro con nuevas esperanzas y sueños. Doug Post, esposo de Susanna y abnegado padre de mis nietos, ha superado valientemente una brecha religiosa para fomentar las tradiciones judías en una nueva generación.

Mi vida está ahora unida a la de la doctora Ann Cale Kruger, que la ha iluminado más allá de toda medida. Creyente presbiteriana, me ha enseñado mucho sobre la psicología de la fe y las creencias y prácticas cristianas. El rabino Alvin Sugarman cooficío con la reverenda Joanna Adams nuestra ceremonia nupcial interreligiosa en 2005; les estoy muy agradecido a ambos por su tolerancia y su consejo. Logan —ni hijastra cristiana y Leah —su esposa judía— han profundizado mi comprensión de la tolerancia y la fe.

Las conversaciones que, durante tantos años, mantuve con el difunto reverendo Robert Hamerton-Kelly y el Dr. William Hurlbut me hicieron apreciar aún más las mentes religiosas en general y las cristianas en particular. Durante mi estancia de seis semanas en Israel en 2011 con una beca Fulbright, el Dr. Elliot Berry, profesor de medicina en el Centro Médico Hadassah de la Universidad Hebrea, me proporcionó una base de operaciones y una fructífera colaboración intelectual. Las largas caminatas con Elliot por las colinas de

Jerusalén me enseñaron cosas nuevas sobre la compatibilidad entre la religión y la ciencia.

En 2013, tuve el privilegio de disertar ante los monjes budistas tibetanos en Dharamsala —la sede actual del dalái lama y el budismo tibetano— sobre el cerebro y el comportamiento humanos, bajo los auspicios de la Iniciativa Científica Emory-Tibet. Dos antropólogos, Robert A. Paul y Carol Worthman, amigos y colegas de toda la vida, ayudaron a crear y llevar adelante esta iniciativa. De los monjes a los que enseñé también aprendí mucho: sobre las creencias y prácticas budistas, la paradoja de la no existencia, el ciclo kármico y la religión sin Dios.

Durante muchos años, un cuerpo estudiantil cada vez más variado en Emory me ha educado sobre las principales religiones del mundo, más allá de la tradición judeocristiana. Entre estos estudiantes se cuentan monjes budistas que vinieron a Atlanta a estudiar con nosotros; Yasmin Elhady, que me ayudó a comprender el compromiso con el islam y su compatibilidad con la evolución; y los Drs. Shveta Shah y Dinesh Raju, quienes, junto con sus familias, nos acogieron a mi esposa y a mí en su boda hindú de cuatro días y nos brindaron su amistad durante muchos años.

J. P. Mishra, un religioso hindú, fue un cicerone de lujo durante mi estancia en Benarés, explicándome sus templos, las cremaciones y el significado de sus ritos.

La profesora Betsy Bryan me ayudó a comprender el «pórtico de la embriaguez» del antiguo Egipto. El Dr. Ryan Henner arrojó luz sobre los agentes psicodélicos y su potencial uso terapéutico en psiquiatría. Carolyn Guérard Cale me ha abierto los ojos a la espiritualidad no convencional de una nueva generación. Margaret Guérard Lachmayr me ha sido de gran ayuda al explicarme los desafíos de ser una escéptica seria en un ambiente fuertemente religioso.

Comencé a trabajar en este libro en mi año sabático de 2013-14, apoyado por la Fundación John Templeton y la Universidad Emory. Por su labor de representación, me siento agradecido a Don Fehr de Trident, y por creer en el libro y mejorarlo considerablemente, a John Glusman, mi editor y editor jefe en W. W. Norton. Su asistente, Helen Thomaides, ha sido de gran ayuda en todo momento. Stephanie Hiebert es una talentosa editora que me guió en la tarea de expresarme con mayor claridad y reconsiderar cuidadosamente cuanto digo. Otras personas en Norton —una editorial gestionada por sus empleados— que han ayudado a completar este libro y llevarlo al público son Rebecca Homiski, Amy Medeiros, Mary Kanable, Beth Steidle, Sarahmay Wilkinson y Caroline Saine. Tyler Fuller, un estudiante graduado en Emory, leyó el manuscrito y me hizo comentarios útiles.

Ninguno de estos docentes, amigos y colegas es, naturalmente, responsable en lo más mínimo de cuantas deficiencias puedan hallarse en estas páginas. Todo lo que es bueno aquí les debe mucho; de lo que no lo es respondo yo.

Avondale Estates, Georgia, abril de 2019

La impresión de este libro concluyó el 26 de agosto de 2020. Tal día del año 1851 nace en Guelma (Argelia) Émile Boirac, filósofo y psíquico francés impulsor del esperanto y creador del término *déjà vu* en su obra *L'Avenir des Sciences Psychiques,* donde también define la *metagnomia,* el conocimiento adquirido sin el uso de los sentidos (hoy definido como percepción extrasensorial).